The Textbook about Secretarial Theory and Practice

【面向二十一世纪的高等学校文科教材系列】

秘书学与秘书实务教程

（第二版）

吴雨平　李正春　编著

暨南大学出版社
JINAN UNIVERSITY PRESS

中国·广州

图书在版编目（CIP）数据

秘书学与秘书实务教程/吴雨平，李正春主编．—2版．—广州：暨南大学出版社，2013.8（2018.1重印）
（面向二十一世纪的高等学校文科教材系列）
ISBN 978-7-5668-0737-3

Ⅰ. 秘… Ⅱ. ①吴…②李… Ⅲ. ①秘书学—高等学校—教材 Ⅳ. ①C931.46

中国版本图书馆CIP数据核字(2013)第200438号

秘书学与秘书实务教程（第二版）
MISHU XUEYU MISHU SHIWU JIAOCHENG（DIERBAN）
主　编：吴雨平　李正春

出 版 人：徐义雄
责任编辑：杜小陆
责任校对：杜小陆　郝　文
责任印制：汤慧君　周一丹

出版发行：暨南大学出版社（510630）
电　　话：总编室（8620）85221601
营销部（8620）85225284　85228291　85228292（邮购）
传　　真：（8620）85221583（办公室）　85223774（营销部）
网　　址：http：//www.jnupress.com
排　　版：弓设计
印　　刷：广东省农垦总局印刷厂
开　　本：787mm×960mm　1/16
印　　张：23.25
字　　数：460千
版　　次：2008年8月第1版　2013年8月第2版
印　　次：2018年1月第9次
印　　数：20001—21500册
定　　价：58.00元

The Textbook about Secretarial Theory and Practice

目录

目录

绪论

21世纪是学术研究重新建立自身范式的世纪。自20世纪80年代初开始，经过30个春秋寒暑的发展，我国的秘书学研究从无到有、从单一到多元，取得了长足的进步。虽然我国秘书活动的产生可以追溯到几千年前，秘书的角色也是由来已久，但现代秘书学作为社会科学大家族中的一员，毕竟是一门年轻的学科，跟发展成熟的传统学科相比，远未达到成熟的地步，秘书学理论体系中的许多问题还有待于学术界的进一步探讨，因此进行秘书学原理和秘书活动规律的深入研究，并且在此基础上形成新的秘书学理论体系，已经是时代的迫切要求了。

第一节 秘书

一、“秘书”名称的由来和演变

“秘”字据《说文》曰：“秘者，神也”；又据《广韵》：“秘，密也，神也。”而“秘书”一词连用，最初见于《汉书·刘向传》，书中记载汉成帝“诏（刘）向领校中五经秘书”。可见，神秘、神奇，有所隐蔽、有所朦胧，既是“秘”字的特点，也是我国“秘书”一词的含义从人到物、又从物到人、再到机构名称的演变过程的概括写照。从现有资料来看，我国“秘书”含义的演变过程大致如下：

（一）从事预测占卜活动的文官

“秘”字最早是指从事预测占卜活动的文官。“秘”为形声字，从禾，必声，是一种香草的名称，上古可能用这种香草来进行占卜活动，后来逐步衍变成一种宗教活动和职官，所以“秘”又写成“祕”，上古时代预测未来、占卜问事的官就叫“祕祝”。《史记·封禅书》曰：“祝官有祕祝，即有灾祥，辄祝祠移过于下。”这里的“祕祝”是一种掌管祭祀和祝词的官员。

（二）谶纬图箓之书

“秘”后来从祝官渐渐引申为记录祝官占卜活动的图书资料，遂从人衍变为物。这类书籍就是观察天象、预测吉凶、推算气数、以巫语对未来作出预言的谶纬图箓之书。其中“谶”是迷信的人所宣扬的将来能够应验的语言、预兆，常常配有图画，故又称“图谶”；“纬”即“纬书”，据《说文》段注，“秘书”就是和“经书”相对而言的“纬书”，是人假托神的意志著书；“箓”即“符箓”，是道士所画的一种图形或线条，声称能驱除鬼神，给人带来祸福，迷信的人认为它有很大的魔力。由于谶纬图箓之书具有不可预测性，所以神秘莫测，带有浓厚的迷信色彩，又因为它们预言的大多是王朝的兴废和政权的更迭等重大的政治事件，所以其政治色彩也很浓厚。

这种图书有两类用途，一类是统治者为了利用这些迷信的预言巩固自己的统治地位，把它们作为秘密的“天书”收藏起来，它们适应的是统治阶级的政治需要；另一类是反抗封建统治者的农民，也利用这种书籍中的巫语作为口号去发动、组织队伍，进行农民战争。因而自东汉后，封建统治者就严禁这种书籍在民间流传而被保存在宫廷内部，故也称为“秘书”。

（三）王府宫禁藏书

从现有的甲骨文资料来看，我国殷商时期历代王朝都设有秘府。“秘”从谶纬图箓之书衍化为宫禁里的一切藏书，除天文、地理、占卜、预测之书外，还包括文书、文章、文学、赋税等内容，以及国家机密文案。这类书或者极其珍贵，或者因为机密而不能示人，故都称“秘书”。

（四）守藏、整理秘府之书的官员

“秘书”一词逐渐地由指物演变为指人，而“秘书”作为官职的最初出现却和现代秘书的真正职权无关。

由于天长日久，宫中收藏的图书越来越多，于是就需要有一批专门守藏、保管这些珍贵和秘密书籍的文员，而且还形成了一套严格的保管制度。相传老子也曾在周朝秘府供职。

然而，由于春秋战国的动荡以及秦朝的大肆焚书，使宫中秘府的图书损失很多，甚至有的被焚毁殆尽。所以到了汉代，自然发起了一场整理古代典籍的运动，以整理王室秘府图书为职业的官员也就出现了。如上述刘向受汉成帝之命“领校中五经秘书”，刘向的儿子也曾“受诏与父向领校秘书”，或许即与此相关，当时和刘向一起从事这项工作的还有《汉书》的作者，班固的祖先班斿，而班斿由于工作出色和才能超群，还曾经得到过皇帝赏赐的秘书副本。

东汉末年，魏、蜀、吴三国鼎立，曹操设“秘书令”一职“典（主管）尚书奏事，亦兼掌图书秘记之事”。

（五）国家行政秘书机构

我国晋朝始设“秘书寺”，南北朝的梁代设立了“秘书省”。事实上，自汉以来，王朝中央就设立了秘书郎（令、监）等职，从事收受天下文书，颁发皇帝诏令，掌握各级官员向皇帝奏事的奏章函牍，以及收贮、保管宫禁的图书与重要档案等工作，表明已设立了具有行政秘书功能并与秘书名称相应的办事机构了。

二、西方“秘书”的含义

从某种角度讲，中国现代秘书的职权职能更多地来源于西方秘书的内涵和定义。在英语词汇里，秘书“secretary”是由“秘密”加后缀“ary”构成的，而后缀“ary”在英语里就有从事某种职业的意思，这样 secretary 一词直译就是秘密工作者，实际含义有“书记”、“干事”、“部长”、“大臣”等，这里的“书记”指书记员，是秘书的一种。法文的意思和英文差不多。俄语中，秘书是“секремарь”，词根也是“秘密”的意思，секремарь 就可以译为秘密工作者或书记等，跟英语相近。

从英文和俄文关于“秘书”一词的解释看，秘书在国外既指管理着一定机密性公文的人员，也指主管某一机关日常工作的领导人，一些高级秘书相当于行政首长，而从更广泛的意义上来说，秘书是指为政府、企业乃至个人服务的从事文字或行政工作的人员，这就和我们现在的“秘书”概念有相同之处。

西方现代秘书的概念形成于 18 世纪的资产阶级大革命中。1776 年华盛顿领导美国独立战争时，身边已经有了秘书的设置；1789 年法国资产阶级大革命后，就出现了“秘书”这一职业，其中既有政权机构的秘书又有私人秘书；1793 年法国雅各宾党人专政时，首相罗伯斯庇尔首先使用了私人秘书，此后各国领袖人物彼此效仿，以至于私人秘书逐渐走向社会，形成了一种自由职业，并构成了和上司之间的雇佣关系。

三、现代秘书的含义

关于秘书的含义，1979 年版的《辞海》说，秘书是“职务名称之一，是领导的助手。”而《现代汉语词典》的解释是：“①掌管文书并协助机关或部门负责人处理日常工作的人员。②秘书职务。”这两种说法都只强调秘书的助手功能，却没有强调秘书的行政辅佐以及决策助理、参谋咨询等功能，而后者正是现代秘书和传统秘书的显著差别。

随着我国政治经济改革的深入进行、对外交往的日益频繁和国际化程度的日益提高，现代秘书作为我国党政机关、企事业单位和人民团体中普遍设置的一个行政职位，其职能已经发生了相应的变化，“接待员兼打字员”式的秘书不再是各级领导物色秘书时的主要对象。我国现代秘书的特征应该包括以下几个要素：①是行政职务或职位；②普遍存在于党政机关、企事业单位和人民团体；③既是领导的助手，又是领导的参谋。秘书不同于行政领导，他们只是代表领导办事，为领导的工作服务；秘书也不同于职能部门中的业务人员，他们是提供综合性、辅助性服务的人员；秘书还不同于一般的服务性行业的人员，他们不仅掌管文书，还要完成领导交办的事项。

综上所述，我们认为：秘书是指辅助领导层或领导者个人履行领导职责，并办理文书档案、来信来访、会务工作以及日常行政事务工作的人员，是领导的参谋和助手。

“秘书”与“文秘”是两个相关却不能完全等同的概念。“文秘”一般是指专职或主要从事文字工作的文字秘书，有时也指企业内从事秘书工作的文员，他们都只是秘书群体中的一部分，所以“文秘”的外延比“秘书”小。但是除“文秘”以外的其他秘书一般也都要从事文字工作，所以在许多场合“文秘”和“秘书”的概念往往被人们混淆甚至等同。

另外，虽然我国秘书的工作内容和国外基本相同，但这一概念和国外仍然是有较大的区别的：国外的秘书是一种普遍的社会职业，而且绝大多数是为个人服务的私人秘书；而在我国，秘书是一个行政职位，其中绝大部分是为机构或领导层服务的公务秘书。即使少部分秘书人员由机关、单位配备给首长或专家做工作助手，仍是国家干部，这与外国普遍存在的私人雇用的秘书人员具有不同的性质。

然而无论是我国还是外国，“秘书”这种工作人员已经成为了办事机构的必备环节，是各单位必不可少的成员。他们在领导机关和领导个人的生活中都具有举足轻重的作用。1965 年一个宁静的夜晚，91 岁的英国首相丘吉尔就是紧握着一直陪伴他的私人秘书的手，含笑离开人世的。

值得注意的是，这一概念往往存在“有名无实”或“有实无名”的情况。前者如一些国家的外交秘书、国防秘书，相当于我国的外交部长和国防部长；沙特阿拉伯的石油秘书，即为石油部长；英国的国务秘书，即国务大臣，在美国就是国务卿等。其实，在英美国家“秘书”本身就有两种含义，一为大臣，一为书记，大臣原指在英国国王身边参与机要政务、掌握机密文件或玺印的辅臣，后来沿用为英美和英联邦国家主管政府机关事务的部长或常务副部长。日本“秘书”也有两种含义：一是沿用了英文的词义，指政府机关或社会团体日常事务的负责人，如“首席内阁秘书”；二就有更广泛的含义，指“帮助上司处理各种事务的工作人员”。另外，大使馆、外交部、文化部的一等秘书、二等秘书、三等秘书（简称一秘、二秘、三秘）也不是我们通常意义上所说的秘书，它们都是有其名而无其实。有实无名的情况更为常见，如办公厅（室）主任、信访处的信访员，以及政策研究室、调研室的研究员等，都不叫“秘书”，而办公厅（室）、信访处、政策研究室等本身就属于秘书机构。这种现象在我国古代就有，如“孔目”、“都事”、“押司”、“照磨”、“经历”、“幕僚”、“幕友”、“西宾”、“师爷”、“书记”等等都不称“秘书”。

四、秘书的分类

秘书部门的工作面较宽，处理问题的范围较广，加之现代行政管理和经济管理工作的日趋科学化、效率化，秘书的种类也越分越细。但大致上可以从以下几个角度分类：

（一）根据服务的对象

可以分为公务秘书和私人秘书。公务秘书是指在国家行政部门、企事业单位或社会团体中从事公务的秘书，其工资由上述部门支付，服务的对象是集体，他们的工作重点有两方面，一是服务机关内部，二是服务领导者个人（俗称"跟人秘书"）。私人秘书一般是指由个人出钱雇聘，专门为个人服务的秘书，也有两种情况：一是私营企业内的，二是有公职的人再自己出钱聘请。目前我国较多的是公务秘书，私人秘书极少，但随着社会的发展和经济体制改革的深入，私人秘书呈现出了日益增多的趋势。

（二）根据工作的内容

可以分为行政秘书、机要秘书、事务秘书（或生活秘书）、外文秘书（或翻译秘书）、专业技术秘书等等，这些秘书各自负责一个方面，平时以分管的工作内容为主，遇到特殊情况和机关内部的重要活动，他们又互相协作，共同处理一些事务，所以他们工作的程式是"既分又合，分合相兼，分工不分家"。

（三）根据担任的职务

可以分为秘书长、办公厅（室）主任、秘书处（科）长、股长、科员、办事员等。这种分类仅仅表明秘书部门的领导层次，而不带专业性质。

（四）根据业务水平

在欧美国家，当公务员考取正式职位后，受用单位就要对其日常工作进行经常性的业务考核，以视其勤惰优劣。他们以业务水平为依据，以薪俸为杠杆，将秘书分成各种类别。譬如美国的企业内部的秘书就大致分为两类，一是"见习秘书"，主要是担任打字和接待工作，工作大多围绕人际关系展开，如处理电话、预定约会等。他们必须经过不断的努力以提高自己的业务水平，然后才能晋升晋级；二是"正式秘书"，他们的工作几乎没有人监督管理，工作责任大、方面广、技术性强，工作内容主要是打印文件、交往文书、制订旅行计划、拟定某部门的工资单以及按一般规定处理小额现金，同时还要辅助经理处理许多耗时的琐碎事项和任务。而英国则把行政秘书人员定为五级：速记打字级、书记级、文牍（古代写字用的木简，现为文件书信之意）级、执行级、行政级。

目前我国第一种分类已见端倪，第二种分类不够明确，第三种分类比较普遍，第四种分类还未实行。必须指出的是，以业务水平为依据的第四种分类法，对增强秘书人员的素质，提高机关内部的工作效率，有着相当重要的作用。

第二节 秘书部门和秘书工作

一、秘书部门和秘书机构

秘书部门是由秘书的群体构成的，是党和国家机关、人民团体和企事业单位中一个综合性的办事机构，又是一个为领导决策服务的辅助机构。所有的秘书部门都是随着各级各类组织的建立而配备起来的，是各级各类组织的附属机构，独立的秘书机关是不存在的，而这种附属性的机构恰恰又是机关内部领导中枢的组成部分，所以说秘书部门是一个地位非常特殊的部门。

秘书部门有的直接用“秘书”的名称，如“秘书局”、“秘书处”、“秘书科”等等，有的没有冠以“秘书”之名，而以“办公厅”、“办公室”等面目出现。随着社会历史的演变、国家职能的扩大、科学技术的进步，秘书部门也有进一步发展的趋势，它是国家肌体的神经传导系统和信息流，为领导执行决策服务，已成为国家机关的重要组成部分了，难怪有人把它称为一个机关、单位的信息处理中心、办事中心。

“秘书机构”和“秘书部门”往往被混淆使用，但实际上它们是有区别的。“秘书机构”的概念一般情况下，不是指某一个具体的办公室，而应该是各级各类秘书部门的总称；同时二者的使用场合也应有区别，一般来说，在机关内部称办公室为“秘书部门”，而在机关之外，尤其是要强调这个部门的功能时往往称“秘书机构”。从这个意义上来说，办公厅（室）中的秘书、文书、机要等秘书业务部门又可以说是狭义的秘书机构，而广义的秘书机构的范围较宽，一般认为，调研、文书、机要、信访等机构，都是属于秘书机构的。因而，在秘书学理论体系中，使用“秘书机构”的说法似乎更为科学。吕发成、方国雄先生编著的《秘书学基本原理》（兰州大学出版社 1992 年版）认为秘书机构分为四大系列，它们分别是：

第一系列：秘书局、秘书处、秘书科、秘书组。

第二系列：研究室（调研室）、督办检查室。

第三系列：综合处、信息处、文电室。

第四系列：信访局、信访处、信访室。

秦始皇统一中国以后，我国就有了初步意义上的秘书机构，而独立设置的“秘书省”是从南朝的梁代开始的，“省”是中央部一级的机构，作为一个国家行政机构，它被唐朝以至历代封建王朝所沿袭，然而这种官制却往往又随着朝代的变化而变化：中国漫长的封建王朝绵延更替，一直延续到清末，各个朝代封建专制的基本特征并未改变，各朝的官职制度就郡县两级而言变化也不大，但地方高级机构以及中央机构却常常有很大的变动，特别是负责皇帝秘书工作的机构，更因政治斗争的需要而发生频繁的变化。

发展到现在，秘书部门已经成为机关工作的枢纽部门，是联系着决策中心、执行系统、监督系统和反馈系统的“桥梁”，是智囊团和思想库，它无处不在，无时不有。

秘书部门的主要任务是协助领导综合协调各个职能部门进行工作，是领导进行决策、综合处理信息、调查研究、统筹安排等工作的得力助手，而这些任务的完成，对于保证各项工作的开展，起着十分重要的作用，因此可以说它是各级领导赖以指挥全局、推动各项职能机构正常运转的枢纽，是联系上下、左右、前后、内外的纽带，是“组织参谋，领导助手，群众桥梁，机关管家”。

二、秘书工作的主要内容

随着秘书职能的变化，秘书工作被归入行政管理工作范畴，秘书工作的主要内容涉及项目管理、计算机软件应用、组织会议和出差、外部网和内部网的通信、文件信息整理、办公室管理等多个方面。概括地说，秘书工作就是秘书人员协助各级领导机构和领导人为实施领导而进行的日常执行和承办工作。秘书工作是领导中枢的一种综合性工作，而不是具体职能部门的业务工作；秘书工作是在领导意图下的辅助和承办，而不是自行其是。

但是 1979 年版的《辞海》却将秘书工作解释为“是一项机要性的工作，它的任务是收发文件，办理文书、档案和领导交办的事项。”实际上，秘书工作绝不仅仅只是机要性的工作那么单一，它的内容十分繁多，职责范围涉及到文件处理、立卷归档、决策助理、机要保密、信息处理、综合承办、日程安排、记载事项、调查研究、拟稿撰文、组织会议、咨询服务、信访情报、通讯联络、照管办公室卫生、承引材料以及上司不在时处理日常事务工作等。

这样看来，秘书工作真是千头万绪，纷繁复杂。但是从根本上来说，全部的秘书工作，无非是“辅助管理、综合服务”两件事。所谓“辅助管理”就是辅佐、协助领导进行管理工作，及时向领导提供全面、正确的信息和建议，但不是主持与掌管，而是始终处于从属地位，始终起参谋助手作用；所谓“综合服务”就是管理好本机关、本单位的事务工作，起好后勤作用、综合作用和协调作用，为机关领导人开展工作提供和创造条件。因此，要做好秘书工作，必须坚持做到“一不失职，二不越权”。

三、秘书工作的特殊性

秘书工作的特殊性，是由秘书部门的特殊地位以及秘书的特殊工作环境决定的，因此充分认识秘书工作的特殊性，对于秘书人员正确地定位自己、更好地履行职责具有非常重要的意义。

（一）处理好各方面的关系是开展秘书工作的重要条件

秘书部门是机关工作的枢纽部门，处在一个关键而特殊的位置上。上下级之间是通过秘书部门进行联络的，一个机关内部各个平行的职能部门之间也是通过秘书部门联结成一个整体的。秘书工作者必须充分认识秘书部门的这种特殊地位，正确处理好秘书部门与各方面的关系，才能保证各项秘书工作的顺利进行。

秘书部门首先要正确处理好与领导的关系，尊重领导、服从领导，对领导的权威性负责，对领导的工作效率负责；其次要处理好与下级和群众的关系，自觉地把本部门看成是为老百姓服务、为本机关服务的一个重要窗口，对下级和老百姓做到谦和、耐心、周到；再次要处理好与左邻右舍的兄弟单位的关系，处理好与机关内部各职能部门的关系，这些单位和部门虽然和秘书部门是平级关系，但秘书部门处于领导核心的周围，兄弟单位和职能部门经常要通过秘书部门和领导联系，如果因为秘书部门的原因而没有处理好这种关系，那么今后的工作必定难以开展。

（二）树立时间观念、效率观念、质量观念是秘书工作得以完成的保证

秘书部门是机关日常事务工作的承担者，每天要处理大量的文字、联系、

总务等工作，还往往遇到若干领导的指示同时下达的情况，并且由于秘书工作的随机性而需要随时改变计划等，是一个机关中最忙碌的部门，因此这个部门中的全体成员都应该具有强烈的时间观念、效率观念和质量观念，以保证那些纷繁复杂的工作能够有条不紊地得到落实和解决。

所谓时间观念是指秘书部门对本部门每月、每周、每天的工作进行科学安排、合理支配，然后再根据轻重缓急逐项完成；效率观念是指要克服官僚主义、文牍主义，讲究工作效率，个人和集体都争取在单位时间内完成更多的工作，办事不拖拉、不推诿；质量观念的要求是，无论办文、办事还是办会，都力求做到不出差错、万无一失，并且追求完满，达到美学上的最到境界。

（三）保守机密是确保秘书工作顺利进行的基础

秘书在工作中经常可以通过文件、重要会议和领导交办的事项接触到重要机密事项，这种机要性质的工作，要求秘书部门的工作人员必须具有高度的责任感，时刻保持警惕性。如果因为一时的疏忽大意，给机关和单位甚至国家的利益造成损失，给领导的工作造成被动，那么无论是秘书个人还是秘书部门都是承担不起这样的责任的。

近几年来，随着我国对内搞活经济、对外开放政策的进一步贯彻落实，一些人的保密意识淡薄了，这是非常危险的。秘书部门的工作人员都应该养成在公众面前守口如瓶的习惯，自觉保守国家和机关单位的秘密，这是确保秘书工作得以顺利进行的基础。

四、秘书工作的原理

秘书工作的原理，就是秘书工作中一些最基本的道理和具有普遍意义的基本规律，掌握和运用秘书工作原理，可以使秘书人员更好地按客观规律办事，减少秘书工作的盲目性，是秘书工作取得预期成效的前提。

（一）追靠需求原理

徐瑞新等人在《秘书学导论》中指出：“秘书工作总是围绕着领导的需要和要求而进行，而展开。一般说，领导要求这样办，秘书部门和人员就这样办；领导要求那样办，秘书部门和人员就那样办。”因此，秘书工作的基本规律可以形象地说成是两条线：“一条是领导工作的需求线；一条是秘书工作的追靠线。需求线高了，秘书人员就努力追靠，逐步贴近着需求线。”他们将秘书工作这一基本规律概括为“需求→追靠→再需求→再追靠”，如此反复循环，构成了秘书工作的基本矛盾，“追靠需求”也成为最能够反映秘书工作性质和特点的一项基本原理。

（二）对立统一原理

秘书工作本身就常常体现主动性与被动性、综合性与专一性、政务性与思想性、机要性与群众性、突击性与经常性的对立统一。秘书部门是一个综合性的办事机构，而不是一个具体的职能部门；它所承担的工作是多方面的复杂的，而不是简单划一的；秘书工作常常处于变化之中，不可能完全按计划办事，因此秘书工作中所面临的错综复杂的矛盾，比一般的职能部门要多得多，对立统一原理正确地揭示了秘书工作中的各种矛盾。

（三）间接效应原理

也可称之为“隐性效应原理”。秘书工作无处不在、无时不有，但是人们却看不到秘书劳动的成果，它们隐藏在一幢幢高楼、一台台机器、一片片农田、一批批商品的背后，也就是说，秘书活动的成果隐藏在了服务对象的成果之中。

一方面，秘书工作的从属性特征，决定了秘书工作是一种依附于领导工作的幕后工作，秘书工作一旦离开了领导工作就不复存在，因此秘书工作的效果往往不能直接显示出来，而是通过融入领导的工作得以体现，秘书工作与领导活动是同步的。另一方面，秘书工作是维系整个组织运转的不可缺少的因素，秘书部门又是组织对外交往的重要窗口，秘书的办文、办会、办事等职能活动，都体现着组织的形象，秘书工作的成果也就体现在组织形象之中，而不是秘书个人形象。

第三节　秘书学与秘书实务

秘书学是研究秘书工作的产生和发展、范畴和内容、任务和作用、性质和特点、原则和要求、改革方向和发展趋势的科学，是一门颇具实用价值的应用学科。秘书学是秘书工作的理论表现，是一门年轻的新兴学科，它的研究内容包括秘书、秘书工作和秘书机构。

因此，秘书实务就是秘书和秘书机构所实际从事的日常业务活动，董继超先生指出："秘书实务的研究领域是秘书和秘书机构的专业工作，即秘书业务活动。"而"所谓秘书业务活动，就是秘书和秘书机构为领导工作和机关工作的实施所采取的专业辅助行为。"（《秘书实务》，线装书局2000年3月版）

一、秘书学的性质和特点

秘书学从宏观的科学体系上讲，属于人文科学的范畴。所谓"人文"，古代泛指礼教文化，《易·贲》曰："文明以止，人文也。观乎天文，以察时变；观乎人文，以化成天下。"而现在根据法国《大拉罗斯百科全书》的解释，人文科学"是指自然科学不包括的，以人和社会诸方面为研究对象的各门学科"，即它是研究人类社会的各种思想和文化现象的。从今天这一学科的具体分支来说，现代秘书学又属于人文科学中行政管理学的一个分支，它的兴起、建立是和行政管理的发展分不开的，它的发展水平同行政管理的水平密切相关。

秘书学的学科特点是：

（一）政治性

秘书学是行政管理学的一个分支，而行政管理总是体现特定时期、特定集团的愿望和意志的；同时，秘书工作随着国家和阶级的产生而出现，也随着社会生活的发展而变化进步，秘书工作始终是为国家或某个特定的阶层、社会集团服务的，始终是统治集团管理国家、组织和发展社会生产的重要工具，因此秘书工作具有很强的政治性，秘书学作为秘书工作的理论表现也必然带有政治性，它必定有所倾向、有所取舍，这是毋庸讳言的。

（二）综合性

现代化程度越高，社会分工越细，各个领域的专业化程度也越来越高。秘书学脱胎于行政管理学、管理学、政治学、社会科学，它们之间虽然都是种属关系，但又自成体系，各有自己的特点，而秘书学本身，由于文书、档案、秘书写作等专业理论课经过不断地丰富、发展，也相对地自成体系，于是逐渐地从秘书学这个母体中分离出去，并且不断地分化，近年来又出现了信访学、调查研究学等新的分支学科，但是，事物的发展总是多层次的，高度分化又走向高度综合，被分化的秘书学往往又回过头来，重新穿插到各有关学科中去，甚至"染指"于自然科学，这种对其他相关学科知识消化融会的高度综合就形成了秘书学综合性的特点。

（三）应用性

秘书学顾名思义，就是阐明关于秘书的一些基本概念和道理的理论，但是如上所述，秘书学又是一门颇具实用价值的应用学科，因为秘书学与现实工作紧密结合，它的基本原理都源于秘书工作，是秘书工作实践的总结；秘书学研究的目的也是为了指导秘书工作实践向有序高效的方向发展，秘书学的研究成果，只适用于秘书工作，因此应用性是秘书学最基本的学科特征，也是秘书实务最重要的特征之一。

此外，秘书实务还具有程序性、可操作性、规范性等特征，它们是秘书实务有别于秘书学其他分支学科的特征。

二、秘书学的知识体系

秘书学兼具理论性和应用性，并以应用性为主的性质特点，决定了秘书学的知识体系由“史”、“论”、“专”、“技”四大部分组成，其中“史”和“论”的部分是理论性的，“专”和“技”的部分则是实务性的，研究“史”和“论”是为了更好地指导和运用“专”和“技”，它们也共同构成了本书的内容体系。

“史”指的是中国古代秘书史、中国近现代秘书史、中国共产党秘书工作创立和发展的历史以及外国秘书史等秘书工作产生和发展的历史。研究秘书史，是为了继承和发扬优秀的秘书工作遗产，为指导当代秘书工作实践服务。

所谓“论”指的是秘书工作的基本原理和基础知识，是秘书学知识体系中最基础的部分，它包括秘书工作的性质特点、作用任务、原则方针；秘书部门的组织结构、设置原则、基本职能、群体优化；秘书工作者的政治素质、职业道德、知识能力结构、非智力因素以及培养任用、考核考评等内容。研究秘书工作的基本原理和基础知识，对实际工作具有重要的指导意义。

秘书学知识体系中的“专”是指作为各项具体的秘书工作总和的业务知识体系，是秘书工作的程序和规范，具有很强的实用性，它的主要内容就是“辅助管理”和“综合服务”两大部分。研究秘书工作中涉及的各项业务，目的是为领导机关和领导人的工作创造方便的条件，提高工作质量。本书所论及的秘书实务的内容应当就是属于“专”的范畴。

秘书知识体系中的“技”是指包括微电脑、打字、速记、复印、缩微、摄影等技术在内的秘书的应用技术知识，是秘书人员为完成本职工作必须掌握的技术。研究秘书的应用技术知识，充分地体现了秘书学的“应用性”特征，对改革办公室工作出路、提高秘书工作效率具有明显的作用。

三、秘书学和其他相关学科的关系

秘书学和其他相关学科的关系，可以说是互相促进，共同发展。它一方面嫁接了其他学科的研究成果，丰富了自己的内容，一方面又用自己的研究成果去影响、充实其他学科的研究。比如秘书工作者在接待客人、来访者时要分析对方的心理以利于做好接待工作，这就需要把心理学知识融进自己的业务工作中去，当他们把这方面的工作经验上升到理论高度加以总结时，便形成了一门新的学科——秘书心理学。秘书学和其他学科的关系可以概括为以下几个方面：

（一）包含关系

如应用写作学是研究应用写作的原理、应用写作的文体知识及写作实践的技巧、方法等的一门学科，任何秘书人员都要有较强的应用写作理论知识和技能，才能更好地胜任本职工作。作为研究秘书活动的秘书学，自然也包括应用写作学。

又如文书学是一门以文书和文书工作为研究对象的学科，它产生的条件是文字和社会组织的形成。在秘书学的知识体系中，包括公文写作和处理，也包括文件的立卷和归档等文书学所研究的内容。

（二）被包含关系

如行政管理学是研究国家行政组织对社会事务进行有效管理的规律的科学，其任务是通过对行政现象的研究，形成科学的行政工作原理、法则和系统知识，以指导行政实践。基本内容包括行政原理、行政组织、行政体制、行政领导、行政决策与执行、机关管理等等。在我国长期的秘书工作实践中，秘书工作都是为行政机关服务的，所以秘书学是行政管理学的一个分支，行政管理学是秘书学的母体。

又如领导科学是管理科学的分支之一，是研究领导的工作规律及其艺术的一门学问，是现代化社会大生产、现代科学技术及管理科学发展的必然产物。其主要内容包括领导素质、领导体制、领导决策、领导艺术、领导心理、领导作风等，秘书工作是一种辅助工作，凡是有领导的地方，都或多或少地存在着秘书工作，它实际上是领导工作的一部分，是为领导服务的。秘书学是领导科学的一部分。

（三）交叉关系

又如速记是使用简单的符号快速记录语言的特定的书写方法，是一种高速度、高效率记录语言的书写工具。速记思想萌生于古埃及和古希腊。秘书人员在平时的会议、报告、领导工作布置等事务中，都需要进行快速记录，速记学为秘书工作提供了新的手段，带来了很大的便利。尽管速记技术在社会各行各业都需使用，但对秘书工作来说，速记学与秘书工作密切相关，秘书学与速记学互相交叉。

此外，秘书学与心理学、法学、经济学、公共关系学都是相辅相成、互相影响、互相交叉、密切相关的，要研究秘书学，就必须学习、了解、掌握许多相关的学科知识。

四、进行秘书学和秘书实务研究的目的和意义

我们主要通过对国外秘书工作实践和研究现状的简单介绍来谈我们进行秘书学研究、培养秘书人才的重要性和迫切性。

从现有的资料看，国外的秘书工作，特别是英、美、日等国家的秘书工作，有以下几个特点：

（一）普遍化（或称社会化）

普遍化即数量多和工作范围广。当今秘书在世界范围内已成为最广泛的社会职业之一。因其工作的广泛服务性，被列为第三产业体系。在美国，秘书职业属于“一般管理、文书、事务”这一职业大类，从业人数约占全部脑力劳动者的4%至5%，并以每年数十万的速度递增；在日本，秘书是年轻女性最乐于选择的职业之一，原因是工作环境好、待遇高、能不断学习到新东西。这些国家几乎所有的行业与部门都设有秘书，秘书远不是文职官位，而是分类众多、前途广阔的社会职业，如美国的秘书可以分为五类：社会秘书、法律秘书、医药秘书、公共关系秘书、学校秘书，从横向又可以分出企业秘书、科技秘书、司法秘书、外事秘书、新闻秘书、通信秘书、文化秘书、军事秘书、社团秘书、行政秘书、机要秘书、旅游秘书、生活秘书等等。

（二）智能化

美国的《韦氏秘书手册》指出：“今天的秘书决不再是单纯的接待员兼打字员。”秘书不仅要能熟练地处理日常事务性的工作，而且能熟练地掌握各种现代化的办公设备，并能在掌握大量信息的基础上，综合分析，参与决策，辅

助执行计划，反馈执行情况，起智囊团的作用。办公自动化的趋势不断向系统化发展，如日本的办公自动化进程就经历了三个发展阶段：狭义 OA 阶段，又称单机应用阶段；广义 OA 阶段，即建立人→机综合的信息处理系统；综合 OA 阶段，即办公设备与办公事务完全和谐一致。

（三）专业化

欧美国家以往同属一类的部门，现在都成为独立的秘书工作部门，如调查研究室、政策研究室、档案馆等都从办公部门中分离出来，成为独立的秘书机构；以往埋头于各种纷繁复杂事务的秘书现在能专门地从事比较专业化的秘书工作，并日趋严密和科学化。

培养方面，欧美各国的许多大学中都设置了秘书专业，开设了相应的课程。尤其是美国，对秘书的培养采取了多层次的方法，全国有一千多所高校设有秘书专业，为了适应不同种类的秘书的需求，各高校秘书专业的课程设置也各有侧重。他们每年大约有两千名毕业生被授予秘书学硕士学位，三万名被授予学士学位；其次还有许多培养较低层次的秘书专业人才的中等专科学校、秘书职业学校，或开设秘书课程的普通高中；再次是成人学校，其学习时间和学生年龄、职业均不受限制，培养出的学生从事最低级的秘书工作。美国每年四月的最后一周为一年一度的秘书周，这一周的星期三为“秘书节”，秘书节这一天各行各业都要对优秀的秘书进行奖励，连总统也发贺信表示祝贺。同时，美国还开设了 CPS 专业证书考试（“特许职业秘书考试”），每年 5 月由美国的国家秘书协会实行，取得证书者，才能成为高级职业秘书。CPS 考试强调理解、判断。欧美国家还流行一种叫“篮中练习”的公文测试法：给考试者一篮子公文，要求他在一定时间内处理完毕，然后用文字或口头陈述处理的原则和理由。在国际秘书职业领域，还有各种秘书证书考试，其中由伦敦城市行业协会和必文考试学院这两个著名的考试机构开设的 PEI 和 C&G 的国际证书考试已在中国开设，在上海、南京等地设有考点，他们已经成为中国人参加国外自学考试的一种形式。而我国的高等院校开设秘书专业的时间还很短，更谈不上配套发展多层次的秘书人才，并且主要是针对适应党政机关的秘书工作和业务组织教学，对其他行业秘书人员的专门培养尚未列入教学计划。

研究方面，美国已相当深入和广泛，形成了比较完整的秘书学理论体系。他们成立了三个秘书协会，其中最大的是国际职业秘书协会，来研究、总结秘书工作，推广、交流经验，提高秘书的办事水平，同时保障秘书的权益。他们的研究重点已放在秘书工作的现代化、自动化方面。

而我国，秘书学的研究远远未达到成熟阶段，不仅秘书学理论还有许多空白需要我们去填补、发展，就是对当前秘书制度、秘书工作的研究也尚无定理，连什么是“秘书”、“秘书学”、“秘书工作的性质是什么”等基本概念，到目前还在争论不休。到目前为止，全国还没有建立统一的秘书工作条例，秘书没有相应的职称，秘书工作人员不安心工作，调动频繁等情况时有发生。

思考题

1. 什么是秘书与秘书工作？
2. 秘书可以分为哪几类？
3. 秘书机构分为哪四大系列？
4. 秘书工作的特殊性表现在哪些方面？
5. 秘书实务的含义和研究领域是什么？
6. 秘书学的知识体系由哪些方面构成？
7. 秘书学和相关学科的关系如何？

第一章 秘书工作的起源和沿革

由于几千年来我国秘书和秘书工作的内容不断变化，加上史学资料的限制，所以研究秘书工作的起源和沿革，是一项十分困难的工作。但是追溯秘书工作的起源和沿革，是对历史的传承，所以实事求是地总结我国历代秘书工作的经验，批判地继承我国古代和近代秘书工作的遗产，又是一项具有重要意义的工作。正因为如此，秘书工作的起源和沿革已成为秘书学研究中一个不可缺少的组成部分。

第一节　我国秘书工作的起源

一、秘书工作起源

秘书工作在我国有着悠久的历史，但关于秘书工作的起源，却是我国秘书学界二十年来争论最多的问题之一，归纳起来主要有两种观点：一是认为我国的秘书工作起源于奴隶社会的夏代，二是认为起源于远古的黄帝时代。

持第一种观点的学者认为，我国夏代有了较为成熟的文字，并且夏代已经出现了国家，是我国阶级社会形成的起始时代，具备了产生秘书工作的两个基本条件，即文字的产生和国家的建立。文字的产生使公务文书的产生具备了条件，而直接导致了文书产生的决定因素，是阶级的出现和国家的建立。因为有了阶级，便有了阶级统治的工具——国家，就有了国家管理，就需要利用文字来传布政令、指挥国事、联络公务、协调上下、记录祭祀等，于是便产生了公务文书。有了公务文书，同时就有了秘书工作，这二者是同时产生的，因为最早的公务文书必然是通过一定的程序形成的，这一定的程序，哪怕是极为简单、粗略，也是最早的秘书工作。

持第二种观点的学者则认为，新发掘出土的文物已经证明，中国的部落联盟时期已经有了比殷墟出土的甲骨文更早的文字，同时黄帝时期也有了具有相当规模的社会权力组织，秘书工作产生的基本条件也已经具备了。

可见，提出这两种观点的依据是十分相近的，即都认为秘书工作的产生必须具备两个基本条件，一是要有文字，二是要产生国家或社会权力组织。但是却有学者对此提出了质疑，司徒允昌先生在他和陈家桢先生编著的《秘书学教程》（上海人民出版社 2003 年版）中指出："值得商榷的是，这两种观点的分析判断依据是否科学，也就是说，是不是一定要有了文字，有了国家或社会权力机构，才具备秘书工作产生的条件。"司徒先生认为：首先，文书是传递信息的一种形式，但不是唯一的形式，就连文书制作和传递手段极其发达的现代社会，也并不是所有的信息传递都需要用文书这种形式，通过口语进行信息传递的方式依然存在，因此文书工作的是否出现，不能作为判断秘书工作是否产生的的标准。其次，人类社会在从原始群落发展到部落联盟的过程中，经过了氏族、胞族和部落的漫长阶段，其中部落和胞族已经具有了相当的规模，单靠其首领一个人是难以应付所有的管理工作的，就需要配备助手来协助他工作，这就是原始的秘书工作，它与“社会权力机构”或“有领导部门的社会组织”没有直接、必然的联系。

因此，司徒先生得出了关于我国秘书工作起源问题的结论：当领导者为实施有效管理，必须有人来协助他上情下达和下情上达时，秘书和秘书工作也就开始出现了；在出现“社会权力机构”或“有领导的社会组织”之前的部落时期，甚至在胞族时期，我国的秘书和秘书工作就已经产生。

我们赞同司徒允昌先生的分析和结论。事实上，我国在神话时代就有了关于秘书工作和职务的传说，《汉书·古今人表》记载，初造文字的仓颉就是轩辕皇帝的史官。《尚书·尧典》记载，虞舜时代就有了“纳言”之官：“帝曰：龙！朕堲谗说殄行，震惊朕师，命汝作纳言，夙夜出纳朕命，惟允。”意思是，舜说：龙啊，我非常讨厌那些说坏话和做坏事的人，他们常说些错话使我的民众震惊，我任命你作纳言这个官，你要起早贪黑，代我发布命令，或向我汇报下面的意见，但必须忠实。关于“纳言”，《史记·五帝本纪》说：“纳言，喉舌之官也，听下言纳于上，受上言宣于下，必信也。”可见，纳言是靠口头完成上情下达、下情上达的任务的，他们已经是带有部分秘书工作性质的官员了。那么，在黄帝之前的人类社会发展的进程中，同样需要管理，而当管理达到一定的规模时，就会出现协助管理的人员——秘书工作的雏形也就诞生了。

二、早期秘书工作的特点

我国古代的秘书工作产生以后，随着奴隶制国家的建立而得到了迅速发展。夏朝是我国第一个奴隶制国家，虽然由于当时国家政权刚建立，机构制度都非常简单，可以称为“秘书工作”的资料很少，但《史记·夏本纪》还是记载了夏王启在征伐扈氏前发布《甘誓》、夏王仲康讨伐羲氏前作《胤征》这两件事，《甘誓》和《胤征》都是作战前的誓师辞，说明夏王朝已经产生了有特定用途的公务文书。另外，夏朝已经有了典志，并且设置了管理典志的官员——太史令。

取代夏王朝的第二个奴隶制国家是殷商王朝，这时社会生产力有了进一步的发展，政权机构更加完备，商朝的文书种类也有所增加。据《史记·殷本纪》的记载，终殷之世共有《帝诰》、《汤征》、《汤誓》、《汤诰》、《盘庚》五篇王命文书，殷朝的大臣们也作过《典宝》、《伊训》、《原命》等12篇公务文书，这些文书涉及的内容非常广泛。

清光绪二十五年（1899 年），在河南安阳出土的殷代甲骨文，如实地反映了殷商王朝后期各方面的政务活动。甲骨文书是我国保存最早的公务文书，又称占卜文书，史称甲骨卜辞。它们是商代王室活动的真实记录。正因为殷商帝王对于占卜一事十分重视，所以对于占卜文书的制作要求很严格，大致上要经过选材、刮磨、钻凿、灼兆、刻辞等多种工序。这些工序都有专人分工负责。其中负责书辞、刻辞和从事占卜的人叫“史”。“史”掌握了古代文学和文化知识，实际上是商王室的秘书人员。“史”还负责保存甲骨文书——这可以看作是档案工作的雏形。“史”的工作内容，虽然包括了后代秘书工作人员的基本职能，但由于当时生产力低下，社会分工还不细密，国家机器的结构也比较简单，因此秘书工作还只是“史”与“巫”所承担的工作的一部分，没有独立地分化出来。占卜祭祀时，“史”既要替商王言事，又要“传达”上帝的旨意。可见，商代的秘书工作特点是“史”与“巫”合为一身，带有浓厚的迷信色彩。

继商代之后，周代的社会经济进一步发展，政权机构进一步完备，疆土进一步扩大，文化进一步提高。社会分工比较细致，多种典章制度逐渐完备，当然秘书工作也相应地进一步发展，达到了奴隶制社会的最高峰。这一阶段的秘书工作具有以下特点：

（一）随着政治经济的发展，文字较商代有很大发展

如从已发现的钟鼎文来看，殷代青铜器上的所著的文字，其字体与甲骨文相近，铭辞的字数较少，而西周、春秋时期逐渐趋向整齐雄伟，铭辞长的有近五百字。文字的发展为公务文书的发展提供了条件。

（二）公务文书从内容到形式都有很大的变化

周代除了有“诰”、“誓”、“命”等王命文书外，还出现了“会计文书”、“盟约文书”，“版（户籍）图（地图）”、“奴籍文书”等专门文书，春秋时文书的种类更多。文体也有了很大的发展，西周以前文辞简陋，春秋时期的文书不仅文字越来越精炼，而且语言丰实、逻辑性强。

（三）秘书工作分工较细

秘书工作已分门别类由专人负责。这一时期属于秘书性质的官职大量增加，如大史、小史、内史、外史、御史及后宫的女史，都在周天子左右主管文书工作，此外还设左、右史，他们的分工如《礼记·玉藻》所说：“动则左史

书之，言则右史书之”，即所谓“左史记动，右史记言”，分别记录国王的政务活动和国王的政治言论。

（四）形成了一些秘书工作制度

西周、春秋时期，由于长期实践经验的积累，在秘书工作中形成了一些制度，如文书制度、书法制度等，分别对文书的撰拟、保管、归档，以及史官记录国君的言行规范等作出了规定，使秘书工作更有条理。

（五）“史”，“巫”分家

史官主要通过负责文书工作的方式参与王朝的政治活动，充当君王的助手。这种变化在秘书工作的变革中无疑是一种进步。

总之，从夏代开始，经殷商王朝和周朝至战国，我国古代的秘书工作逐渐地发展起来，为确立中国封建社会以皇帝为中心的中央集权制度下的秘书工作奠定了基础。

第二节　历代封建王朝秘书工作概况

战国时期，我国社会完成了由奴隶制社会向封建制社会的变革，政权机构和政治制度不断发展，秘书工作出现了一些新情况。

战国时的秦国设置了“御史”一职，这个在西周名不见经传的小官，战国时却成为各国国君的亲密助手，官位显要，成为三公之一，其地位相当于副丞相。当时御史不离国君左右，不仅作为皇帝的“秘书长”担当秘书工作，而且兼任监察百官举止言行的监察官。

战国时出现了“尚书”这一新的官职，“尚”是管理、执掌的意思，“尚书”就是指执掌文书工作的官员，战国时的魏国、齐国和秦国等国都设立了尚书，但当时地位并不显赫，到秦汉以后日趋显要。

战国时秘书工作中还出现了一个新生事物，即各国任命官吏都要授予官印，免职时收回。“印”代表国君给予的权利，各级机关的公务文书发出时都要加以印封。

一、秦汉时期的秘书工作

公元前221年，秦始皇统一中国，建立了中央集权的封建王朝，创立了一整套封建君主专制的中央集权的国家机构，以及较为完整的秘书工作体制，并使秘书机构和工作由中央逐步向地方发展；汉朝政权更加稳定，国家机制更加健全，秘书机构和职责也发生了一些变化。

秦代的中央官制由丞相府、太尉府和御史大夫寺三大体系组成，分别由丞相、太尉和御史大夫执掌大权，其中御史大夫负责监察秘书工作，是统领众史的主管，相当于现代的中央秘书长；秦代皇帝还设有私府——“少府”，有书令、丞、尚书等官职，尚书一职负责掌传文书工作；地方官府中也有负责秘书工作的官员，如郡县设有“主簿”，帮助郡县长官管理文书、起草文件，地位相当于现代的办公室主任。

秦始皇采用丞相李斯的意见，在全国统一文字，规定以小篆为正字，淘汰通行于各国的异体字，为文书工作的发展提供了有利的条件；规范用印制度，规定皇帝的印叫“玺”，其他官员的为“印”。

汉初的官制大体上沿袭了秦朝的制度，但也有变化，最突出的是尚书台的地位日益提高，到汉成帝时，已取代了御史大夫的工作，东汉时尚书台逐渐发展成为皇帝的机要秘书处，以致夺走了部分原属宰相的权力。这时的尚书不仅办理文书、传达诏命，而且还可以为皇帝出谋献策，直接参与政务活动，而丞相府却形同虚设，丞相权力削弱殆尽。

这就是中国当代秘书理论的拓荒者李欣同志提出的“膨胀回位循环规律”的体现。所谓“膨胀回位循环”，是指历代中央王朝秘书机构和皇朝秘书的职权，总是由小到大，逐渐扩权膨胀。而一旦秘书的权职膨胀到巅峰时，皇帝就予以解散，或将其转化为政务机构，人员另行处置，然后启用身边职位不高的亲信官员，组成新的秘书机构由他们担任近侍官员，做秘书性工作。如此周而复始，由秦至清，概莫能外。

二、魏晋南北朝时期的秘书工作

从三国鼎立到晋统一，后经南北朝近200年的大分裂，到隋又归于统一，这期间有长达近400年的时间，这段时间尽管历史情况复杂多变，但各个王朝出于自己的政治目的，在建立政权的同时，都十分注意建立一套自己的秘书工作机构。

首先对汉代中央秘书机构进行变动的是曹操。曹操为魏王时，设“秘书令”一官，典尚书奏事，掌出发教令，秘书才成为正式官名，这也是我国秘书工作之实与秘书职官之名相符合的开始。

曹丕称帝后，因见汉代尚书台势力太大，已成为事实上的宰相府，于是重新建立中央秘书机构——中书省，下设中书令、中书监，分别任命他的幕僚长孙资、刘放担任，二者地位相当，他们共同负责皇帝诏令的起草以及其他机要文书的制作，并掌管向皇帝奏事的工作，下行诏令、上行奏章，都要经过中书省。中书省中还设有中书侍郎，中书舍人等职，他们传达王命、听候差遣，共同代替了汉代尚书的职责。

汉代为了处理公文的便利，尚书台一直没有成为国家行政机构，到了魏晋及隋朝时期则成为总揽全国政事的行政中心——尚书省，它下辖吏、礼、兵、都官、度支、工六部，每部设尚书一人。另外，与尚书省、中书省共同掌握最高政务的是门下省，它作为皇帝的侍从机关，在皇帝左右议论大政，出纳王命，供皇帝差遣，其中有的官员成为皇帝的机要顾问和私人秘书。上述三省都可以算作皇帝的秘书机构，朝廷的文书处理工作就由它们共同负责。

公文写作的理论研究在这一时期都取得了突破性的进展。曹丕在《典论·论文》中所说的“盖文章，经国之大业，不朽之盛事”中的“文章”，泛指当时的奏、议、书、论、铭、诔、诗、赋等文体，公文占了很大的比例；刘勰的《文心雕龙》不仅是我国文艺理论的集大成者，同时也对公文写作理论和公文文种进行了系统的论述和梳理，并且特别强调“章表奏议，经国之枢机”，揭示了公文的作用、地位与本质。

汉字在这一时期也有了重大的发展，从“隶书”发展成“楷书”（又称正书、真书）。楷书盛行于魏晋南北朝，一直通行到现在，当时还出现了介于草书和楷书之间的“行书”。而行、楷书的出现大大便利了秘书官员。

这一时期秘书工作的另一个重大发展是公文书写材料的新创造。西汉以前用甲骨、青铜、石头、竹木等作为公文书写材料，使用极为不便，西汉用缣帛为书写材料，虽然轻便，但造价昂贵，难以普及。东汉蔡伦发明了造纸术，开始出现纸写的文书。东晋末年由于造纸技术的不断改进，纸的产量大大增加，到桓玄执政时，下令公文全部用纸书写，从此纸张成为唯一的公文书写材料，一直到今天。

三、隋唐宋代的秘书工作

隋代结束了南北朝对峙的局面，统一中国。隋文帝重新制定了三台、五省、九寺、五监、十二卫的中央官职体系，五省之中最重要的公文处理机关仍然是中书省、门下省和尚书省，其中中书省负责为皇帝草拟各种诏令、书敕，并根据皇帝意旨行立法之权；门下省负责审核，掌管诏令的出纳，不合旨意者不予传递；尚书省不能参与决策，只有执行权，即“中书出令，门下审议，尚书执行”，这样的“三权分立”可以互相牵制，防止大权独揽，对后代也产生了较大的影响。

唐承隋制，中央机构的公文运转程序仍沿用隋朝的三省制度，皇帝重用的是中书舍人。但随着三省成为有独立的官署和正规的官吏编制的国家正式机构，中书舍人成为外朝官员，于是皇帝又开始重用身边的一批新的“机要秘书”，原来中书舍人起草文件、发布命令的职权逐步为他们所代替，这批新的机要秘书就是翰林学士。最初的翰林学士是皇帝的侍从顾问，他们都是一些既无兵权又无政治背景的文人，对政权构不成威胁，因此反而开始受到重用。唐玄宗时因中书省事务繁忙，文书往往不能及时处理，于是在开元二十六年正式设立翰林院，选文学之士，分掌制诏书，负责起草任免将相等机密诏令，并备咨询要政。唐德宗以后，翰林学士更成为皇帝最亲近的顾问兼秘书官，有“内相”之称。中书舍人逐渐成为空名，而翰林学士加“知制诏”就等于代理中书舍人，过一段时间就正式授中书舍人，不久也可以成为丞相，后代拜相者必由翰林出身，就是唐代沿袭下来的习惯。诗人李白就曾经位居翰林。

唐代从公文起草到公文移交有一套严密的制度，并且作为法律加以规定，如一文一事制度、公文用纸制度、公文折叠制度等，公文的名称和用途也有明确的规定。

武则天时设匦使院，置知匦使一职，以“申天下之冤滞，达万人之情状”，这是封建王朝中央机构中最早的专门处理“信访工作”的部门。

宋代沿袭了唐朝的制度，中央行政系统的文书工作仍由中书、门下、尚书三省负责，尚书省是行政系统文书处理工作的中心，但为了加强中央集权，皇帝将军政大权交由枢密院和中书省分别掌管，行政集权于中书省，军机事务则由枢密院负责，遂形成了中央官制体系“三省一院”制的构架。而省院之下又设有许多所属机构，分别负责文书的收发登记、传递、催办等一系列的文书处理工作。州县衙门内还设置录事参军、孔目、押司等文书工作人员。

宋代的公文名称基本上沿袭唐朝，但也有一些改变，如皇帝下发的公文就有册书、制书、诰命、诏书、赦书、御札、敕、牓等七种；宋朝的翰林学士院也沿袭了唐朝的制度，翰林学士为皇帝的私人秘书和侍从，凡属重要文书或机密文书，都由翰林学士起草，称为“内制”。

总之，唐宋时期的秘书工作较之秦汉与魏晋南北朝时期的秘书工作有了很大发展。秘书工作系统更为健全，秘书工作制度更加严密。从公文的起草、撰写到公文的签押、用印、登记、移交等，都有一套比较严密的制度。此外，唐宋时期的文书工作与档案工作开始有了明确的分工，这也是唐宋时期秘书工作发展的一个重要标志。

四、元明清三代的秘书工作

1279年，元世祖忽必烈灭了南宋后，于1271年建立了统一全国的元王朝。元朝疆土广大，境内民族众多，元代统治者为了加强对全国的统治，建立了庞大的政权组织，并且在各级政权组织中设置了一套秘书工作机构。元代取消了门下、尚书二省，由中书省代替前朝的三省制，并且采用宋代军政分立的办法，由枢密院掌管军事。为了加强对地方的控制，在全国还设立了行中书省和行枢密院。

元代是以蒙古贵族为主体的封建王朝，从中央到地方各级官员大多由蒙古族人担任，而他们中的大多数不通文墨，难以胜任政务，还歧视汉人。后来元统治者意识到秘书人员在国家政治事务中的重要性，开始对秘书人员的选拔实行严格的考试制度，其标准是“首论行止，次取吏能，又次计月日，多者为优”，也就是说，只有那些既符合封建统治阶级的行为规范与道德标准，又具有秘书工作业务能力和秘书工作资历的人才有可能被选拔上，还必须有可靠的人作担保。元初大多由色目人和北方汉人担任各衙门书吏，而不用南方汉人，直到1322年元英宗试选书吏时才开始选用南方汉人。

元代的文书、档案工作比前代更为完善，特别是文件驿传制度最为发达。驿传制度古已有之，秦汉时称为“邮”、“亭”，隋唐时期称“驿”，元代称“驿站”。元代还设有“急递（传）铺”，用以传递紧急文书，它大大提高了紧急文书的传递速度，对于及时沟通中央与地方之间的联系起到了重要作用。

明代的秘书工作比元朝又有了很大发展。朱元璋建立明王朝后，对封建政权机构作了较大的调整：洪武十三年（1380年），废中书省，罢杀丞相。中书省废除后，其官职也不复存在，唯保留中书舍人一职，但此时的中书舍人与前朝相比已相去甚远，往往是翰林起草诏令，内府办理用印，中书舍人则只不过是眷副本、缮正本，依葫芦画瓢而已，与六朝时权倾天下的舍人相比，其权势是小得可怜了。

中书省废除后，由六部尚书分管国务，直接对皇帝负责，但国事纷繁，皇帝精力有限，不可能事必躬亲，他一人要应付各部尚书及地方呈交上来的种种重要文书，事实上是不可能的，于是在六部之外又设吏、户、礼、兵、刑、工六科，六科不仅协助皇帝处理各种章奏文书，还实行对六部的联系和控制。洪武十五年，朱元璋又仿宋制设殿阁大学士一职作为侍从顾问，负责收阅奏章、批发文件，颇似于唐朝的翰林学士。

朱元璋洪武十年还建立了皇帝的文书总收发机关——通政史司。它的地位非常重要，是内外大小衙门向皇帝呈报文书必经的咽喉。

明代的公务文书种类有很大程度的增加，如官府的行移文书分为上行、下行、平行三种，其中上行文书有五种，平行文书有三种，下行文书有四种；文书工作制度也更为完善，新增加了批红和票拟制度、行移堪核制度、文书保密制度、禁繁文和章奏贴黄制度等，对后世的秘书工作产生了较大影响。

清朝是满人治国，所以在建立之初就在皇帝周围建立了一系列秘书工作机构。首先设立了文馆，用来翻译历代王朝的典章制度，后来文馆改为内三院：内国史院、内秘书院、内弘文院，它们可以看成是皇帝的秘书机构。内国史院主管皇帝的起居、诏令，编撰史书和草拟表章等；内秘书院负责撰拟外交文书、敕谕和祭文等；内弘文院负责注释古今政事得失，以及颁行制度等。

康熙九年，内三院被内阁和翰林院所代替。内阁的职责是草拟谕旨、下达公文、办理奏章、负责收藏。翰林院是仿明制设立的，但其职掌却有变化。康熙年间，皇帝亲自发出的指示由南书房翰林撰拟，这些翰林叫“南书房行走”，其地位相当于皇帝的机要秘书。雍正王建立军机处后，这部分职权随即转移到军机处，翰林院除撰拟极少部分应制文章之外，主要职掌是修国史。

乾隆以后，内阁的地位和作用又被军机处取代。军机处于雍正七年设置，开始叫军机房，是为了镇压西部准噶尔叛乱的需要建立的，雍正十年改为军机处，作为皇帝的机要秘书处，其工作范围已不限于军事，而是逐渐成为全国政令的策源地和统治中心。军机处由军机大臣和军机章京若干人组成，军机章京都擅长文笔，负责办理文书事务，是实际上的秘书，领办章京相当于军机处的秘书长。

清代的地方官衙中除了有公职秘书官吏之外，主官还普遍自行聘用幕僚作为私人秘书。这类人员在我国战国时期就已经出现，到清代已充满地方官衙，当时又称“幕友”、“幕宾”、“师爷”、“西席”等，他们之中最有声望的大多出自浙江绍兴，人称“绍兴师爷”。随着对这类人才需求量的增多，民间开设了专门培养幕僚的专科学校，当时称为“幕馆”，去幕馆学习称之为“学幕”，当时去学幕的人“趋之若鹜”，而这种“民办秘书专科学校”的出现，从某种意义上来说，标志着我国秘书学科的萌发。

第三节　近现代秘书工作概况

一、鸦片战争时期的秘书工作

1840年鸦片战争以后，在西方列强的武装威逼下，清政府卖国求存，使我国沦为半封建、半殖民地的国家，腐朽的王朝政权再也无法按照原来的体制运行下去，同时迫于国内民众的反抗情绪，清政府于1906年宣布“预备立宪”，即仿照日本政府的组织制度改革中央及地方机构，制定颁布了《内阁属官官制》十五条，内阁秘书机构也发生了变化。内阁设承宣厅、制诰局负责秘书工作，各部还设承政司、总务司等掌管文件，综领众务。承政司司下设秘书科，有科长一人，一、二、三等秘书若干人，秘书科的职责是：①掌管机密事宜；②掌管收发奏咨函电计编纂翻译事宜；③掌管监守部印；④掌管图书的保存事宜等。“秘书科”是我国历史上第一个名实相符的秘书工作机构，所以虽然清政府的这个《内阁属官官制》还未来得及广泛实行，辛亥革命就爆发了，但“秘书科”等秘书机构却成为以后各级各类机关单位的正式设置。地方秘书机构也有所变化，总督、巡府和衙门普遍设立完整的秘书工作机构，办理文件，就连一些厂矿企业也设有文书档案机构，有专职管理文书档案的人员。

这一时期的公文种类大量增多，特别是外交文书大量产生。如清政府与外国侵略者签订的一系列不平等条约，以及其他协定、章程，还有有关立约建交、割让租地、赔款条例的往来文书，此外，随着外事活动的增多，还出现了照会、国书、外务统计表、出使报告等外交文书；随着近代工业的产生和发展，有关技术的文书也开始出现，如设计报告等，使秘书工作拓展到了工业企业中；西方先进的科学技术传入我国后，文书开始实行电讯传递的方式，电旨、电信、电奏等电报文书开始出现。

清政府的对外行文称谓发生了改变。鸦片战争前，清政府以“天朝”的名义跟属国进行文书往来，之后却被迫采取“平行文书”的形式，甚至凡提到外国名称时都要加“大”，如“大英帝国”、“大日本国”等，《中英天津条约》第五十条还规定，凡“遇有文词辩论处，总以英文（法文）作为正文”，充分证明了清政府的腐败无能、丧权辱国。

二、辛亥革命时期的秘书工作

1911 年，伟大的革命先行者孙中山先生领导的辛亥革命，结束了中国两千多年的封建帝制，1912 年 1 月 1 日，中华民国临时政府在南京成立，孙中山宣誓就职，任临时大总统，标志着资产阶级共和国政权的诞生，也是我国现代秘书工作的开始。南京临时政府实行总统制，在总统府设立秘书处，设秘书长一人，全面负责秘书工作；秘书处下设七科二所：总务科、军事科、财务科、民政科、文牍科、通译科、电报科和收发所、招待所；总统之下设外交、司法、内务、教育、交通等九个部，每部设有承政厅，承政厅又设秘书长一人，负责各部的具体工作，并掌管机要文书；承政厅下属各处还设置了秘书人员，分管各类事务。

南京临时政府在成立之初就颁布了《公文程式条例》，反映出鲜明的革命民主色彩和反封建主义的精神。条例规定公文的文种为“令”、“咨”、“呈”、“示”、“状”五种，废除了几千年来封建王朝使用的制、诏、敕、诰、题、奏、表、笺等公文名称。临时政府大总统还规定，公文中对人不得再用“大人”、“老爷”等称谓，官员之间互称职务，如“局长”、“科长”等，民间则以“先生”或“君”互称。这些改革，是我国文书史上的一场革命，也是我国现代秘书工作的良好开端。

然而，北洋军阀袁世凯于 1912 年 3 月篡夺了南京临时政府的大权，民主共和国的体制名存实亡。袁世凯就任中华民国临时大总统后，在中央机关除总统府外，还设内阁、外交、内务等十部，各部都设秘书长、秘书及工作人员；1914 年袁世凯又废除了内阁制，实行总统制，内阁则成为政事堂，直辖法制、铨叙、印铸、机要等局，其中机要局掌管机密文电，袁世凯就通过机要局控制全国，所以机要局的实际权力非常大；政事堂设立后，原总统府秘书厅改称“内史厅”、秘书长改称“内史监”、秘书改称“内史”，总统收文处改成“奏事处”；北洋军阀政府对南京临时政府规定的公文程式也作了修改，先规定公文种类为命令、训令、指令、公函、咨、呈、批等，以后又多次进行变动，如将政府公报中的“呈”改为“奏”等等，是袁世凯企图恢复帝制的明证。

1916 年袁世凯病死，恢复帝制的梦想破灭，中国开始了军阀混战的历史，北京政权相继由皖系、直系、奉系三派军阀掌握，总统几乎每年一换，内阁三月一倒，这种局面一直延续到 1927 年，但在此期间，秘书工作一直受到重视，中央政府各部门普遍建立了较为完整的秘书工作机构，并在此基础上制定了严密的公文职度，如文件收发登记制度、文书保密制度等。另外，在当时培养官吏的学校里还设置了文书课程，培养文秘工作人才，这是我国现代文书教学的开端。

三、国民党统治时期的秘书工作

1927 年，国民党政府取代了北洋军阀，为了强化统治，在各级政府机关中建立起一整套秘书工作机构，并且对秘书工作进行了一系列的改革，同时增加了秘书人员，扩大了秘书职权。1928 年，国民政府在体制上实行行政、立法、司法、考试、监察五院制，五院内各秘书处，并设秘书长、秘书、科员、书记官等若干人，分别负责各院的秘书工作。

为了提高行政效率，建立所谓的“万能政府”，国民党曾经进行过三次“文书改革”运动：1927 至 1933 年期间颁布了一系列有关文书和文书工作的条令、办法，对公文的格式、标点、用纸都作了具体规定，同时提倡公文用白话文写作，反对沿用套语；1933 年至 1937 年，行政院成立了“行政效率研究会”，推行“文书档案连锁法”，以改革机关内部行政效率低下、行文混乱的状况；1938 年至 1945 年，不仅颁布了《公文改良办法》，还推行将设计、执行、考核三者相连的行政“三联制”。这些改革虽然比北洋军阀时期有所进步，也为今后从事秘书工作的研究和实践提供了一些资料和借鉴经验，但总的来说收效甚微，基本上没有达到预期的目的。

四、中国共产党早期的秘书工作

1921 年 7 月中国共产党的诞生，标志着我党开始有了自己的秘书工作。中国共产党成立之初，许多秘书工作都是由党的领导人亲自担任的，毛泽东、周恩来、邓小平、瞿秋白等都做过文件的起草、刻写、处理、保管等秘书工作，为建立和巩固适合我国国情的党的秘书工作打下了坚实的基础。

1923 年党的第三次代表大会正式决定建立秘书制，由毛泽东担任中央局秘书，会上通过的《中国共产党执行委员会组织法》规定了中央局秘书的职责是：①负责本党内外的文书工作；②负责党内外的通信工作；③负责会议记录；④管理党内文件，并且规定党的一切函件“须委员长及秘书签字”以后才能发出。

1926 年党的四届三中全会决定进一步加强秘书工作，中央执委会下设中央秘书处，总揽包括密写、传递、秘藏等在内的“全党的技术工作”，秘书处下设文书科、交通科、会计科、出版分配科、翻译科等部门，其后一段时期的秘书工作都是直接为党的政治斗争和武装斗争服务的，机密性、政治性很强。

大革命失败后，随着形势的发展，秘书工作也相应变化和调整。1929 年后，在中国共产党领导下全国建立了许多革命根据地，军队政治部和纵队政治部中都设有秘书处，《苏维埃组织法》中明确规定，在县一级苏维埃政府中设秘书处，负责秘书工作；区、乡苏维埃则设秘书一名，负责区、乡政府的秘书工作。1931 年苏维埃中央执行委员会第一次会议通过的《苏维埃地方政府暂行组织条例》，决定废止秘书制，由新成立的总务厅（处）负责秘书工作。1933 年中央苏区颁布的《中华苏维埃共和国地方苏维埃暂行组织法》中又增加了“秘书”和“文书”的职务，负责文书管理和档案保管工作。

抗日战争爆发后，中央重新设立秘书处，下设机要、文书、材料、会计四个科，其中材料科负责保存中央文件和其他文书材料；许多敌后根据地都建立了人民的政权，并且大多设有秘书处，如陕甘宁边区政府就设有秘书长，还颁布了《改革公文程式的理论与实践》、《陕甘宁边区新公文程式》等文件，另外《政务会议暂行规定》要求秘书人员必须“尊重政务与事务之区别”，秘书在需要的情况下，经会议许可才能临时出席会议，但是“有发言权，无表决权”，这大概是后来秘书界提出的秘书“参与政务，管理事务”的源头。

抗日战争胜利后，中共中央新成立了书记处办公处，协助书记处处理日益增多的文件和电报，办理会务和其他日常事务，这个机构于 1947 年随中央机关撤离延安而撤销；1948 年晋察冀和晋鲁豫两个边区政府合并，成立了华北人民政府，先后发出了《公文处理暂行办法》、《办事通则》等文件，规范文书秘书工作。华北人民政府下设秘书厅，有秘书长一人，省市人民政府还在秘书长下设秘书处、行政处、人事处、交际处、调查研究室等；解放区各区县也一般都设有秘书室，负责文件的审核、印信的保管、材料的缮写校对、文件的收发和保管等工作。

总之，从中国共产党成立初期到全国解放时的秘书工作，无论是秘书工作的服务对象，还是秘书工作人员的地位，以及秘书工作方法和制度，都与历史上任何时期的秘书工作有着本质的不同，体现了平等、民主、讲求效率的特点，而这些特点在新中国成立后的当代秘书工作中更发挥了巨大的作用。

第四节　当代秘书工作概况

1949年中华人民共和国宣告成立。社会主义新中国的秘书工作的性质、任务、作用和方法等与历史上任何一个时期的秘书工作相比，都有着明显的不同。在党的关怀和直接领导下，我国的秘书工作迅速开展起来，系统的、网络化的秘书工作机构也在全国范围内建立起来，各级秘书机构中都配备了大量的秘书工作人员，他们在火热的社会主义建设中发挥了巨大的作用。改革开放以后，新时期的秘书工作更是以崭新的面貌，为中国实现现代化、走上富民强国之路的理想作出了积极的贡献。

一、建国初期的秘书工作

1949年12月6日，《人民日报》发表了李剑飞的文章《关于机关文书工作的研究——前华北人民政府秘书处工作经验介绍》，介绍了文书工作的制度和方法，总结了前华北人民政府的秘书工作经验，强调了做好文书工作对提高机关工作效率的重要性，是新中国秘书学研究工作的开端。

党中央和人民政府都高度重视新中国的秘书工作，针对秘书工作发出了一系列文件。为了提高工作效率，当时的中央法政部门举办了反文牍主义的公文展览会，在此基础上，中央政府各部门联合签订了《简化公文公约》，《人民日报》还为此发表了消息和短评；1949年12月25日，中共中央办公厅为统一中央机关文电处理工作，发出了新中国成立后第一个《关于文电处理工作的几项规定》；1950年2月，中共中央办公厅发出了《关于统一文件纸型与格式的规定》；1951年2月，中共中央办公厅发出了《关于纠正电报、报告、指示、决定等文字缺点的指示》，《人民日报》发表社论《正确地使用祖国语言，为语文的纯洁和健康而斗争》，其后，政务院又发出了《关于学习标点符号的指示》。这些文件和文章虽然不全部是针对具体的文书秘书工作的，并且带有明显的时代烙印，但是对于纠正文牍主义，提高秘书人员的政治素质和业务素质都起到了积极的作用。

1951年4月，政务院召开了全国秘书长和不设秘书长的办公厅主任会议，会议重点研究了各大行政区和省直辖市人民政府的秘书工作，通过了《关于各级政府机关秘书长和不设秘书长的办公厅主任的工作任务和秘书工作机构决定》（以下简称《决定》）、《公文处理暂行办法》、《保守国家机密暂行条例》、《关于加强文书处理工作和档案工作的决定》等七个文件，这是秘书工作史上一次划时代的会议，尤其是《决定》的发布对规范秘书工作的职责范围具有里程碑式的意义，对秘书工作的组织建设和思想建设都起了重大的指导意义。首先，《决定》明确规定了秘书长和办公厅主任的工作性质是“既要参与政务，又要掌管事务”。其次，《决定》规定了秘书长和办公厅主任的工作任务是：①协助首长综合情况、研究政策、推行工作；②协助首长密切各方面的工作联系；③协助首长掌管机关内部的统一战线工作；④协助首长掌管保密工作；⑤掌管机要工作；⑥主持日常行政事务工作；⑦掌管机关事务等。第三，《决定》还对秘书工作人员的政治思想修养提出了明确的要求。

此后的1953年到1966年间，党中央、国务院发出的有关秘书工作的文件多达几百个，内容涉及文书处理、信访、印信、档案、机要交通、调查研究、外事接待等秘书工作的各个方面，充分说明了党和国家对秘书工作的高度重视。但是“文革”期间我国党政机关的秘书工作却遭到了严重的破坏。

二、新时期的秘书工作

十一届三中全会的召开，使我党实现了历史性的伟大转折，我国进入了以社会主义现代化建设为中心的新纪元。1980年4月，中共中央办公厅颁布了《中央收发文件、电报批抄、注办工作的原则和办法》，同年5月，制定了《关于中央领导同志机要秘书工作的暂行规定》；距全国第一次秘书长、办公厅主任会议召开三十年后的1981年1月，中央召开了第二次全国秘书长、办公厅主任会议，重申并完善了过去行之有效的秘书工作制度，使秘书工作更加正常化、制度化；1981年2月，国务院办公厅颁发了《国家行政机关公文处理办法》，5月，中共中央还发出了《关于各级领导干部要亲自动手起草重要文件，不要一切由秘书代劳的指示》等重要文件。

1985年1月，中央召开了第三次全国秘书长、办公厅主任座谈会，提出了新时期秘书工作必须实现“四个转变”：从偏重于办文办事转变为既办文办事、又出谋献策，从收发传递信息转变为综合处理信息，从单凭老经验办事转变为实行科学化管理，从被动服务转变为主动服务。“四个转变”指出了秘书工作发展的趋向，为秘书工作实现规范化、系统化和科学化提供了有利的政策保障，是新时期秘书工作的指导方针。

1987年2月，国务院办公厅又一次发布了《国家行政机关公文处理办法》，1993 年 11 月进行了修订；1990 年 1 月，中共中央办公厅召开了各省、市、自治区和直辖市党委秘书长座谈会，党和国家领导人江泽民、李鹏、李瑞环等出席了座谈会；中共中央办公厅 1996 年 5 月发布了《中国共产党机关公文处理条例》；2000 年 8 月的《国家行政机关公文处理办法》由国务院发布，表明了国家对秘书工作的进一步重视；现行党政机关公文的撰写和处理依据由中共中央办公厅和国务院办公厅于 2012 年 4 月发布，2012 年 7 月 1 日正式实施的《党政机关公文处理工作条例》，它是党政机关和企事业单位实施领导、履行职能、处理公务的法规性文件。新时期党和政府相关文件的出台以及重要会议的召开表明，我国的秘书工作一定能够发展得更科学、更合理、更完善。

思考题

1. 我国的秘书工作起源于何时？为什么？
2. 历代中央王朝秘书机构和皇朝秘书的职权遵循了怎样的变化规律？
3. 周代的秘书工作有哪些特点？
4. “中书出令，门下审议，尚书执行”的具体内容是什么？
5. 如何理解元代的统治者对秘书人员进行选拔的标准？
6. 清末的秘书工作发生了哪些变化？
7. 《关于各级政府机关秘书长和不设秘书长的办公厅主任的工作任务和秘书工作机构决定》的内容和意义是什么？
8. 新时期以来党和国家发布了哪些有关党政机关公文处理的文件？

第二章 秘书工作机构的设置和职能

如本书绪论所述，秘书机构是各级各类组织的附属机构，独立的秘书机关是不存在的，但它同时又是各级各类机关单位和社会团体中不可缺少的日常工作机构，因此科学合理地设置秘书工作机构，充分了解秘书工作机构的职能，对于优化机关内部的结构，提高秘书工作效率具有重要的作用。

第一节 秘书机构的设置

一、秘书机构设置的原则

关于秘书机构的设置原则，1951 年 4 月全国秘书长会议通过的《关于各级政府机关秘书长和不设秘书长的办公厅主任的工作任务和秘书工作机构决定》（以下简称《决定》）指出："秘书工作机构，应根据精简原则，尽量减少层次。办公厅一般可分设两层，最多不超过三层。"同时指出，秘书机构为适应业务分工，可适当向横向发展，逐渐改变过去那种过多的纵向层次的组织形式。可以说，《决定》提出的秘书工作机构的设置原则，是精简、纵向层次尽量减少和横向幅度适当加大。因此，有些学者据此提出了这三个原则就是当今秘书工作机构的设置原则。然而，即使我们尚且不论社会的发展、时代的变迁给秘书工作机构的设置带来的影响，也应当注意到，《决定》是全国秘书长会议上的产物，也就是说，它提出的是在秘书工作机构已经存在的前提下的原则，而我们现在所讨论的秘书工作机构的设置原则，却是另一个逻辑意义上的，它首先要解决的是需要与否、合理与否的问题。因此，我们认为秘书机构的设置，应当遵循以下基本原则：

（一）必要性原则

一般来说，凡独立单位都有必要设置秘书工作机构。所谓独立单位，是指能够独立行使一定的权力、承担一定的义务，并且有一定数量的领导干部和办事人员、有行文权限的组织。在这些单位设置秘书机构，是为了保证机关工作的正常运转和为领导提供全方位的服务，即秘书机构的设置，是从实际工作的需要出发的。

我国秘书机构设置的实际情况是，从纵的方面看，有中央、省（市、自治区）、市（地）、县、区、乡（镇）和基层企事业单位等七个层次中的秘书机构，而某些实体单位内部较大的部门中，一般也设有秘书部门，如高等院校普遍设有校党委办公室、校长办公室，而学校所属的各个院系中也设有办公室；从横的方面看，各级各类秘书机构又分属于人大常委会、党委、政府、政协委员会、军队、民主党派、群众团体、事业、企业等众多系统。纵横交叉，即层次与系统交叉，就构成了一个综合的、立体的、网络状的秘书机构格局，它是和我国庞大而有序的领导管理体系相适应的。

（二）合理性原则

“合理性”是秘书工作机构设置的核心。合理性原则首先是指秘书机构的设置应与它所从属的机关大小、性质和权责权限相适应，因为从中央到基层各级机关的权责范围有所不同，权力机关、执行机关、监督机关、管理机关和业务机关工作的侧重点也有所不同，这些不同层次和系统的秘书工作也就各有不同，所以秘书机构的大小、分支机构的设立以及专业人员的配备，都必须充分考虑到这些特点。

其次是指秘书机构的组织形式、人员配备必须合理。因此必须重视秘书机构内部结构的优化，力求做到建制合理、设岗恰当、职责明确，一切从工作需要出发。秘书机构是由秘书的群体组成的，每一个秘书工作者都是秘书群体中的一分子，因此在知识结构、能力结构、年龄结构、性格结构、性别结构等方面要尽可能地做到合理配备、优势互补，最大限度地调动他们的工作积极性和创造性，以营造秘书工作的良好环境，达到秘书工作机构整体高效运行的目的。

（三）精简性原则

精简性原则是指秘书机构要做到精兵、简政。首先，秘书机构的人员要精干，机关和事业单位严格按照编制规定进人，根据工作任务和要求安排秘书人员的工作，做到人人有事做、事事有人做，绝不能因人设岗、因人设职，这样就不会造成人浮于事、互相扯皮的后果；同时，要尽量减少秘书工作机构的层次，秘书机构初建时宁可少设置一些部门和分支机构，这样就能有效地避免机构架子太大而无法精简运行的局面。当然，秘书机构中的人员并不是越少越好，机构也不是越简单越好，因为秘书工作本身极其繁杂琐碎，没有一定的人员和机构保障是难以圆满完成领导交给的各项任务的。

（四）稳定和应变相结合的原则

秘书机构一旦建立，秘书人员的工作职责和下属的各部门就应当相对稳定，不宜随意变动。因为秘书工作涉及的面较宽、专业性较强，每个秘书人员都有自己的专项业务，如果经常变换他们已经熟悉的工作、随意改变下属机构，不但会影响秘书人员的工作效率，而且也不利于领导机关和领导工作的开展，还会给外单位来本机关、本部门办事的人员造成不便。

但是实际工作又是千变万化的，秘书机构的设立也应该及时适应外界的变化，依据工作和管理的需要进行适度调整。要根据工作需要适当增减秘书工作机构，同时根据实际情况设立或撤销临时性的秘书工作机构；还要根据辅助领导工作的需要，充分考虑领导的意图来设置秘书工作机构，并使其与附属机构的工作性质相适应，以便于管理。

二、秘书机构的类型

目前我国的各级各类秘书机构，大致可分类如下：

（一）按管理层次分类

有中央、省级（直辖市、自治区）机关的秘书机构、地（市）和县级机关的秘书机构、基层秘书机构三大类别。

中央机关是党和国家政府的最高领导机关，根据职责、任务和工作需要，分别采取了“分理制”和“综理制”的形式设置下属机构。“分理制”就是分部门办公的形式，秘书机构就是各个部门中的一个部门，中共中央、国务院实行的是分理制，办公厅以下设局级机构，如秘书局、机要局、机关事务管理局等，局下再设处、室和科等；“综理制”是不分部门办公的形式，秘书机构综合管理机关的一切日常事务，全国人大常委会、中央军委、全国政协实行的就是综理制，秘书长领导下的办公厅负责综合承办各项日常工作。中央机关的秘书机构的责任重大，因此层次较多、分工较细。省（直辖市、自治区）级机关同样采取了分理制和综理制的形式设置下属机构，秘书机构也相应设置。

（地）市和县级机关的秘书机构属于中层秘书机构，机构也较大，但因其承担的秘书工作中事务性工作较多，所以层次不多并且有所分工。省辖市的区相当于县，秘书机构的设置与县大致相似。

基层秘书机构指农村乡镇一级的办公室和城镇街道办事处的办公室或秘书股，这些机构有的只设专职或兼职人员；另外，基层企事业单位的秘书机构，一般参照同等级别领导机关的规格，并且结合实际情况设置，如高等院校同时设有校级和院系办公室等，而相当于县团级以下的企事业单位有的只设秘书科。由于基层单位不制定重大政策，也没有太多的信访任务，所以一般不设专门的政策研究部门和信访部门，只配备必要的工作人员。

（二）按组织系统分类

有党委系统、政府系统、人大系统、政协系统、军队系统、事业系统、企业系统、人民团体（工会、共青团、妇联等）系统、学术团体系统的秘书机构等，它们又大部分从中央到基层，分为各个不同层次的秘书机构。军队系统的秘书机构，分为中央军委、总部、大军区、军、师、团等层级，团级以下一般只设秘书或文书；大型企业的党委和行政一般均设有秘书机构，中小型企业一般只设一个综合办公部门；民主党派和工会、共青团、妇联等机构或团体，根据各自的组织章程，参照同级党政机关的设置设立秘书机构；学术团体的正副会长或正副理事长通常是兼职的名誉职务，因此大多设秘书长主持日常工作。

（三）按法定程序分类

有常设秘书机构和临时秘书机构两大类别。前者是指党政军、企事业单位等由法律、法规认定并由编制机构批准的机关、单位的秘书机构，以及由民政部门批准成立的民间社团如各种协会、学会、基金会的秘书机构，它们虽然有的是固定秘书机构，有的是非固定秘书机构，但都是常设性的秘书机构。

临时秘书机构是指各级领导机关根据实际工作需要而设置的非常设性的秘书机构，也主要有两类，一类是为临时性的领导机构服务而设立的，如“国庆庆祝活动筹备委员会”、“抗洪救灾指挥部”等机构的秘书组，它在组织形式、人员配备上比较灵活，完全根据实际需要而定，并且随着工作的结束和临时领导机构的撤销而撤销；另一类是为重要的会议服务而设置的，其规模、配备也随会议的规模、性质和需要而定，全国性的大型会议的秘书机构人员较多、配备较全，如全国人大会议就在大会主席团领导下设正副秘书长，负责秘书处、联络处、行政处、文书处、保卫处等机构的工作，中小型会议也设置规模较小的秘书机构，负责会议筹备、会议期间的联络以及会议结束的善后工作等。

第二节 秘书机构的运行机制

秘书机构的运行机制有两个前提，即人类组织结构的等级性和组织运行中的程序本位性，因此就秘书机构运行机制而言，有以下三个方面的特征。

一、内在并行性

社会作为一个高度发展的系统，必然有其核心和边缘的分化，这个核心即是组织的领导。而对复杂和庞大的组织而言，其核心也必须再分化为“领导”和“秘书”两个功能块，二者并行，从而实施指挥、协调、监督功能，以提高领导效率，更好地管理整个组织。

如秘书调查研究、信访接待、筛选文件信息是充任领导的感觉器的职能。在信息“爆炸”的时代，秘书必须充当领导感觉的过滤器，筛除低质量的信息和无价值的“垃圾信息”。同时发挥“定向”作用，寻找和跟踪高价值的信息，服务于中心工作，并为领导决策提供有效的信息平台。而秘书建言献策、研究政策、拟办文件、起草公文、代拟讲话稿等，则往往直接影响或者转变为领导的决策，相当于信息处理的过程。这些秘书行为，实质上已融入领导行为，秘书必须进行“代为思维”，设身处地地站在领导的角度，站在全局和长远的角度，客观、冷静的考量和处理情势。美国管理学界称秘书为领导的“外脑”，形象而贴切。

秘书的收发文和立卷、归档等档案管理工作，由于并行性理论的实施，消除了原来信息储存工作的盲目性及其与领导决策之间接口的不匹配性而造成的瓶颈，促进了秘书机构对领导的适应性，并且由于信息的分布储存与储存处理合二为一，可以有效地弥补领导——秘书系统中部分失效的情况，实现理想，提高系统的效率。

秘书传达领导决策和意见，催办、查办和督办，使领导的意图客观化，成为发挥指导作用的社会实践。工具的发明延长了人的手臂，促进了人类的生产活动。秘书作为辅助领导的角色，全面扩展了领导处理公共事务、管理组织的能力，增强了领导的大脑和四肢功能，可以说，组织的复杂性和效率与秘书机构的发展是密切相关的。没有秘书，领导就不可能管理较大的幅度和较多的层次。目前，领导的决策有时到了下级就被“对策”抵消了，其他原因姑且不论，秘书的执行机制没有落实是一个重要的原因，领导权也因此被悬搁了，所以，秘书是领导言出行至的关键之一。

二、自稳性

秘书机构作为一个社会系统有维持其模式的自我平衡机制。秘书机构古今中外普遍而长久存续，从事实上说明了它的自稳性。从动态分析的角度看，秘书机构经历了内部和外部大量的扰动，如经济发展、经济关系变化、政权更迭、法律和政治、道德的演变，以及秘书机构自身目的和结构的变化，但这些扰动最终被引导到预选存在的通道中，秘书机构作为开放的系统，通过自调节的模式，即维持的行为使扰动缓和下来。

在中国历史上，从夏朝的五更、四辅、四岳到明、清的军机处，秘书机构虽然名目多变，但是职能都是一脉相承的。建国以后，在国务院几次机构改革实践中，许多部委几经存废，而国务院办公厅却一直岿然不动，并且其内部机构的变动也非常小。

三、自组织性

秘书机构从古至今，经历了由小到大、由简单到复杂的过程，但这种演化并不是盲目无序的，而是逐渐地有选择地进化的。自组织性就是进化，即系统自发形成具有充分组织性的有序结构。

自组织的动力是秘书机构对领导及整个行政组织、环境的开放性，即相互间进行的物质、能量和信息交换。这种交换效果在短时间内也许还不够明显，但从较长的时间看，这种交换引起的变化就可能是惊人的了。例如：秘书机构中“政策研究”机构（子系统）的建立，即是现代社会和组织对建立宏观的、长远的调控要求的结果，而这样的要求靠“三老五更”或“诸葛亮们”个人的经验和才智是不能企及的。

党政机关的秘书机构是由政策研究、公文处理、机关事务处理等系列组成的，这种结构上的分化也为其发展提供了“肌体”条件。

秘书机构的进化，还表现在它的目的性和适应性。例如：在中国古代社会，君主们总是在集权和分权之间徘徊。从贤主的传统“神话”和个人欲望出发，君主不断发展各种集权技巧，主要是对近臣、宦官（君主的秘书）的倚重；而社会的复杂化和分工细化，又使文官集团尤其是地方官吏主张分权，不断施展“清君侧”的谋略。而秘书机构的发展在于二者之间的“生态平衡”，同时我们也必须认识到，这种平衡是动态的、相对的，这也是进化的另一层含义。在计划经济体制下，秘书机构的主要职能是参与制定和执行各种具体而繁杂的计划，而在市场经济条件下，政府越来越倾向于守夜人的角色，秘书机构则越来越显现出其权变性，因此对秘书人员的法律素质和市场经济的理论素养等要求越来越高。

第三节　秘书工作机构的基本职能

秘书机构是一个机关单位内的综合机构，因此它是领导机构指挥各职能机构正常运转、指挥整个机关单位开展日常工作、发展业务的领导中枢的组成部分，同时又是领导机关联系本单位内外、上下、左右等各种关系的枢纽部门，这种枢纽和桥梁的地位决定了秘书机构的基本职能是：

一、加工、传递信息的职能

信息包括自然信息与社会信息，而秘书处理信息的范围要小得多，我们称之为“秘书信息”，这样有助于明确秘书向领导提供信息的范围与重点。

信息工作是秘书部门的重头工作，领导掌握外部情况、认识社会、进行科学决策都要靠秘书提供信息。但是秘书机构不是“信息源”，而是信息“加工厂”，秘书不能原封不动地向领导提供信息，而必须进行信息的加工和处理。秘书部门加工、传递信息的职能主要包括以下方面。

（一）下情上达

下情上达，即把了解到的情况汇总起来，经过筛选，择其要者，向上反映。

毛泽东同志曾经说过，共产党领导机关的基本任务，就在于了解情况和掌握政策这两件大事。而了解情况又是第一位的，因为它是掌握政策的基础，党政机关如此，企事业单位也是如此。信息的掌握和处理对领导制定政策、进行研究工作具有举足轻重的地位。

信息获得的方法很多，可以借助联络员或通讯员提供信息，可以由秘书到基层单位蹲点调查，也可以开座谈会了解情况，或者听取汇报掌握动态；另外，在信息社会，大量的信息还可以来自于文字和声像资料。秘书机构和秘书负责从这些渠道了解到的信息，经过加工，再通过口头或书面的形式向领导汇报。

信息的获得除了上述来源外，这里要着重介绍的是“零次情报”。“零次情报”的概念由本人提出，指在人际交流过程中产生、传播和被接受而又在人的大脑中存贮的不具有确定的记录载体的信息产品。其特点是分散、容易被理解和吸收，而且与文字、声像形态的信息产品相比，前者是依靠固定载体提供信息，大多是已经发生了的过去的事，而后者在人际交流中，常常可以获得更多有关未来的预测信息。人们在各种会议之余，在旅馆、餐厅、影剧院、贸易市场等公共场所，打破了等级、专业、行业、工种、年龄、职别等限制而进行的广泛议论，都是“零次情报”式的信息产品。国外许多调查统计表明，“零次情报”在各种信息中占有重要地位。人们在与同行业、相关行业及其他行业的人际交流中得到的信息迅速而直接，而且往往是在各种文献中难以找到的最新信息，能给信息工作者或领导管理者带来出乎意料的启发。

（二）上情下达

上情下达，即了解领导意图，向下传达。

如做好会议记录，起草会议决议、纪要和各种各样的文件，整理领导干部的讲话稿，还有处理群众来信来访，编印各种对下的通报、内部刊物、党刊，组织会议传达领导指示，办理领导交办的事项等等，都是上情下达的工作。

要进行建设，就要把领导的决策意图传达到群众中去，这样才能把精神的力量转化为物质的力量，相反，领导的决策意图如果不能很快地、很好地向下传达，就会造成令不行、禁不止的后果，而这种情况的发生，一个重要的原因就是秘书机构没有将各项方针政策正确地传达下去，致使消息走样。要解决这些问题或矛盾，当然要通过秘书机构起传令兵的作用，大到中央会议精神，小到电话会议，都要通过秘书和秘书机构整理成文件，迅速而准确地传达给广大人民群众。

（三）联系左右

一个机关内部门与部门之间、一个机关与另一个机关之间的联系，往往要通过秘书机构来进行。秘书机构是以具体形式实行系统中各因素联系的机构，在机关中处于承上启下、沟通左右的枢纽地位，发挥着枢纽的职能；同样，因为秘书机构是一个机关、单位的“窗口”，本机关与外机关的联系也要首先经过秘书机构。同时，秘书工作的特点之一是综合性，因而秘书机构是唯一具有“综合权”的部门，而不是具体的职能部门，因此它的地位比较超脱，这使它能够发挥这种协调、联系的作用。

二、信息反馈的职能

反馈是控制论中的一个极其重要的概念，行政管理是一种控制，必然存在着反馈的问题。反馈就是控制系统把信息输送出去，又把结果反馈回来，对信息的再输出发生影响，起到控制的作用，以达到预定目的。

任何机关部门中的秘书工作，都是一项比较复杂的活动，在这项工作中运用反馈原理的意义，也就显得更为突出。人们常把秘书当成领导的助手，其实，秘书还充当领导的耳目，秘书不但要敏捷掌握来自上级领导的政策精神，及时收集下级部门的情况动态，还要据此针对本系统的业务特点和中心工作，向自己的领导"输入"有价值的信息。通常的情况下，报告、简报、经验交流、工作总结等与信息反馈虽然在形式上有相似之处，但内容上却是有区别的，反馈的内容必须是执行机构在接受了决策机构的指令之后，进行贯彻、实施进程中的情况和结果，而汇报情况等内容就比信息反馈范围大，并且在时间要求上、处理方法上都有着种种的差别。

纵观我国目前各种类型、各个部门的秘书工作，它们的性质特点、作用与信息反馈之间，存在着不可分割的密切联系。新时期以来，秘书机构的工作改革对推动多方面工作的深入发展，起到了积极的促进作用，但是信息反馈这一秘书工作过程中的重要环节还没有得到有关方面的充分重视，信息反馈的效率在许多工作中还没有得到迅速提高。主要有以下三个方面的问题：

（1）作出决策和下达工作计划的部门不能及时发现执行中出现的问题，有些部门只知道一件又一件地印发文件，却不知道这些文件究竟起了多大作用，更不知道执行这些文件时发生过怎样的偏差。有的甚至将"发文数量多"、"被上级批转的文件多"视为工作的成绩，至于实际效果如何，则一无所知。

（2）下级或基层单位不能及时地把执行工作中出现的问题准确地、迅速地传给上级或管理决策部门，有时也有情况反映，但等到一层一级地汇报到原发号施令的管理决策部门，往往已经时过境迁，丧失了有利的工作时机。

（3）严格地说，在各级秘书机构中，目前还没有普遍建立健全的、能够及时发现偏差的、灵敏的信息反馈系统。有的秘书机构名义上有人专门抓催办，实际上却不给他们专心抓好催办的时间和条件，形同虚设。当然，这些问题不仅表现在秘书机构，也表现在国民经济管理、政治思想工作、群总团体工作等许许多多工作中，已经成为一种"流弊"，是各方面的改革中必须认真解决的。

可见，不迅速解决信息反馈效率过低这个问题，危害是很大的：其一是贻误解决问题的时机，造成国家人力、物力、财力上的巨大浪费；其二是会助长领导机关的官僚主义、文牍主义作风。

反馈是控制的灵魂，及时发现问题和纠正偏差，往往能收到事半功倍之效。因此，各级党政领导机关，特别是秘书机构应该把提高信息反馈的效率和灵敏度作为秘书工作改革的一个重要内容来抓，努力解决好以下几个问题：

第一，建立健全文件催办制度，设专职秘书抓催办工作。文件发出后要跟踪检查，及时发现和解决执行中出现的问题。

第二，简化反馈程序和管理层次。要改变层层请示、研究和层层下达的做法，该由基层单位直接处理的，不要不负责任地推给上级。

第三，通过多条信息渠道进行信息反馈。如加强统计工作、深入基层调研巩固上级机关在基层建立联系点的制度、开展多种形式的思想调查等。

三、咨询参谋的职能

我国古代就很重视参谋与智囊团的作用。远在春秋战国时期就有养士的风气，而且风靡一时。赵有平原君、楚有春申君、秦有吕不韦，他们都养了大批的门客，此外刘邦灭秦兴汉重用张良、萧何，刘备重用诸葛亮，孙权重用张昭，李世民重用房玄龄、杜如晦等故事都家喻户晓。在生产规模比较狭小的封建社会，养士发挥个人深谋远虑的作用是完全必要的，他们都是为其主服务的，在政治上的表现形式是贤臣谋士，正如范文澜先生在他的《中国通史简编》中所说“富贵人养士，和养狗同样的意义。”而在如今这样的科学昌明的、政治经济关系呈现为国际性的并且是急剧演变的时代，个人的智慧已经远远不够了，个人只能在这个时代成为某项科学的专家、某个方面的能人，但要了解某项工程所涉及的许多学科就不是一个人的能力所能胜任的了。因此，秘书班子就应运而生了。秘书机构的重要系列之一——政策研究室，其实就是这样的参谋部，运筹于帷幄之中，决胜于千里之外，就是当代谋士——秘书们要做的工作。

政策研究室是出策略、出智慧的地方，这里的秘书必须是创造型和开拓型的人物。他们没有因循守旧的观念，不鹦鹉学舌、人云亦云、折中调和，没有看领导眼色行事的市侩心理，不崇拜前人的偶像，不屈从于名人权威的言论；他们善于思考，有胆有识，能够详细地占有材料、周密地审时度势，具有分析研究能力和出谋决断能力。

那么，秘书与研究室如何给领导当好参谋呢？首先，参谋事项可分为常规性参谋事项和非常规性参谋事项，前者指一些常规性的事情，譬如工资的评定；后者指首次做的事情，譬如改革开放初期引用外资办厂、沿海开放十四个城市等，这样的工作从来没有做过，就需要政策研究室慎重地周密分析，提出政策方针性意见。一般情况下，常规性参谋事项较多，非常规性参谋事项较少。秘书机构无论是在常规性参谋事项还是非常规性参谋事项中，都应当能够提出切实可行的意见和建议供领导参考。

其次，因为咨询参谋的智谋来源有以下几个方面：其一是进行充分的调查研究工作，因为实践出真知，调查出办法；其二是政策研究室人员丰富的理论知识和实践经验；其三是研究室的活力。所以，作为秘书机构重要组成部分的研究室必须是一个有新思想、新观点的地方。如果死气沉沉、折中调和，尤其是没有对立的观点，那么智谋就会窒息、夭折；遇事无法，没有应变能力，两年之中没有提出不同观点的人，应当退出政策研究室，政策研究室不应该养这样的“闲士”。

四、辅助决策的职能

秘书给领导当参谋，不能只谋不决，谋而辅助决断也是秘书工作机构和秘书的重要任务。政策研究室的人员必须能够善谋善断。善断就是在对谋略的评价和分析基础上的决策，而辅助决策也是秘书机构的基本职能。唐太宗李世民每遇事往往找房玄龄以“商之”，找杜如晦以“断之”，因为前者善谋，后者善断，二人遂成为李世民治理国家的左膀右臂。

（一）秘书机构在决策中的地位

决策是领导群或者某个领导的工作，辅助决策是秘书和秘书机构的工作，这是不言而喻的权力规定。也就是说，决策需要秘书和秘书机构的全力辅助，因为：①每一位领导者对于自己所管辖的部门是决策者，而对于他的上一层机关又是执行者，因此他就有大量的行政工作需要处理，势必无暇去管理决策的信息收集和情况的研究等具体而琐碎的事情；②智者千虑，必有一失，古今中外洞察一切、一贯正确的领导人是不存在的，“秀才不出门，全知天下事”毕竟是空谈。因此，领导决策前就要有秘书和秘书工作机构的信息提供、方案提出等辅佐，决策后也需要秘书去检查执行的情况、收集反馈信息，进而改进决策。

（二）秘书机构在决策中的作用

所谓决策，就是对若干个准备行动的方案进行选择，以期优化达到目标。可见，决策必须具备下面几个方面的特征：①决策总是为了达到一定的既定目标的，没有目标就无从决策；②决策总是要付诸实施的，不准备实施，决策就是多余的；③决策总是在确定的条件下寻找优化目标和优化地达到目标，不追求优化，决策是没有意义的；④决策总是在若干个有价值的方案中进行选择，若只有一个方案，就无从选择，没有选择，就无从优化。决策过程包括下列八个阶段：发现问题、确定目标、价值准则、拟定方案、分析评估、方案优选、试验实施、普遍实施。而在普遍实施决策的过程中，发现偏离决策目标的现象，就要实行追踪决策，将那些危及决策目标的情况予以修正。

决策的特征决定了秘书工作机构在决策过程中起着信息的收集、加工、处理的作用，具体地说：

（1）为决策提供各种可供选择的意见和方案。决策也分为常规性决策和非常规性决策，前者是大量的、有章可循、有法可依的决策，后者是偶然发生的或首次出现的非重复决策，它难以预料，所以必须在预测的基础上确定合适的目标。这时秘书工作的重要任务就是根据确定的目标，进行广泛的信息收集工作，如调研、座谈、统计、信访等，做到心中有数，然后从不同的角度和领域进行考察研究，再经过分析、设想、排队与选择、淘汰的过程，提出各种可行的方案和意见，供领导决策时参考。

（2）协助领导分析、评价、选择最优方案。这是决策的关键，是"拍板"的一招，领导是"拍板"的主要角色，而秘书在此时往往可以以自己的经验和见解为决策者提供某一方面的有参考价值的材料或意见。因此，决策者要发挥集体的智慧和才能，从决策的经济价值、学术价值和社会价值等角度出发，全面预测和评价多种方案的执行结果，权衡达到目标的效果，进行比较研究后选出最优方案，作出最后决策。

（3）在领导决策之后，帮助提供可供选择的具体实施方案。在最优化方案确定以后，秘书就要秉承领导的意见，帮助领导制定具体的实施方案。一般来说，一是起草文件，将决策方案落实到书面上，二是帮助领导组织会议，将决策方案落实到工作中去。

（4）及时为领导提供反馈信息。即使决策已经得以实施，也并不意味着秘书机构工作的终结，及时向领导提供反馈信息，及时发现偏差、纠正偏差，仍然是秘书机构一项重要而艰巨的工作。

总之，无论是什么类别的机关和单位，领导的每一个决策都不是轻而易举的事情，它需要秘书工作者倾注大量的心血，尤其是在市场经济的背景下，如果没有秘书机构提供足够的、准确的信息辅助参考，领导的正确决策就会成为一句空话，甚至一个妄想。

五、办理文书的职能

这是秘书机构传统的职能，古代领导者使用秘书的一个重要目的就是协助领导人处理文书事务。随着领导人政务活动和商务活动的日益增多，各级政权机构、企事业单位的文书也越来越多，而且文书处理的专业性越来越强，已非一般官员所能处理，所以在各级机关、各个单位的领导身边，必须有专门处理文书事务的秘书机构。同时，由于现代社会各种各样的机构、单位数量激增，办事要求更为严格与规范，这也就使得办理文书成为机关单位秘书机构的一项经常性也是基础性的工作。

六、“过滤”的职能

领导机关和领导人每天都有大量的行政事务性工作需要处理，秘书机构就要像“漏斗”和“筛子”那样，对各种日常工作和具体事务起过滤作用。重要的、已经预约的或必须由领导出面处理的工作，秘书机构应立即呈报给领导，不得有丝毫耽误，还要根据有关政策规定提出初步处理意见；而对于那些有章可循的、事务性的、可由秘书机构代为处理的事项，秘书机构就应该进行“过滤”。总之，秘书机构应当视各类事情的轻重缓急和是否涉及政策法规等情况，决定是呈报给领导处理，还是自行处理，而对无休止的庆典、剪彩等活动则要坚决进行挡驾，使领导从繁重琐碎的事务性工作中解脱出来，以更充沛的精力集中思考和解决政策性、战略性、全局性的重大问题。

秘书机构的“过滤”职能还体现在对信息的处理上。信息社会，发挥信息的重要作用已成为人们的共识，但信息并不是越多越好，大量垃圾信息、虚假信息、无用信息也往往成为领导正确决策的阻碍，只有适当、适量、有效的信息才能对工作起事半功倍的作用，所以秘书机构还要发挥信息过滤的职能，使领导的工作更有效率。

七、“不管部”的职能

“不管”不是指秘书机构不管具体的事情，而是指别的部门“不能管”的工作往往由秘书机构出面处理，使秘书机构成为一个“管别人之不管”的“不管部”。

在各级领导机关中，有许多无法归给某一职能部门的工作，还有一些全面性的重要任务无法交给哪一个下属部门去完成，领导通常把这类工作和任务交付给秘书机构。“不管部”的职能内容广泛，难以明确界定，大体有两类：一是常规性的，即机关内遇到的不归其他部门专管的、带有全面性特点的日常工作和临时任务。二是执行机关公务中遇到新情况、新问题时，领导也常常让秘书部门代表或协助他们调查处理，特别是高层次的秘书长、办公厅主任常常从事这类授权的特殊工作。

“不管部”职能使秘书工作产生了有限而又无穷的延伸。“有限”是指不能超越本机关、本级领导的权责权限；“无穷”是指具体的事务多种多样，随时可能发生，甚至可能超过本来的工作量。秘书对此应有正确认识和思想准备，只有把发挥“不管部”职能看作是份内之事，才能有所准备、积极愉快地完成这些任务。

思考题

1. 秘书工作机构设置的原则有哪些？
2. 我国现行管理体制下设置了哪些秘书机构？
3. 秘书机构的运行机制有哪些特征？
4. 秘书机构如何实现辅助决策的职能？
5. 论述秘书工作机构的基本职能。

第三章 秘书工作者的素养要求

任何一位作家和研究者都很难描画出秘书的形象，因为真正的秘书形象是他们自己塑造出来的，我们希望每一个已经走上秘书岗位的人，都能经受住品行与智慧的双重考验；而每一个热爱秘书工作并准备踏上秘书岗位的人，都能将学习秘书学知识变成一种自觉。

在现代西方社会，秘书的素养被称为"秘书 KAQ"。KAQ 是知识、能力和基本素养的总和，它体现的是一个全面素质。K（knowledge）代表知识；A（ability）代表能力；Q（quality）代表基本素养或个性质量，包括思想品德、职业道德、心理素质和个人气质等，因此所谓秘书 KAQ 就是秘书知识、能力和基本素养的总和。

第一节 秘书工作者的职业修养

一、修养的含义

所谓修养，是指个人在政治理论、道德品质、思想作风和知识技能等方面，经过长期锻炼和切实培养所达到的水平。我国是一个文明古国，我国对于个人修养的重视由来已久。古人说的“修身齐家治国平天下”，就是对当时知识分子的修养和能力要求。现代社会中职业分工越来越细致、越来越明确，不同的行业，有不同的职业修养要求。那么现时代对秘书工作者的职业修养的要求如何呢?

秘书的职业修养指的是秘书工作者在日常秘书工作中所应具有的过硬的政治理论修养、高尚的职业道德修养、优良的职业作风修养和扎实的专业知识技能修养。

这是由秘书工作的性质、特点和任务所决定的。秘书人员工资不高、权力不小。他们接触机密、参与各层次决策的机会多。其修养水平不仅影响秘书工作质量，也直接影响党政机关和企事业单位的工作效率。因此他们的修养水平高低至关重要。事实也正是如此，古今中外对秘书的修养要求都是很高的。我国古代宫廷中的秘书并非一般人都可以担任的，他必须是皇帝的亲信，而且要求为人正派、博学多才，并且要有五品以上官员的家庭出身；国外相传在第二次世界大战中，有的国家某些核心部门的秘书必须由将军的子女中的优秀者担任，并要举行效忠宣誓。在今天工业高度发达的资本主义国家里，越来越多的资本家、公司经理及行政机关的领导选择秘书的要求越来越高，总是指望自己的秘书成为行政管理助手，以便能使自己从繁琐的日常事务及专门工作中解脱出来。因此秘书必须受过良好的教育，具有全面的修养，方可有能力且自觉地接受和执行上司赋予他们的尽可能多的使命。

虽然不同类型、不同层次的秘书在知识和能力构架上会有要求上的差异，但在基本素养上具有趋同性要求。

二、秘书职业修养的主要构成

（一）政治理论修养

秘书人员的政治修养是指秘书人员在马克思主义理论知识、政治组织观念、法制意识和政策观念等方面应达到的水平。秘书人员在要害部门工作，直接为领导制定和落实政策服务，因此秘书工作是一项政治性很强的工作。秘书人员政治修养的好坏，对党和政府以及所在社会组织的各项政策能否正确制定和落实都有一定的影响。所以秘书人员必须认真学习和掌握马克思列宁主义理论，要树立崇高的理想信念，掌握辩证唯物主义和历史唯物主义的认识论和方法论，还必须学习毛泽东思想、邓小平理论、江泽民“三个代表”重要思想和科学发展观。我国是社会主义国家，秘书人员是在社会主义制度下的党政机关、企事业单位、现代公司企业以及社会团体中工作。在这样的背景下，秘书人员只有树立了社会主义理想，才能有真正的工作目标和动力，只有掌握并灵活运用辩证唯物主义和历史唯物主义理论，才能为祖国的现代化建设和所在组织的持久发展贡献力量，同时也为自己争取美好的前途。

秘书人员的政治修养包括以下几个方面：

首先，应具有作为一个普通公民的公民意识，自重并尊重他人，自觉维护国家利益并对组织忠诚。也就是说现代秘书应具有起码的爱国意识、守法护宪意识、自由平等信念、权利与义务意识等。在组织利益与国家利益产生矛盾时，比如违法经营、偷税漏税、隐瞒事故等，要能坚持正义立场；在忠诚国家利益的前提下，忠诚于领导，忠诚于公司，忠诚于自己的职责。

其次，一个称职的秘书还要具有一定的马克思主义基本理论修养，主要包括马克思列宁主义、毛泽东思想、邓小平理论和“三个代表”重要思想。这样才能更加准确地把握现行政策法规的精神实质，全面领会和辅助领导贯彻落实党和国家的各项政策，推动组织的自身建设和事业的发展。

最后，一个称职的秘书要具有法纪观念。由于秘书拥有贴近领导的特殊地位，秘书开展工作都是以领导或组织的名义进行，为领导的权力运行服务的，是执行权力的实际运行者，所以秘书虽然没有领导权力，却隐含领导权力。这就要求秘书在工作中牢固树立遵纪守法的观念。

（二）职业道德修养

所谓职业道德是指从事一定职业的人，在本职工作中所应遵循的道德规范，是担负一定社会职责和义务的职业从业人员应当遵循的具有行业特色的道德准则，是对某一职业从业人员的约定俗成的以善恶标准进行评价的心理、行为约束机制的总和。随着社会分工的逐渐细化，尤其在现代的市场经济社会，任何职业人员都不是孤立的存在，任何人的职业行为都要接受周围大众以思想信念、行为习惯、法律法规为基础的社会舆论的品评和议论。职业道德就成为本单位、本组织、本部门领导、同事评判是非、辨别好坏的标准和尺度之一，通过品评和议论能有效地促使职业人员不断增强职业道德观念，不断提高生产、经营、管理和服务水平。秘书的职业道德是秘书在履行职务中应该遵循的行为准则。秘书职业道德修养是由社会经济关系所决定，适应秘书工作需要而产生，由秘书人员的内心信念、传统习惯、社会舆论以及法律义务等要素维系的一种特殊的社会道德现象。

秘书相对于其他职业而言，职业道德尤其重要。其原因主要在于这个职业最接近决策层、领导层，甚至直接参与其中，知密多，知密早，知密深。如果一旦道德沦丧，造成的损失将无法估量。由于秘书工作的从属性、被动性、事务性、综合性等特点，决定了秘书人员必须具备高尚的人格，能够恪守职业道德。国内外秘书职业道德要求有所不同，如日本秘书的素质要求中包含以下职业道德要求：富有奋发进取的职业精神，创造性的完成工作任务，对外接待做到热情诚实，善于与领导融洽相处等。而俄罗斯秘书的职业道德则要求是：具有可靠性、有效性、责任心，独立性和主动精神，善于外交，严守机密，准确严密，并忠诚于领导，忠诚于工作。在我国秘书职业道德总体来说应做到：礼貌而不居高临下，诚实而不弄虚作假，参谋而不自以为是，谦虚而不傲上凌下，谨慎而不唯唯诺诺，公正而不徇私枉法，原则而不见风使舵，敬重而不阿谀奉承，本分而不炫耀示人。

我国秘书职业道德的规范体现在如下几方面：

1. 忠于职守，服务领导

秘书应该忠于职守，服务领导，这是秘书首要的职业道德规范。秘书人员忠于职守，大而言之，是忠于国家、民族和人民利益；小而言之，是忠于本组织的政治、经济利益。秘书人员在领导人身边工作，要办理许多重大而机密的事务，必须对组织高度负责，对领导忠心耿耿。具体来说，秘书要树立起高度的责任感，工作认真负责，积极主动，不管领导是否在身边，都应及时主动地工作，保质保量地完成任务。

2. 埋头苦干，甘居幕后

秘书工作繁重、琐碎，秘书人员常居幕后而又责任重大。这就要求秘书人员具有牺牲精神，能任劳任怨，不计名利。秘书经常拟稿，但自己不署名，也不拿稿费；秘书组织会议，但自己从不坐上主席台；秘书经常熬夜，节假日不能休息；秘书经常出差，东奔西走；秘书的工作有时还得不到别人的谅解，得不到社会的公认。因为秘书人员的劳动成果是以其所属的组织或其服务的领导者的名义公之于众的。由此可见，秘书职业是一种没有鲜花和掌声的职业，秘书工作是一项无名无利的辛苦差使。

秘书工作的特点和作用决定了秘书人员必须具备默默无闻、甘当人梯的牺牲精神。虽然秘书人员与领导者之间在政治上是完全平等的，但两者工作地位和工作性质却完全不一样：领导者立于“台前”，居主动地位；秘书人员处在“幕后”，居于从属地位。种种事实说明，如果没有埋头苦干、任劳任怨、自我奉献和甘为无名英雄的品格，是难以胜任秘书工作的。

3. 谦恭有礼，办事公道

秘书人员接近领导，在领导成员之间活动办事，人们也常常把秘书人员看作领导的代言人、机关组织的代表。因此，秘书人员在工作中待人接物一定要文明有礼，面带微笑、举止大方、谈吐文雅。对上级领导要尊敬、礼让；对同事、对下级和群众要谦虚、平易、随和；与人谈话要注视对方，专心倾听，不能漫不经心、左顾右盼或同时做其他工作；在待人接物、处理问题上，不论亲疏远近、上级下级，秘书都要一律以政策原则为准，秉公办理，做到公平、公正。

4. 遵纪守法，廉洁奉公

遵纪守法，是秘书人员职业道德的基本底线。秘书岗位是一个重要的岗位，秘书工作是一项重要的工作。秘书作为领导身边的工作人员，不但要负责领导的文秘、机要、联络等工作，而且在公务活动中与领导朝夕相处，几乎成了领导的影子，这就使秘书手中产生了一定的“派生权力”。这种“派生权力”是秘书工作职责所赋予的，是秘书做好工作的不可缺少的条件。既然秘书手中有了一定的权力，就要求秘书人员在运用这种权力时，必须秉公办事、不徇私情，切不可滥用这种权力为自己牟取私利，索取贿赂，更不能以领导的名义批条子、打电话、拉关系。廉洁奉公的秘书既是机关、企事业单位纠正不正之风的重要人员，又是帮助领导者保持廉洁清明的得力助手。

5. 诚实守信，严守机密

诚实守信是中华民族的传统美德。“言必信，行必果”、“车无辕不行，人无信不立”是先哲留给后人的宝贵精神财富。诚实守信，是人际交往的起码道德要求，是社会行为的基本准则。“人无信不立，业无信不存，国无信不兴。”秘书工作严谨缜密，责任重大。秘书人员在工作中如果不能做到诚实守信，必然会给工作带来极大的危害。因此，秘书人员在工作中必须诚实守信。要体现诚实，就须做老实人、说老实话、办老实事，不弄虚作假，不阳奉阴违，不口是心非。要做到守信，就须在诸如会晤、会议安排、组织会议、收发函件、传递文件等工作中准时；对接受的任务如果不能按时完成，必须及时汇报，不能拖延或擅自改变。在日常工作尤其是在信访接待中不要轻易应允别人超越自己职权的事情，但只要是自己职责范畴内的事情一定要承担下来，并尽一切力量去办好。

秘书人员接触机密文件多，参加重要会议多，在领导身边的机会多，总而言之，接触机密多。因此，秘书人员往往是保密重点对象，是一些人打听消息的重要渠道，甚至是敌人窃取情报的主要对象。因此，秘书人员要有极强的保密观念和保密习惯，严守党和国家及其服务对象的机密，不得泄露或出卖本单位和本部门的情报。秘书人员的保密守则是：不该看不看，不该听不听，不该说不说，不该写不写。不在公共场所、私人通信中涉及机密，不在亲属朋友面前谈论机密。

（三）作风修养

作风是指人们在思想、工作和生活中所表现的一贯的态度和行为。作风是由一个人的世界观、人生观和价值观所决定的，与个人的道德情操、思想修养密切相关。秘书的作风修养是对秘书这个群体的要求，也是对秘书人员个体的要求，包括思想、工作、生活作风等方面的行为风格。加强作风修养，对于提高秘书工作的效率意义重大。

1. 脚踏实地，耐心细致，一丝不苟

秘书工作的性质决定了秘书工作无小事。秘书做任何事情都要高标准、严要求，注意细节，谨小慎微，防止出错。秘书工作切忌粗枝大叶、马马虎虎，事无巨细，都要准确细致、稳妥地处理。也就是说，秘书人员做工作必须脚踏实地、耐心细致，否则容易酿成大错；处理事务要井井有条，考虑问题要详尽周到，要养成一丝不苟的良好作风。

例如，对文件材料，从收文件登记开始，经分送分批办理，最终到存档销毁，各个环节都要认真对待，严格规范各种手续，不能搞信任交接。再如，秘书拟写文件，大至文件精神，关系到方针政策；小至标点，也涉及内容的理解，要提防“差之毫厘，谬以千里”，丝毫不能马虎。还有秘书人员向领导反映问题不能走样，要力求准确具体，不能使用“大概”、“可能”、“也许”、“差不多”等不确定词语，含糊其辞，以免造成领导者的决策失误。

2. 服务群众，深入现实，求真务实

秘书工作起着上传下达的作用，秘书人员要树立起牢固的为群众服务的观念，才能使秘书工作发挥好桥梁作用。秘书人员开展任何一项工作，都要时时刻刻心里有群众，了解群众的想法，为群众排忧解难。秘书人员通过自己的工作，要让群众知道，我们的领导机关确实是在为人民服务，我们的领导同志确实是人民的公仆。

秘书工作的一个重要任务就是为领导收集、处理、传递信息，并力求信息的可靠准确。这也要求尊重客观事实，坚持一切从实际出发，注重调查研究，实事求是地反映问题，对了解到的情况要全面细致地进行分析；反映情况要真实准确，不论向领导汇报什么问题，都应该做到实事求是，有喜报喜，有忧报忧，绝不能夸大其词，道听途说；为领导提供的方案和建议必须切合实际要求，不能凭主观臆想，向领导提供不恰当、不完善的建议；对于领导的决策和意见，凡是正确的要坚决贯彻执行，不能擅自掺杂个人意见，不完善的要及时提出补充意见。

3. 谦虚谨慎，不亢不卑，坚持原则

谦虚谨慎是人人都应具有的品德，对秘书尤为重要，因为秘书经常和领导在一起，看到大量机密文件，参与只有负责人员才能参加的重要会议，交际广泛，掌握的情况也多。这样，秘书不但自身容易产生优越感，而且也容易受人吹捧，稍不注意就会飘飘然忘乎所以，造成不良影响。所谓“秘书是二首长”、“秘书是领导的化身”等说法就是由此而来的。有些修养不够的秘书人员，自以为见多识广，高人一等，甚至俨然将自己当成领导，对下面的同志说话粗声粗气、盛气凌人，处理事务蛮横霸道、颐指气使。这样的做法，不仅损害了秘书个人的形象，也会影响到领导的形象，所以秘书必须时时处处自尊自重，谦虚谨慎，注意为人处世的风度，严于律己，宽以待人，语气平和，不摆架子，不高高在上。

秘书工作的原则要求秘书人员在工作中不仅要对组织、对领导负责，更重要的是对党、对人民负责。这就要求秘书人员敢于坚持原则，而不是无原则地一味盲从。在领导意志与国家利益、人民利益发生矛盾时，要服从国家利益、人民利益。本着这种精神，秘书人员对领导的错误行为或不正之风不能怂恿、纵容和包庇，而应敢于规劝、直谏甚至揭露。秘书不仅要当领导的助手，也要当领导的诤友。秘书不仅对领导要坚持原则，而且更应时时刻刻以原则要求自己，为人处事公道正派。这是秘书极为重要的作风，其要求有以下几点：①时时处处以党和国家的法律制度、政策规章为原则办事；②处理问题，遵循原则，不徇私情；③不利用秘书的特殊地位谋取私利，不接受贿赂，不贪图钱财，不做违法乱纪的事。有人归结为：吹吹拍拍不迎合，拉拉扯扯不下水，吃吃喝喝不沾边，谈谈聊聊不泄密。

4. 机敏干练，讲究效率，善于合作

秘书人员必须树立高度的时间观念和效率意识，秘书工作要“快准细严”。秘书人员或秘书部门承办的事务往往具有很强的时效性。例如，会议文件的拟定一般限时限刻，否则会影响整个会议的进程。秘书部门处于社会组织中的枢纽地位，起着沟通上下、联系左右的作用，因此秘书人员不能而在工作中拖拉、推诿，而应该尽量争取主动，遇事要反应敏捷，办事要干净利落，要抓紧时间，讲究效率。秘书人员能否敏捷、迅速、高效地办事，会直接影响到整个社会组织工作效率的高低。秘书人员要积极主动、勤快，工作中做到手勤、腿勤、脑勤，即文字工作要迅速及时，外勤联络要积极主动，遇到疑难要勤问勤分析，政策文件要勤翻勤看。

由于秘书工作具有较强的综合性，其工作千头万绪，不仅涉及面广，而且往往环环相扣，程序紧密相连，非单枪匹马所能完成。因此，秘书人员要善于与他人相处、合作，以保证各项任务的顺利完成。既要尊重和了解同事，也要公允地与同事共享荣誉，分担责任。

5. 勤于学习，富于创造，勇于开拓

在秘书工作中虽然存在各种各样的工作制度和工作程序，但随着信息时代的到来，知识更新越来越快，秘书人员不能一成不变，墨守成规，要积极主动充电学习，紧跟时代步伐，提高自身素质修养。秘书人员还应具有创造精神和开拓精神，既要善于发现新问题，及时提醒领导考虑；又要开动脑筋、钻研业务，敢于进行改革创新，提高工作效率；还要勇于接受新的工作，探索新的工作领域，开拓自己的思路和眼界，增长自己的学识，广博自己的见闻。

第二节　秘书工作者的知识结构

一、知识结构的含义

知识结构是指人们从事某一职业所应掌握的知识所构成的框架体系，它包括各门类、各层次的知识在整个框架体系中所处的地位和所占的比例以及相互联系、相互排斥、相互协调与相互作用，以及由此而形成的知识的整体功能。一个人占有的知识再多，如果不能借助合理的结构形成一个有机统一的整体，那么这些知识发挥的作用也会大打折扣；相反，如果一个人能拥有科学合理的知识结构，那在实际运用当中会发挥出“1 +1 >2”的作用。

英国侦探小说《福尔摩斯探案集》的作者阿瑟·柯南·道尔（1859—1930），曾经在这部作品的第一部《血字的研究》中给大侦探福尔摩斯开了一张知识结构的表：文学知识——无；哲学知识——无；天文学知识——无；政治学知识——浅薄；植物学知识——不全面；地质学知识——偏于实用，且很有限；化学知识——精深；解剖学知识——准确，但没有系统；惊险文学——广博；英国法律——有充分的了解；另外，他还善于使用棍棒，精通刀剑拳术，提琴也拉得很好。可见，福尔摩斯并不是一个全才，但他充分发挥了他所拥有的知识的最大效用，才破获了那么多疑难案件，成为世界文学史上大名鼎鼎的角色，他的知识结构对于他的工作来说是合理的。

可见，一个人的才能不仅取决于他（她）拥有多少知识，而且取决于他（她）是否拥有所必需的知识；更重要的是他（她）在拥有知识的基础上是否建立起了合理的知识结构，让自己所拥有的知识合理搭配，形成最佳的排列组合，在使用中发挥尽可能多的作用。当然，知识结构不是一个封闭的体系，而是一个开放的、不断更新的体系，即对内可以自我调节、对外可以不断适应的体系。

二、秘书知识结构的构建原则

每一种工作所需要的知识都有它独特的构成，秘书工作也不例外。要想做好一个秘书必须根据职业的需要建立起适应秘书工作的、合理的知识结构，并根据时代的发展和进步，不断加强学习，以更新和优化自己的知识结构。

（一）适用性原则

衡量秘书知识结构是否合理，要看他做秘书工作的实际效果如何。掌握知识多的人，并不一定能做好秘书工作，要看这些知识在秘书工作中有没有应用价值，是否适合秘书职业工作需要，那么适用性原则对于秘书的知识结构来说就显得很重要。适用性原则在秘书工作实践中具体表现为以下几方面：

1. 适应于岗位职责

虽然从总体上看，秘书工作具有全面和综合的特点，但对个体的秘书人员来说，他的工作是具体而明确的。一个秘书人员所在的具体岗位决定了他的知识构成应该符合这一岗位要求，与这一岗位职责相适应，以利于履行自己的岗位职能。比如，文字秘书应该根据文字处理工作构建自己的知识系统，应该熟悉各种文体的写作规范，具备系统的写作知识；通讯秘书必须围绕通讯工作的要求建立自己的知识结构，必须掌握通讯方面的知识；机要秘书则应依据保密工作的要求建立自己的知识框架，应全面了解国家和单位有关保密工作的各种法律法规及相关知识。

2. 符合于所属单位业务特点

各单位有各单位的业务范围和特点，秘书虽不是单位的专业技术人员，不需要从事专业技术工作，但是，在实际工作中，不可避免地要涉及所在单位的业务知识，如果对这些专业知识一无所知或知之甚少，那么难免会使自己的工作开展受到局限。所以，秘书人员除了具备秘书职业方面的专业知识外，还应了解和掌握相关单位的业务知识。例如，企业单位的秘书人员，需要具有一定的企业管理、人员组织方面的基本知识；政府机关的秘书人员，应了解和掌握国家的大政方针、法律法规以及有关行政管理方面的知识。

3. 顺应于周围的社会环境

社会环境是一个大概念，它由政治、经济、科技、文化等诸多方面的因素组合而成。秘书人员所处的社会环境不同，对秘书人员的知识结构的要求也不同。特别是在现代社会，科技发展日新月异，相应也带动了经济、政治、文化等方面的快速发展和更新。因此秘书人员不仅要掌握秘书专业知识和所属单位的业务知识，还要掌握与周围的社会环境相适应的政治、经济、科技、法律、文化等方面的知识，时刻关注社会的发展，紧跟时代的步伐，随时调整自己的知识结构，做到与时俱进。

（二）比例性原则

比例性原则就是根据各种知识在秘书工作中发挥的作用大小及次数，来决定其在秘书人员的知识结构中所占有的比例。只有各方面的知识搭配协调，才能使它们最大化地发挥整体功用，否则会影响秘书工作的顺利开展。

秘书工作的实际需要决定了知识结构中各部分所占的比例。针对每个秘书人员的工作分工的不同，所需的知识成分也不同。在秘书人员日常工作中经常要用到的知识，特别是秘书工作的基本技能知识在秘书的知识结构中占最大比例；而只是与秘书工作有一些关联，对秘书工作实践有一定作用，使用频率相对较小的知识也须占有一定的比例；还有一些知识看似与秘书工作无实际联系，与秘书工作目标的实现也没有多大影响，但偶尔也会发生一点作用，它也应在秘书知识的结构中占有相应的比例，相对前两类它可能是占有比例最小的，但也不能被忽视，它可能会在某些关键时候发生重要作用。

秘书人员的知识结构比例必须建立在科学、合理、实用的基础上，要将秘书实践工作最需要的知识放在主要地位，在日常学习中下最多的功夫，投入最多的精力；同时，也要将一切与秘书工作相关的知识安排在整个知识结构的相应的地位，在日常学习中予以一定的重视。

（三）个性原则

所谓个性原则，指的是一个人的知识结构应该与个人的个性相应，体现个人与众不同的、独特的个性特点。现代社会随着各行各业具体需要的不同，秘书工作的分工也越来越细，传统秘书的“样样通，样样松”，已经不能适应这种细化要求，更加具有专业性、独特性的秘书成为时代所需。同时，作为秘书个人，本身就具有自己独特的个性，在构建自己的知识结构时，首先要对自己有一个全面的了解，从而对自己进行准确的定位，找准社会需要与自身个性的最佳结合点，扬长避短，尽可能发挥自己最大聪明才智，展现独特的个人价值和魅力。

（四）与时俱进原则

随着时代的发展，科技不断进步，知识更新速度惊人，所以要想跟上时代的潮流，永不落后，永不被淘汰，就需顺应时代的变化和要求，不断调整和更新自己的知识系统。社会的发展，时代的进步，会带来秘书行业的革新，这就需要秘书工作者有与时俱进的意识，不断学习，对自己的知识系统不断进行更新，维持个人与时代的动态平衡，适应秘书工作的需要。如我们大家所知，十年前电脑并不普及，懂得电脑操作的秘书人员并不多见，可现在电脑已经走进了千家万户，几乎人人懂得电脑的基本操作。对秘书人员来说，懂得基本的办公软件系统的操作也成了最基本要求。由此可见，秘书人员要有强烈的进取意识，要永远保持对新知识的渴望，不断学习，与时俱进。

三、秘书知识结构的组成

秘书工作具有综合性和专业性特点，要求现代秘书横向上具有较宽广的知识面，纵向上具有较精深的专业知识。总的说来，秘书的知识结构可以分为三层：基础知识、专业知识和辅助知识。

（一）基础知识

基础知识是指在秘书知识结构中发挥基础作用，处于基础地位的知识部分，是构建秘书知识结构大厦的地基。基础知识越雄厚、扎实，以之为基础的秘书的知识结构才可能越合理，秘书人员能力才可能越强，秘书工作才有可能处理得越好。现代秘书的基础知识包括以下几类：

1. 科学文化基础知识

秘书人员培养的文化程度起点是高中以上学历。科学文化基础知识包括高中程度的语文、政治、历史、地理、外语等社会科学知识，也包括高中程度的数学、物理、化学、生物等自然科学知识。而其中对秘书工作具有直接影响的是：

语文知识。语文知识包括现代汉语的语言文字、词汇语法，文学作品的阅读理解、品味鉴赏以及文字的表达方面的知识技能。因为秘书工作建立的语言环境是我国的语言文化，秘书的日常沟通交流离不开语言表达，所以秘书人员必须熟练掌握语文方面的基础知识。

历史知识。历史知识包括中外的社会发展史、人类文明史等知识。文书工作是秘书人员的基本工作，秘书人员经常要为领导起草文书，没有一定的历史知识，就缺乏了具有说服力的例证材料，相反，如果能够在公文中引经据典，则既会增加文章的说服力，也能增加文章的生动性，便于听众接受；而且还能以历史事件为参照，为领导的决策提供咨询、参考，便于领导做出正确的决断。

科技知识。科技知识包括数学、物理、化学、生物等自然科学方面的基本知识和一般的工农业生产知识以及科技常识等。秘书工作内容纷繁，涉及到各种各样的生产领域，就需要秘书懂得相关领域的一般常识，否则就会闹笑话。

外语知识。外语知识包括英语、日语、德语、法语、俄语等在世界范围内广泛使用的各种语种的对话、阅读、翻译以及相关的各国人文知识等。改革开放特别是中国加入 WTO 之后，秘书人员涉外交往的机会越来越多，这就要求秘书人员掌握一定的外语知识，以便于涉外工作的顺利进行。

2. 政治经济理论基础知识

政治理论基础知识包括马克思主义基本理论、毛泽东思想、邓小平理论以及“三个代表”重要思想、构建社会主义和谐社会理论等知识，党的基本路线、方针、政策等知识。秘书工作有很强的政治性，秘书工作者必须了解和掌握有关的政治理论的基础知识，才能顺利的开展工作。秘书人员只有学好马克思主义哲学理论，即辩证唯物主义和历史唯物主义知识，才能运用这些理论知识，科学、理性地分析和处理秘书工作中的各项事务，而不让自己在千头万绪的事务中迷失方向。而毛泽东思想、邓小平理论以及“三个代表”重要思想等方面的知识，引导了中国革命的成功和新中国建设的顺利开展。尤其是邓小平理论、“三个代表”思想以及构建和谐社会的思想，是改革开放以来，指导我国经济建设、社会发展的纲领性理论，而处于现代经济大潮中的秘书工作者必须以此作为自己的思想指导，处理各项工作。

党的基本路线、方针、政策等方面的知识是秘书人员处理实际工作问题的基本依据，必须在这些方针、政策的指引下组织、安排工作，否则，秘书工作不能顺利开展。

在改革开放，以经济建设为中心社会条件下，秘书工作的“生态环境”已经发生了深刻的变化，这种变化的标志之一就是任何行业都与经济建设密切相关，都打上知识经济的烙印。在经济建设成为一切工作的中心的时代，一个不学习经济知识，没有经济头脑，不了解经济规律的秘书就会被社会所淘汰。所以现代秘书一定要重视学习和钻研经济理论，尽可能多地掌握经济知识，使自己成为通晓经济规律、熟悉经营管理、了解市场运作的知识型秘书，更好地为领导出谋划策。现代秘书需要学习的经贸类知识可以包括财务知识、统计知识、金融知识、证券知识、商务知识、营销知识、贸易知识等方面。

3. 法律法规基础知识

国家的法律法规是秘书人员从事秘书工作的基本依据。如果秘书人员没有较全面的法律法规知识，在组织、安排工作时，轻者可能出现原则性问题，重者可能违反法规，触犯法律。所以法律法规知识是秘书人员必须掌握的基础知识之一。这类知识包括基本的法律法规知识和与秘书工作相关的法律法规知识。基本的法律法规包括《宪法》、《刑法》、《民法》、《刑事诉讼法》、《民事诉讼法》、《经济合同法》、《治安管理处罚条例》、《婚姻法》等，这些法律法规在秘书处理日常事务时经常会涉及，正确理解和运用这些法律法规会使秘书工作更加规范。与秘书工作相关的法律法规包括《行政法》、《行政诉讼法》、《公务员法》、《保密法》等，以及国家有关公文处理、信访工作、印章管理等方面的各种条例和规章制度。秘书人员必须要熟悉并正确运用这些法律法规，以保证自己在工作中不会违规操作，不会触犯法律，还可以在自己的合法权益受到侵犯时，用以维护自己的合法权益。

（二）专业知识

秘书的专业知识是指从事秘书工作所必须具备的专门知识，它是现代秘书的职业标志性知识要素，是从事秘书职业具有“门槛”性质的知识平台，在现代秘书知识结构体系中，专业知识构成了其中的支撑和依托部分，处于核心地位。它主要包括与从事秘书职业工作有关的工作对象、工作职责和工作内容、业务在内的基本理论和基本技能方面的知识。它包含两方面：一是秘书工作的专业知识，一是秘书所在行业的专业知识。

1. 秘书工作专业知识

秘书工作专业知识泛指从事秘书工作所必需的学科专业知识，是秘书专业区别于其他专业的根本性标志，这些知识是秘书人员明确自身的社会角色，主动适应并做好秘书工作的前提条件。这一类知识包括：秘书学、文书学、公文写作学，档案管理学、信访学、会议学以及现代通讯和办公自动化知识等。

秘书学是全面研究秘书工作的科学，主要包括秘书的沿革，秘书的工作特点、方法，秘书人员的能力、修养、素质，秘书的人际交往等知识。这是秘书人员所必需深入了解和掌握的知识。

文书学是研究文书工作及其规律的科学，主要包括文书分类、文书格式、文书工作的任务与要求、文书处理、文书立卷、归档等内容。秘书中有很大一部分人员从事文书工作，那么就要求秘书人员必须熟练掌握文书学知识。

公文写作学是研究公文写作特点和规律的学科，它主要包括指示、命令、通知、通告、决定、决议、计划、总结、请示、报告、会议记录、会议纪要等的特点、要求、拟写格式等。公文写作是秘书人员的主要工作内容之一，所以秘书人员必须熟练掌握和运用这一学科知识。

档案管理是紧随文书工作的后续工作，因为文书在完成它的使命之后就要被妥善保管起来以备以后的查询和参考，这就是档案管理工作。档案学就是研究档案管理使用的一门科学，是秘书人员必需认真学习的专业课程之一。

信访学对于企事业单位以及国家机关的秘书都很重要。因为他们都需要处理人民来信、接待人民来访，所以信访学也是他们的必修课程之一。他们要学好信访学，了解信访工作的特点，处理好信访事务。

会务学对于秘书人员也十分重要。秘书在工作中，有很多时候，要为领导安排和组织大大小小的会议，要想把会议的准备工作做充分，就需要把会议的方方面面考虑周全，这就需要秘书人员能够熟练运用会务学的知识，做好会前会后的安排。

对现代通讯和办公自动化技术知识的掌握，是现代社会信息技术飞速发展对秘书人员的要求。现代信息技术迅猛发展，开发出各种各样的软件系统，可以帮助我们快捷、高效地处理各种各样的数据和文字材料，提高工作效率。懂得这方面的知识，并能够进行熟练的操作及维护、保养，就成为了秘书人员的基本要求。

除了上述知识外，调查研究、机要保密、公关协调等都属于秘书人员必须掌握的专业知识。

2. 秘书所在行业的专业知识

秘书人员除了要具备作为秘书的一般专业知识外，相对于自己工作所归属的行业，还要懂得行业的专业知识；也就是秘书人员在哪一行业工作，就应该熟悉哪一行业的专业知识。一个秘书人员不可能对社会的各行各业都熟悉，但是要想顺利地开展工作，对本部门的专业知识一定要进行深入地了解，让自己从本行业的门外汉变成内行。如在医药公司工作的秘书人员要谙熟医药方面的知识，在食品部门工作的秘书人员，要熟悉关于食品方面的知识。秘书人员只有在熟知某方面的专业知识后才能在某一行业工作，并能较好的适应环境，以取得较高的工作成绩。

秘书应该掌握的行业知识包括：所在行业的整体知识结构和知识门类；所在部门的工作内容和特点；工作中使用频率较高的行业知识等。具体而言就是，机关秘书要具备行政管理、政策法规、公务员管理等方面的知识；工业企业秘书要了解生产技术、工艺流程、质量检验、产品销售等方面的知识；商业秘书要熟悉市场营销、商品流通、贸易合作等方面的知识。

（三）辅助知识

秘书的辅助知识是指与秘书工作有一定关联的、并起辅助作用的知识。秘书作为领导的助手，会为领导处理一些管理方面的事务，因而要求秘书人员具有管理学方面的知识。秘书人员在工作中不仅要与所处单位上上下下的人员打交道，还要接待外来人员的拜访，或跟随领导出外交际，所以要学习公共关系学知识，具备一定的公共关系处理技巧，与上下内外的各种人员建立起和谐的关系，促进单位的发展。不同的人具有不同的心理因素，秘书人员要和不同的人打交道，如果能了解一些心理学知识，将更有利于秘书人员根据不同人不同心理，有针对性地进行交流，来提高人际交往的质量，并能缓解自己因工作压力太大而造成的心理疾病或心理障碍。

除上述各种知识外，与秘书工作相关的知识还有社会学、新闻学、传播学、文学、美学、文化学等知识。所以秘书人员不仅要学好基础知识和专业知识，还应不断地扩大知识面，了解各门各类的知识，建立起厚实的知识储备，让自己在工作中如鱼得水。

第三节　秘书工作者的能力结构

所谓能力，简单地说就是指本领、才干，是一个人成功地完成某种活动所必需的主观条件。能力是人们以知识为基础的综合素质和基本修养的具体表现。如果说，知识是人们对客观世界的一种认识活动，那么能力则是人们运用知识对客观世界的改造和创造所需要的主观条件，它与实践活动密切相关。个人的能力总是在某一特定实践活动中形成、发展并得到表现，它直接影响到实践活动的成败；而从事某项实践活动，也得以一定的能力为条件。秘书人员的能力是指秘书工作者单独完成本职任务所需的主观条件。秘书人员承担着“参与决策，管理事务”的重任，要辅助领导进行管理和指挥，要胜任日常处理文件、办理事务、调查掌握情况、研究政策等一系列工作，所以秘书人员也必须具备相应的能力。

一、秘书人员必须具备的基本能力

秘书人员首先是一个普通人，他要具备一个普通人的基本能力，普通人的基本能力包括：观察能力、思维能力、想象能力、记忆能力、注意力。

（一）观察能力

观察能力是人们发现事物特征或变化的能力。观察能力对于秘书工作是十分重要的，秘书在调查研究、信息工作中需要有敏锐的观察能力。一个不善于观察的秘书，不能感受到事物之间明显的差别、事物显著的变化，对重要情况熟视无睹，以致丧失第一手信息的来源。相反，一个勤于观察的秘书总是能观察到事物之间哪怕是极细微的差别，及时发现事物甚至还不明显的变化，随时通过观察发现新情况和新问题，得到新信息、新知识。这对于秘书人员在工作中尽早做准备，尽早做处理很重要。因此，秘书在工作中要时时、事事、处处做有心人，善于观察，善于发现“死角”及时提醒领导注意，要善于做拾遗补缺工作。不仅要善于发现问题，而且要善于分析问题，提出解决问题的办法供领导择用、实施，观察分析能力是秘书工作由被动服务转为主动服务的前提条件。

（二）思维能力

思维能力，指人脑反映客观事物并能达到某种结构构成的信息加工的能力。思维，是人脑对事物本质及其规律的间接、概括的反映。这是认识过程的高级阶段，是人类智慧的核心和支柱。人类正是通过思维，才获得对事物内在联系、本质属性和发展规律的认识。思维是社会实践的产物，一般可分为动作思维、形象思维、理性思维、直觉思维、创造性思维等。作为21世纪的秘书，应具备各种思维能力，尤其是创造性思维能力。秘书要培养自己的创造性思维，就必须突破传统的思维方式。开放、立体、动态、超前、新颖、求异、开拓和突破，是创造性思维的基本特征。面对急剧变化的客观世界，秘书只有具备较高的思维能力，尤其是具有较高的创造性思维能力，透过纷繁芜杂的现象，把握事务的本质，进行创造性实践，才能适应形势发展的需要。

（三）想象能力

想象能力就是通常所说的形象思维能力，是人们在原有的感性形象的基础上构造新的形象的能力。想象能力是创造活动不可缺少的要素，科学研究、创造发明、文艺创作离不开丰富的想象能力。秘书工作对想象能力的要求不是很高，但是缺乏想象能力的人往往缺少幽默感，对公关、协调等工作产生一些间接的不利影响。不仅如此，在重大活动的组织安排、重大事务的策划管理上，只能因循守旧，不能有顺应时代的创新性措施。

（四）记忆能力

记忆能力是人脑储存、再现信息的能力。记忆能力强是人的一项宝贵财富，但秘书不能自恃记忆能力好而疏于动笔记录，“好记性不如烂笔头”还是很有道理的。记忆有瞬间记忆、短期记忆、长期记忆几类，对秘书工作而言，最重要是短期记忆能力。记忆能力差的秘书在工作中往往丢三落四，轻者忘记资料放在哪里，以致浪费时间来寻找；重者可能会耽误重要的事务，给工作带来重大损失。

（五）注意力

注意力是人们按照既定的目标把思维活动指向特定对象的能力。注意力与意志、毅力、恒心等是有区别的，它指的是短时间内大脑兴奋对象的专一，而不是人们追求目标的专一、坚定。一个称职的秘书应该具有较好的注意力，因为接受领导指示、会议记录、信息收集、信访接待等场合，必须高度地集中注意力。注意力还有一个指标是能否迅速地将它从一个对象转移到另一个对象，对于秘书而言，如果做一件事时老是想到别的事情，必然会影响工作成效。

二、秘书人员必须具备的专业能力

秘书工作的复杂性、多样性和秘书活动的丰富性、广泛性，决定秘书人员需要具有多种能力。秘书人员必须具备的专业能力有以下几种：

（一）办事能力

秘书部门是综合性的办事机构，“办文、办会、办事”被称为秘书三大任务。所谓办事能力，就是秘书人员有效地处理各种日常工作的本领。事实上，秘书的大量时间和精力都花在处理各种事务上，如文书事务、会议事务、信访事务、接待事务、值班事务、电话事务、查办事务、生活管理事务和领导者交办的其他事务等，这些事务办得好坏，不仅关系到秘书工作的成败，也关系到整个机关、单位能否正常运转。要做一个称职秘书，一定要善于把当好参谋的职能寓于利落办事的能力之中。那种只想当参谋而不愿当助手办理繁杂事务的秘书，或把参谋职能与助手职能对立起来的秘书，是不可能做好秘书工作的。

秘书的事务工作同领导者的管理和决策工作与其他职能部门的事务相比，具有如下特点：①烦琐性，即秘书事务具有繁杂、琐碎而又具体的性质，其表现是多、杂、细。②重复性，即秘书事务具有日复一日、年复一年，再三出现、再三办理的性质，其表现是类似、反复、例行。③智能性，即秘书事务具有综合运用知识、智力和能力，开动脑筋才能处理的性质。它不同于机关的后勤事务和其他服务事项。④程序性，即在秘书事务处理的过程中，具有前后承接、顺次进行的性质。如办文程序，办公程序，接待程序，信息处理程序，协调工作程序等。

由于事务工作具有以上特点，秘书要提高自己的办事能力，就要做到：正确理解和领会领导的意图、指示，熟悉职权范围，知晓办事渠道，遵循办事程序，了解有关业务，把握工作规律，区分轻重缓急，抓住工作关键，并具有较强的交际能力、应变能力，能审时度势，因势利导，驾驭局势，将繁杂的机关、单位的事务处理得井井有条。

（二）管理能力

秘书担负辅助决策、协助管理、综合协调的重任，因而要求具有一定的管理能力，这包括辅助计划、安排、指挥、监督、调控、执行的能力。秘书的管理能力具体体现为：促使各方面人员的关系亲近、融洽、和谐，以消除不应有的紧张和隔阂；能迅速、准确地进行信息的上传下达，以避免领导的视听不灵、情况不明，导致领导的决策失误；能使各项工作有主有次、有轻有重、协同运转，以杜绝工作的重复与冲突；能调动各方面的力量，变少数人的忙碌为群体的共同努力，以改变机关、单位部门忙闲不均状况的发生，能够促使机关、单位工作向快节奏、高效率、高质量的目标发展，以克服效率低、质量差的弊病。

（三）调研能力

调查研究，是领导工作的基础，也是秘书的一项日常的工作。秘书人员必须扎扎实实地深入基层，了解情况，发现问题，进行科学的分析，全面掌握第一手材料，才能为领导决策提供可靠的信息依据。因此，秘书必须具有较高的调研能力。调研能力，包括调查能力和研究能力两个方面：调查能力，即运用科学的方法，全面、准确、迅速获取有关材料的能力；研究能力，即运用马克思主义的立场、观点和方法，对调查得来的材料，进行分析研究，探求事物的本质和规律，得出正确结论的能力。

（四）表达能力

表达能力，指的是人们运用语言、文字、表情、动作、姿势等来表现客观事物、事理和主观感受、思维的能力。它包括口头表达、书面表达、势态表达三种能力，其中最重要的是口头表达能力和书面表达能力。秘书要上传下达，沟通左右，联系内外，综合协调，处理来信来访等，秘书人员只有口才出众，能言善辩，才能说服和感染对方，使对方信服。秘书工作最重要的任务之一是撰写公文，处理信息，这就要求秘书有一定的文才，思维敏捷，行文迅速，拟出格式规范、条理清晰、言简意赅、文从字顺、观点鲜明、逻辑性强的公文。总之，动口、动手是秘书的“看家本领”，是须臾都不可缺少的常备能力。而势态表达，能够对口头表达进行补充，特别是在某些不能明说的场合，就要用势态语言来进行暗示，以实现交流目标。

1. 口头表达能力

口头表达能力，简单而言就是说话的本领。它是把信息变成言语，并借助声波、电波进行思想或情感表达的能力，以实现沟通、交往和合作为目的。口头表达的形式，可分为：独白，即表达者以言语方式，输出自己思想或情感的活动，如传达通知，下达命令，请示工作，答复问题等；并非指一个人的自言自语，而是指一人讲，其他人听，不做双方沟通。这里的“独白”，是与“对话”相对而言的。对话，即表达者运用言语，与其他人进行沟通、交往。如交谈、座谈、讨论、辩论、答疑等。这种口头表达形式的主要特点，就是具有双向性，有利于直接的交流和沟通。

秘书必须会说一口标准而且流利的普通话，要口齿清晰，不紧不慢。对领导讲话语言切忌含含糊糊、吞吞吐吐、前言不搭后语，要简明扼要，条清缕晰；对群众讲话要主题明确，重点突出，切忌啰嗦冗长，更不要拖音拉腔。思维清晰才能说话清楚，要使说话有条有理，秘书必须多思考，说话前要善于打腹稿，不要信口开河，滔滔不绝，也不能沉默寡言，问一句答一句。良好的口头表达能力表现为：目的明确、中心突出、言简意赅，语言规范、口齿清晰，语气温和、富有感情，说话得体、符合身份。

2. 书面表达能力

书面表达能力也就是写作能力，它主要指公文撰写能力，把信息变成文字、符号、图表、数字等形式，并借助纸张进行思想或情感的表达，以实现沟通、交流和合作的目的。写作能力，与对记者、作家的写作能力要求不同，对于秘书人员具体是指公文和事务应用文的写作能力。秘书人员要写好公文和应用文，要求秘书人员不仅要懂得语法、逻辑、修辞和一般的写作理论，以及各种文体的写作技巧，而且还要具备一定的理论修养、政策水准、业务知识和思维能力，以及领会领导意图和获取信息的能力。秘书人员应该认识到，写作能力并不仅仅是文字表达能力，还反映了一个人的思维能力、观察能力和语言组织能力。这需要加以锻炼、培养才能提高。

3. 势态表达能力

就是运用表情、动作、姿势、声音、服饰和距离等非语言手段，表达思想或情感的本领。在人际交往中，势态表达能力是对口头表达能力的重要补充，能起到补充或强化口头表达的作用。同口头表达相比，势态表达具有如下特点：①替代性，即势态表达能代行自然语言的功能；②表露性，即势态表达都是思想感情有意识和无意识的表露；③暗示性，即势态表达能含蓄地向对方示意并使人领会。总的来说，就其表达的准确性和明白性而言，势态表达不如口头表达，且受到时空的限制。但是，势态表达的辅助作用也是不容忽视的。

（五）听辨、阅读、概括能力

秘书人员要善于耐心倾听和正确理解别人的发言，要能从别人的冗长、反复的发言中概括出要领，或是从杂言众语、激烈争论中抓住各自的重点，并转化为自己明晰简洁的语言加以复述。听辨能力还意味着秘书应努力掌握方言、民族语言和外语。我国疆域辽阔、民族众多，这就需要秘书人员懂得尽可能多的方言和民族语言；现在我国实行对外开放政策，对外交流也越来越多，懂得尽可能多的外国语种，对于秘书人员来说也是一大优势。在国内联系和国际交流日益增多的今天，秘书多懂一种方言或民族语言、多懂一种外语，就是多了一样交际工具，多了一条信息渠道，会更有利于秘书工作的开展。秘书不仅要善于听辨，还要善于阅读，既要善于精读，如对重要文件或经典文本逐字逐句研究，从字里行间领会其微言大义，提取对自己有意义的深刻内涵；又要善于快读和泛读，善于从连篇累牍之中摘出其重要的警句或信息，以利于借用；或是提炼浓缩核心思想，写成提纲或摘要，以便于查考。

（六）承受能力

承受能力指人的心理对外界情况发生变化时的承担和自控能力。人的心理对外界环境，如自然环境和社会环境（包括政治环境、职能环境、社交环境等）有习惯的适应性，一旦外界环境发生突然变化，承受能力差的人，就会感到很不适应，无所适从；而承受能力强的人，则能很快适应，镇定处之，并及时采取相应的有效措施。秘书人员工作范围广泛，要接触各形各色的人物，处理各式各样的问题，可谓事杂人多，这就要求秘书能够承受庞大的工作量，能够不厌其烦。秘书工作具有多变性，在操作运行时，常会遇到一些突发的、棘手的问题，这就要求秘书有心理承受能力，能够坚韧不拔，冷静处理，凭借自己的智慧、经验和能力，通过持续不断的努力，求得问题的圆满解决。

（七）社交能力

社交能力，指在各种社会实践活动中人与人接触、交往、应酬的能力。社交能力是秘书人员应具备的核心能力之一，是秘书人员取得成就的基础和源泉。秘书部门是连通上下、左右、内外的枢纽部门，秘书人员每天要接触各种各样的人，要同他们打交道，因此，必须具有很强的社交能力。秘书人员要培养和发展自己的社交能力应努力做到正确认识自己，准确认识他人，学会理解、尊重、谦让和宽容；为了公务，与同事交往要彼此相互信赖，坦诚合作，不要貌合神离，相互利用；讲究礼貌、礼节、礼仪，言谈、举止和服饰都要得体、文雅，做到彬彬有礼；根据交往对象、场合和目的不同，运用不同的交际手段、方法和艺术；如果在交际中出现了纠纷或冲突，要善于缓和、化解。一个秘书如果善于交际，见面就熟，使人容易接近，也容易被人信赖，办事的成功率自然也就高。相反，一个秘书如果不善于交际，缺乏社交能力，往往就会人为地在自己和周围的人之间构筑一道心理屏障，以至于彼此格格不入，自然不能得到人们的理解、信任、好感、帮助和协作，在那种情况下是很难做好秘书工作的。

（八）应变能力

应变能力，就是适应变化着的环境和事物完成原定任务的本领。这种能力的依据有以下几点：首先从哲学上看，世界上一切事物都在不断地变化之中，不存在永恒不变的东西；其次，从历史上看，社会在不断地发展，尤其是现代社会的发展更是日新月异，瞬息万变；再次，从秘书的地位看，秘书工作必须适应领导工作的变化，不能墨守成规或我行我素。秘书人员应变的范围大体包括以下几个方面：适应社会环境的变化，适应职业环境的变化，适应岗位环境的变化，适应事务环境的变化。

秘书的应变能力表现在以下几个方面：一是善于观察，能够周密、详尽而又准确地捕捉变化着的新情况、新问题；二是思维敏捷，能够对新情况、新问题迅速作出判断、分析、综合和概括；三是多谋善断，遇事能拿出办法，找到对策；四是预见能力强，能够把握住事物发展的趋势和可能出现的结果；五是随机应变，能够在不丧失原则的前提下，灵活变通地处理各种非常性工作。

（九）操作能力

操作能力，指动手熟练操作现代办公设备的能力。秘书是一种需要多种专业技能的综合性的社会职业，随着办公室由过去传统的人员管理转向当前的现代自动化管理，秘书的工作方式发生了巨大的变化，这就要求秘书掌握多种专门技能，如打字、复印、电传、缩微、摄影、录音录像、编辑、校对、速记等，以及文字处理设备、声像信息设备、多功能电讯设备和电脑（包括硬、软件知识，多媒体，国际互联网等）的操作等。最好还能驾驶摩托、汽车，以备不时之需。

综上所述，秘书的能力构成是一个多侧面、多因素的综合体，而要建立一个合理的能力结构并不是一蹴而就的事，这就要求秘书自身要热爱本职工作，有强烈的事业心和责任感，能自觉地学习和运用各种知识，在工作实践中不断提高和完善自己的能力。同时，组织上还要为秘书创造条件，参加各种专业培训，进行强化训练，以提高秘书的基本能力，培养和造就一代复合型、智能型的秘书人才。

三、秘书人员能力的培养

秘书人员能力水平的高低与知识水平的高低是一致的，所以秘书人员要想提高能力，首先就要丰富秘书的知识，而知识的获取要靠学习。通过学习，特别是自学获取知识，是秘书人员培养能力的重要途径。加强学习就要培养求知欲，养成自学的习惯，制订学习计划，按计划落实学习任务，以最终获得丰富的知识，提高自己的能力；同时还要进行强化训练，参加学校训练、岗位训练，以及根据实际需要进行自我训练。知识只有运用于实践才能转化为能力，所以秘书人员还应加强实践，广泛参加实践活动，在实践中不断提升自己的能力。

第四节 秘书工作者的心理素质和性格特征

一个优秀的秘书，不仅要具有较高的理论修养和思想修养，具有良好的工作作风，职业道德和广博的知识，还必须了解并善于调节自己的心理，经常保持心理平衡，了解并努力培养自己完美的性格。

一、秘书工作者的心理特征及调适

心理，是人脑的机能，是客观现实在人的头脑中的反映，它决定于人的内在需要和周围环境的相互作用。人的心理活动直接支配人的言语、行动。因此，研究秘书活动和秘书工作，必须研究秘书的心理，研究秘书工作作为一种社会职业对人的个性心理的要求。秘书的个性心理包括很多方面，这里主要讨论与现代秘书的心理活动有关的兴趣、意志、情绪等心理特征。

（一）兴趣

兴趣是指个人在对客观活动、事物、人物积极的、选择性的爱好、倾向上所产生的情绪紧张态度。兴趣是在社会生活实践过程中形成的，也可以在生活实践中改变。秘书人员应该培养对秘书职业的兴趣，去努力学习这一职业所需要的知识，耐心细致地做好秘书工作，热爱并服务于领导、群众与同事，积极适应变化着的社会环境和相对稳定的工作环境，并在这一系列过程中得到提高。秘书人员真正培养起这种兴趣，会有助于克服某些重复的、公式化的工作带来的枯燥感和厌倦心理。同时，秘书人员还有必要培养和发展职业外的兴趣爱好，如音乐、绘画、摄影、集邮、旅游、体育活动等，以丰富知识、陶冶性情，提高素养。

（二）意志

意志是人确定目的、实现目的、支配和控制自己行动的心理活动。意志有自觉性、果断性、自制力和坚韧性等积极的品质，也有盲目性、顽固性、冲动性、脆弱性等消极的品质。秘书人员要努力培养自己确定目的时的自觉性，克服盲目性；培养自己在选择、判断是非正误时的果断性，克服冲动性；培养自己完成工作、执行任务中碰到挫折、困难时的坚韧性，克服脆弱性；培养自己在发现错误或走上危险道路时能悬崖勒马、改弦易辙的自制力；培养自己在工作顺利、取得成绩时不得意忘形、忘乎所以的自制力，克服骄纵心。自觉性基于崇高的生活理想和正确的工作动机，表现为能不受外界的干扰和诱惑，独立思考，独立地支配自己的行动，独立地完成任务；也表现为有自知之明，能恰当地估价自己，看待别人；还表现为能坚持真理，改正错误。果断性既表现为在复杂、紧急的情况下善于辨别，立即采取坚决的措施；也表现为善于等待时机，抓住时机，不盲目急躁，而在时机成熟时才立即决定。自制力表现在善于节制自己的情感，善于约束自己的言论，善于控制自己的行动。坚韧性则表现为战胜困难和忍受痛苦的坚强，也表现为锲而不舍、百折不挠的韧性。

（三）情绪

情绪是人的情感强烈的、带冲动性的、明显的外部表现。情绪可以表现为喜悦或悲哀、爱慕或憎恨、惊奇或漠视、恬静或烦躁、轻松或紧张、乐观或忧郁等。情绪会直接影响人的言行举止，能决定人的工作效率甚至成败。秘书人员要善于经常保持积极的、乐观的、平静的情绪，防止并善于克服消极的、悲观的、烦躁的情绪。青年秘书人员应努力使自己的情绪平稳。情绪的平稳首先在于能控制自己的情绪。行动的热忱应该是出于理性，而不应只是源自情绪；重要的行动应基于反复的分析思考，而不能只是依靠对事物的直觉反应。情绪的平稳还表现为自信、沉着，生活中有适当的平衡和丰富。善于把一时的激情转化为持久的温情，温情能给行动增添力量，给生活增加幸福之感。

不同的秘书人员有不同的兴趣、不同的意志自控能力和情绪变化特征，加上秘书工作的繁杂性、地位的依附性，极易使秘书人员产生厌烦或消极情绪。为了有效地工作和正常地的生活，秘书人员要善于调适自己的心理保持稳定、乐观、积极的心态。其方法有：博览群书，丰富知识，开发智慧，拓宽视野，开阔胸襟；广泛培养兴趣，陶冶性情，促进人际交往，广交朋友，丰富感情生活；善于反省，吸取教训，自我调适，调整心态，树立信心；适当倾诉、宣泄，释放压力、不满，调节情绪、心理，使自己能够以恰当的心态、饱满的热情来应对秘书工作中林林总总的事务。

二、气质与秘书职业的关系

气质是人的典型的、稳定的心理特点，是人在认识、情感、言语、行动等各种心理活动中所表现出的情绪的强弱、意志努力的程度、知觉的速度、思维的灵活度、注意力集中时间的长短等的心理过程的动力特征。

气质可以分为四种类型：胆汁质，表现为直率、热情、精力旺盛、情绪易于冲动、心境变换剧烈等特征，属于兴奋型气质；多血质，表现为活泼、好动、敏感、反应迅速、喜欢与人交往、注意力易转移、兴趣易变换等特征，属于活泼型气质；黏液质，表现为安静、稳重、反应缓慢、沉默寡言、情绪不易外露，注意稳定但又难于转移，善于忍耐等特征，属于安静型气质；抑郁质，表现为孤僻、行动迟缓、体验深刻、善于觉察别人不易觉察到的细小事物等特征，属于抑郁型气质。当然，明显地属于其中某一种气质类型的人比较少，多数人是介于各类型之间的中间类型，即混合型，如胆汁—多血质，多血—黏液质等。

气质往往是先天形成的，虽然它会受环境和教育等因素的影响，但由于气质具有稳定性的特点，不易变化，所以这些因素对气质改变的影响不大。于是有一种传统的观念认为，胆汁质和多血质的人不适合当秘书；而粘液质和抑郁质相比较，粘液质的人当秘书更受欢迎。这种观点是片面的、狭隘的，只看到秘书人员具有的顺从性、被动性的一面；而忽视了秘书人员还应有坚定性、灵活性、开拓性的一面。其实，无论哪一类型的人都可以当秘书，只是秘书要了解自己的气质类型，了解这些特征对于从事秘书职业的利弊，有意识地克服自己气质特征的缺点，发挥其优点，来提高工作效率；更要善于控制和调节自己的心理活动，培养自己完美的性格。

三、性格及表现特征

气质是人的生理机能，是先天性、遗传性的，而人的性格虽与气质有关，却更大程度上受后天影响，即受生活环境、工作环境、工作性质、个人经历、学识、修养以及崇拜者、亲密者的影响。也就是说，性格是可以改变，可以有意识培养的。

性格是人对事物表现出的稳定态度和与之相应的、习惯化的行为方式的个性特征。心理学家把人的性格分成两大典型的类型：一是外倾型，也就是一般说的外向型性格，这种性格类型有活泼、开朗、大胆、合群、善于交际、善于表达等特点；另一种是内倾型，也就是一般说的内向型性格，这种性格类型有安静、沉稳、含蓄、忧郁、害羞、不善交际、不善表达等特点。当然，性格的这两种类型是相对而言的，一个人的性格可能在程度上有所不同，或者外倾型多一些，或者内倾型多一些，不一定绝对地属于哪一种。

性格表现为人对现实的态度和行为方式中的比较稳定的、独特的心理特征的总和。具体而言，性格具有多角度的表现特征：①性格表现为态度特征：如对社会、集体、他人的关心或冷漠，同情或自私、诚实或虚伪等；对劳动和工作的勤劳或懒惰，认真或马虎，细致或粗心等；自己谦虚或骄傲，自信或自卑，大方或羞怯等。②性格表现意志特征：如对行为目的的平稳性或冲动性，独立性或依附性；对行为方式的主动性或被动性，自制性或放纵性；在紧急或困难情况下勇敢或胆怯，果断或犹豫，镇定或惊慌等；在行为过程中坚定或动摇，始终如一或反复无常，善始善终或虎头蛇尾等。③性格表现为情绪特征：如稳定或波动，持久或短暂，抑郁低沉或开朗饱满，善于以理智支配或失去控制。④性格还表现为思维特征：如敏感或迟钝，精细或粗疏，善于独立思考或喜欢拾人牙慧；富于想象或囿于直观，善于分析概括或偏于就事论事等。

成熟的性格表现为各个特征之间的相互关系、相互制约、相对稳定；不成熟的性格表现为各处特征之间的相互矛盾和反复无常。性格又是随着人的活动的多样性而表现出变化性，不同场合、不同情景中人的各种性格特征表现的程度不同，侧面也不同。性格是在客观环境中受客观人、事、物的影响而形成的，一旦形成之后，便相对的稳定性，但仍可随着客观影响的变化而变化。一个走出校门踏上工作岗位的学生完全可以在工作环境中或根据工作性质要求改变自己的性格。随着经验的积累，知识的丰富，理想、信念的确立和强化，对客观世界认识的加深，秘书人员能够在意识的自我调节中发展、改造自己的性格。

四、现代秘书应该具有的性格特征

有些国家把“性格完美”作为对高级秘书人员的要求之一。在我国虽无明确要求，但现代的秘书人员除了理论修养、知识、能力之外，最好能具有这些性格侧面。

（一）开朗

开朗性格是指具有乐观饱满的情绪，充满朝气，富有活力，能愉悦轻松地接受复杂而艰巨的工作任务而无抱怨之心、牢骚之言。具备开朗的性格，就会对人生和自己的工作充满信心，就会勇敢地面对来自各方面的挑战而不畏惧，就会自信地面对困难而不气馁；同时，具有开朗性格的人善于交际，具有情绪感染力和人际亲和力，容易沟通，容易凝聚团队精神，这些都是现代秘书需具备的良好性格特征。

（二）敏捷

思维敏捷的人，对事物敏感，反应快，洞悉能力强，具有探索精神，表达能力强，工作效率高。动作敏捷，做事干净利落，不拖泥带水，不拖拉，不推诿；笔头敏捷，深思熟虑之后，腹稿打就，下笔千言，倚马可待。现代秘书要适应快节奏、高效率的工作，就必须培养自己敏捷的性格品质。

（三）稳健

性格稳健的人思维缜密，作风踏实，心智成熟，遇事细心，观察细致，考虑周详；办事稳当，不冒失从事也不敷衍了事；待人诚恳，温和文雅；既不浮华轻佻，也不冷漠矜持；遇急不慌，临危不惧，泰然自若，从容处理，给人一种可信赖感。稳健，是秘书人员心理成熟的标志，因为，应对挑战，需要秘书审时度势；梳理矛盾，需要秘书耐心细致；协调关系，需要秘书善于平衡；辅佐上司，需要秘书忠诚踏实，而所有这一切都取决于秘书的稳健而又不保守的性格修养，稳健的秘书是值得领导信赖、倚重的秘书。

（四）坚毅

坚毅，是与意志有关的性格特征。性格坚毅的人处事果断，工作投入，勇于挑战。现代秘书具备坚毅的性格特征，就会在工作中目标明确，在奋斗中坚持信念，在压力下独立思考，在困难前永不退缩。保持执着坚定的性格特征，就会在遇到困难时具有百折不挠、坚持到底的勇气和毅力；对工作能任劳任怨，在工作不为人理解时仍能认真去做，甚至受到委屈时能忍辱负重；还会努力克服自身的缺点，做到自信、自重、自爱。

（五）幽默

幽默是智慧、机灵、学识、风趣的综合表现，而不是油腔滑调或开低级庸俗的玩笑，更不是对别人的作弄或嘲笑。现代秘书培养自己的幽默感可以使自己变得机智、乐观、大度；可以给别人带来快乐，可以愉快地缓解压力，可以使紧张的气氛变得轻松，也可以轻松平息冲突，可以机智地化解矛盾，可以诙谐地避免尴尬。机智幽默是一剂润滑剂，是一种健康心理品质，是优秀的秘书人员应具有的人格魅力。

（六）自制

自制也是一种与意志有关的心理特征。自制能力强的人有分寸、有教养、有风度、有耐力。现代秘书要培养和提高自己的自制力。要善于把握人际交往的分寸，善于把握自己内心情绪变化，善于根据不同场合、不同情景、不同对象选择适当的情绪表达方式、恰当的言语和行为方式。不因情绪激动而手舞足蹈、饶舌不止；也不因情绪低沉而紧锁双眉、哭丧着脸。任何时候都要防止自己勃然大怒、暴跳如雷。当然，自制不是表面的强作笑颜或强压怒火，自制力实际上是人的高度的思想道德修养和性格坚强的表现。

思考题

1. 秘书职业修养由哪些部分构成，并各自包括哪些方面?
2. 秘书人员的知识构建原则是什么?
3. 秘书的知识构成包括哪些部分?
4. 秘书的专业知识包括哪些方面?
5. 秘书人员必须具备哪些能力?
6. 人的性格有哪些表现特征?
7. 现代秘书应具有什么样的性格特征?

案例：

高级秘书的过人之处

她们是被这样描述的一个特殊群体：外表靓丽，谈吐高雅，学历大学本科以上，能讲一口流利的英语；多年的外企工作经历使她们具有良好的沟通、判断和预见能力；很多人持有外国护照，年龄偏大，月薪基本在 8 000 元以上——这些白领丽人被称作“高级秘书”，包括跨国公司首脑秘书、董事会秘书、地区总裁秘书等。随着中国加入 WTO，越来越多的外资企业进入我国，我国的秘书们正面临着与国际秘书行业接轨的现实，高级秘书已成为人才市场上的珍稀资源。

出场人物：C，女，29 岁，某（中国）投资有限公司大中国区执行秘书。她谈起了高级秘书的七大“高” 人之处。

第一高：综合素质要求更高

C：每天工作挺忙碌的，但想起来可能都是一些平凡的小事。当老板和政府雇员有一些重大会议和活动之前通常很繁忙。平时还会起草一些财务或者人事方面的报告，帮助老板作一些决定。高级秘书是工作在老板身边的人，常常要帮老板处理一些棘手的事情。所以和一般秘书相比，高级秘书除了能够讲一口流利的英语，熟练地使用计算机和拟写各种文件之外，更应该具备良好的沟通、组织、协调、决策以及解决问题的能力。

第二高：责权更重

C：高级秘书和助理的界限很难划分，助理给予老板业务方面的建议会更多，而高级秘书与一般秘书的不同之处在于：高级秘书与领导层的沟通和联络会更多。向老板汇报工作的一些管理层人员以及部门秘书都会通过我找到老板，我承担着他们之间沟通的责任。责任大，犯错误的机会也多，一旦犯了就不会是小错误。当我发现别的部门秘书有一些错误时，我有责任和权利去指出，避免错误的发生，而指出的时候要注意方式，这是我做高级秘书后感觉最深的一点。

第三高：薪水更高

在 IT 行业里，相对于其他部门的中高层管理人员来说，高级秘书的薪水可能不是很高，但与普通秘书相比，薪水还是相当可观的。至于到底月薪多少，C 秘书不愿意透露，但是她说据她自己对同行业的了解，高级秘书普遍月薪不会低于 8 000 元。

第四高：表达能力要求更高

C：我不是那种让人一看就感觉很强的人，这也许是我的一个优势，就是有亲和力。而做到这个职位，一味地笑是远远不够的，有自己的想法很重要。老板也是可以被说服的，只是这需要一个过程。普通秘书根本和老板说不上话，因而也就不具备去说服老板的基本平台。而高级秘书的地位比较特殊，老板交给我的任务，在我觉得应该建议或者提示他的地方，就会指出来。其实这点很不容易做到，主要是要讲究方式，大多数的时候我会采取一种委婉的语气，建议他“这样是不是更好”，这样让他有一个从考虑到最后接纳的过程。无论如何，在工作中老板和我毕竟是上下属的关系。

第五高：发展愿望更高

C：做到高级秘书这个地位在年龄是有一个底线的，应该在 27 岁左右，因为这需要一个经验的累积，不可能刚一毕业的学生就会做到这样一个职位。而接下来的情况就与国内外的文化差异有关。在国外有很多高层的秘书都是妈妈级，就像一个长辈一样能把所有的事情搞定。而在国内的环境下，这种情况是很少见的，在大部分人心目中做秘书还是年轻的好一些。在国内做了 5 年、10 年或者更长时间的高级秘书，大多会考虑这种来自社会的压力，希望换一个行业，通常会选择从事行政、人力资源以及市场方面的工作。正规的公司都有个人的发展计划，我特别喜欢做人力资源方面的工作，来公司之前就有这种想法，我在和老板沟通时会把这种想法告诉他。高级秘书或者通过老板实现愿望，或者被猎头猎到其他公司去做其他行业。相对来说，后一种机会比较小。更多的秘书会选择一种稳妥的方式，靠在公司的内部协调一个位置，然后熟悉一段时间，在公司有一个稳定的发展或者是再被猎头公司挖到其他的地方，绝大多数人应该是这种状态。

第六高：道德水平要求更高

C：高级秘书会接触到公司的一些财务等方面的重要的文件，因而保密是对老板的承诺和责任。取得老板的信任是很不容易的。建立信任需要磨合期。如果昨天老板和我说的事情没多久整个公司的工作人员就都知道了，那么老板不可能再信任我。和他保持在一条战线上，做好手头上老板交给的每一件小事，经常和他沟通，长此以往，他就会觉得你比较认真，是可靠的。我在公司工作没多久的时候，也有猎头公司找我，但我觉得不应该走。当你给老板留下一种你随时可能会离开公司，以这个为跳板去找另外一家更好的公司的印象时，他是不会信任你的。

第七高：成就感更高

C：把握在大老板和部门老板之间的态度和分寸是我工作最困难的事情。这需要一点技巧，譬如在传达老板的要求、发邮件或谈话时，我不会以一种命令的口气去和部门经理讲话，因为我是他们之间的一个桥梁，首先是摆正自己的位置，想清楚了，问题也就迎刃而解。工作中会时而出现突发事件，我会把解决某个有难度的问题视为一种挑战，这也包括研究某些电脑操作技巧，一旦问题在苦思冥想之后有了答案，会喜出望外，特别有成就感。

第四章 秘书与领导者的关系

秘书和领导是一对相反相成的概念。一般认为，领导是组织权威的本源，是掌握权力的实体，但法国哲学家福柯（Michel Foucault，1926—1984）却对此进行了强有力的辩难。他认为权力是多形态的，而不是同质的；权力是作为关系出现的策略，而不是所有物；权力首先是生产性的实践，而不仅仅是压制性的外在控制；权利与知识之间存在着微妙复杂的关系；不应只将注意力放在宏大的权力上，而应充分考虑权力的微观运作。因此，对领导的核心地位和主导作用的过分强调，片面夸大秘书的从属性和辅助性，都是错误的。

第一节 领导与秘书关系概述

秘书和领导在工作中是距离最近的人，二者关系的融洽与否不仅是大家关注的中心之一，也直接影响工作成效。新形势下市场经济的风起云涌、民众思想的解放、民主平等观念的深入人心，使得今天的秘书与领导关系已不再是单纯的“拐杖与主人”的关系，因为现代社会的任何管理决策者都无权要求被管理、被领导者在人格上依附于他而建立类似于封建社会中“君臣父子”之类的人身依附关系。2006年网络热传的“邮件门”事件，EMC大中华区总裁陆纯初和他的高级女秘书因工作琐事发生激烈争吵。无独有偶，同年，人民网焦点关注“李真事件”秘书腐败案，再次让领导与秘书的关系成为讨论热点，也使越来越多的人开始重新审视二者的关系。

秘书与领导的关系是人际关系中的一种，而人际关系是人与人之间在交往活动过程中直接的心理上的关系或心理上的距离。人际关系反映了个人或群体寻求满足其社会需要的心理状态；人的存在是各种关系发生作用的结果，人正是通过和别人发生作用发展自己，实现自己的价值。领导与秘书关系也是如此，它符合人际关系交往的一般原则，然而它又是具有特殊性的，他们的关系总的来说是辩证统一的、多维度的。以现代系统论观点来看，秘书与领导的关系是一种较为非凡的关系，是一种立体的多层次的多面关系。因此正确把握领导与秘书的关系是秘书充分发挥主观能动性，搞好本职工作的重要条件之一。

秘书与领导之间存在两种基本关系。一种是绝对的关系，如组织关系、权责关系等，在这层关系上秘书与领导关系是不可更移的、不能调节的硬性关系；另一种是相对关系，如二者在性格、才气、观念、素养、信仰等方面的相互悦纳，这层关系具有可塑性强、变数大、处理更具艺术性等特点，属于软性关系。

一、领导与秘书的绝对关系

（一）上与下：明确下属非下人

秘书与领导的上下关系是指组织上的关系。在一个单位中，领导与秘书属于领导与被领导的上下级关系，秘书作为领导的下属必须坚决执行领导的指示，服从领导的指挥，具有高度的组织性和纪律性。组织上的上下级关系决定了秘书处于服从性和从属性的地位，它要求秘书不能将自己摆在同领导平起平坐的地位，更不能越权行事。

同时需要指出的是，身为秘书，不能将自己的前程压在领导身上，否则就会丧失应有的立场，一旦领导腐化堕落就会成为领导的殉葬品。秘书与领导是两个平等的自然人，上下级关系仅仅存在与组织和工作方面，而人格上的平等独立意识是现代秘书所必须具备的。

（二）主与辅：明确辅助非参与

主与辅是指秘书与领导在工作上的主辅关系。由于领导与秘书在组织上属于上下级关系，秘书的基本任务是要为领导服务，以使领导从日常琐碎的事务中解脱出来，一心一意想全局、办大事，所以秘书的所有工作都应该服从和服务于领导，为领导解除后顾之忧，秘书服务的最高层次是发挥参谋作用，为领导决策提供高水平的建议和意见。

但需要强调的是，这种辅助性工作是有限定性的，主要是角色职责内的辅助和服务，积极向领导献计献策并不意味着参与领导工作，参与决策过程，如果秘书将“参谋”理解为“参与”，就会出现职权越位，这是秘书工作的大忌。

（三）令与行：明确协调非指挥

领导与秘书的上下级地位和主辅关系，决定了秘书与领导是一种令与行的关系。领导的决策，秘书除了要坚决服从外，还要通过一定的形式，按一定程序传递出去，秘书要做好衔接上级与下级、领导与群众、命令与执行关系的工作，使本单位成为保持上下贯通、左右协调、高效运转的机构。

秘书虽然处于“上传下达”的中间位置，但上下传递、协调并不等于上下指挥，秘书必须克服盲目的优越感，切忌自命不凡，对外单位（尤其是基层单位）的办事人员颐指气使，将协调和传达工作变成指挥和直接领导，更不能以“二首长”的身份或打着领导的旗号发号施令。相反，诚恳待人、平等商量，营造“人和”环境，是秘书顺利开展工作的重要条件。

（四）失与谏：天然的互补关系

自秘书产生之日起，协助领导就是本职工作。领导的不足之处，正好是秘书凭自己的经验发挥能力予以弥补和协助的机会。传统的秘书只是领导的助手，现代秘书则更多的充当领导的搭档。

领导和普通人一样也会有缺点和失误，特别是在这个信息爆炸的时代，由于信息更新的不及时、认识水平的跟不上以及一些客观因素的限制，领导的决策完全有可能与实际相背离或有所偏差。对此秘书人员有义务进谏，在允许的情况下以恰当的方式提出自己的意见和建议，秘书有义务防止决策偏差。错误决策一旦产生，秘书要通过调查研究、反馈信息等途径向领导提出修正意见，促成领导重新决策。

二、秘书与领导的相对关系

（一）互相为师

领导通常是具有杰出才能、并且一般是从基层提拔上来的，他们通常具有政策水平高、人生经历丰富、行事能力强、领导艺术卓越等特点。领导为秘书之师，在实际工作中并不一定见诸于显性形式，领导往往是隐性之师，长时期与领导的近距离接触，领导的思维方式、领导艺术，对秘书有潜移默化的引导作用。

在领导与秘书这一特殊关系中，秘书要成为领导之师的确有很大困难，但秘书的特殊身份——介于领导和群众之间的桥梁地位和边缘状态，使得秘书成为领导之师有了可能性，因为秘书广泛接触群众，联络基层单位，在获取信息等方面拥有特殊的优势，领导在这方面往往要依赖或求教于秘书。

（二）互相友爱

秘书与领导关系的密切性，为二者形成工作和生活上的友爱关系提供了可能性。根据人际交往的理论，交往频率越高越容易建立较短的心理距离。领导与秘书有共同的目标，秘书也经常关心领导的生活，这就很容易在领导和秘书之间建立互相关心、团结友爱的关系。当然这种朋友关系是以工作关系为前提的，秘书与领导的地位不同，秘书在把握这种关系时需要保持适当的距离感，因为适当的距离才能产生美，这一原则尤其适用于领导与秘书这种特殊的朋友关系。

（三）互相帮助

秘书和领导之间的关系建立在共同的理想之上，他们具有共同的目标。尽管他们处在不同的工作岗位上，但他们共同为一个单位或一个地区的前途和命运努力着，这就决定了他们关系的互助性。

秘书不仅充当着服务的角色，还要在领导工作出现偏差时，起到“察”与“谏”的作用，为领导提供智力支持，领导同时也帮助秘书的成长，这也决定了他们之间的互相帮助关系。

总之，新形势、新环境赋予秘书和领导的关系更多新的内容——新形势下秘书与领导关系更像左右掌的关系，领导是那只起主导作用并且最为有力的手掌，秘书则是积极配合给予呼应的手掌，配合度越高，呼应力越强，拍出的掌声越响、越有力。

第二节　建立领导与秘书的良性互动关系

对一名秘书人员来说，处理与领导的关系是摆在自己面前的一个无法回避且十分重要的问题。与领导关系的好坏，小而言之关系到秘书人员自身的前途、发展，大而言之影响整个组织目标的实现程度。

一、秘书正确处理与领导关系的一般原则

（一）服从原则

服从是秘书的天性，也是由秘书工作的性质所决定的。服从原则要求秘书坚决贯彻领导的决定、指示，严格按领导意图办事，不可随心所欲、阳奉阴违、越权办事。当然强调服从并非盲从，对领导决定如有意见，可以寻找恰当的时机提出。如果被采纳，自然皆大欢喜；如果不被采纳，则要严格按照领导意图行事。

（二）尊重原则

尊重领导是对秘书人员的基本要求，也是与领导建立良好关系不可缺少的因素。尊重主要表现在对领导工作的繁忙予以体谅，在尽可能的范围内为领导排忧解难。秘书要牢记自己的角色地位，做好分内工作，不计个人得失，甘当无名英雄，不抢镜头、不出风头。同时秘书还要自觉维护领导形象，不说、不做影响领导形象的事。

（三）距离原则

秘书因为与领导长期近距离接触，所以在很多人眼中，秘书与领导是一个有机体，他们之间的关系非同一般。但即便如此，秘书也不能认为自己和领导已经亲密无间，甚至与领导称兄道弟，以示亲热。秘书的这种想法会有损领导的尊严和形象，最终会导致领导的不快。因此，秘书必须保持清醒的头脑，时刻牢记与领导交往要把握一定分寸，保持一定距离的原则，尤其是在大庭广众之下更不能随意表现出与领导的亲密。

（四）协同原则

秘书工作是领导者行为过程的一个重要组成部分，因而秘书机构也就成为领导系统的子系统，秘书工作的优化、秘书正确处理与领导者之间关系对保持整个领导系统的协调统一有重要的意义。秘书必须通过自我调节，自觉地适应领导的行为规律，完成领导下达的任务，并在步调上与领导保持一致，即通过自己的行为得到领导的认可，从而同领导者保持一种和谐默契的关系。

二、秘书处理与领导关系的基础

（一）高效优质的贴心服务

秘书以服务领导为天职，秘书与领导关系的关键性因素是秘书为领导提供优质高效的服务，这是秘书与领导关系的基础中最重要的因素。因此，秘书要努力提高自身素质为领导提供有效的服务。这需要秘书充分发挥主观能动性，具体说来要围绕领导意图，广泛收集信息、认真调查研究，积极做好信访工作，为领导决策提供服务。同时，善于挡驾，为领导排忧解难，在公共场合更要关心、尊敬领导。

（二）正确领会领导意图

领导意图是指领导人或领导集体在指导其社会组织实现目标的过程中所提

出的意见和企图，是领导工作意见的真意、实质、核心、出发点和目的，是领导工作思想的具体体现。领导意图的表达形式是多种多样的，直接表达的坚决贯彻就可以了，而如果没有直接表达，就需要秘书认真研究、领会。这需要秘书有较高的政策水平和敏锐的直觉。所谓秘书直觉即秘书的第六感觉，它体现着秘书个体对人对事的敏感性和判断力，以及对领导意图的揣度和理解能力。

（三）性格才气的相互吸引

人与人的性格、才能不可能完全相同，这不一定妨碍合作，关键在于双方能否有被对方的性格和才气吸引并产生亲和感、认同感和欣赏的心理反应。秘书史上有很多例子可以说明领导与秘书之间的相互吸引，对于他们相互之间建立良好的合作关系有着特殊的作用。

（四）志同道合的理想吸引

在领导与秘书这一特殊搭配中，秘书与领导有共同的工作目标，大家都为这个目标的实现而努力奋斗。具体到一个单位、一个部门就是共同努力实现工作成绩最大化、充分发挥组合效应，因此志同道合是秘书与领导关系的基础。

（五）人格情感的互相尊重

秘书在工作和组织关系上处于从属地位，但是在人格方面是完全独立的，秘书的情感活动也应该具有自主性。秘书应该努力使自我和所服务的领导在人格上尽量接近，保持一致的人格养成方向，但前提是双方健全、积极的人格素质。人格情感的互相尊重，等于互相敞开了心灵的窗口，在这个前提下合作共事必然使双方都受益无穷。

第三节　秘书要着重处理好的关系

一、妥善处理与多个领导的关系

这里指的是下级正确处理与上级领导集体的关系的基本做法。在集体领导的制度下，秘书面对的领导往往不是一个人，要使自己与多个领导的关系都能处理得恰到好处，秘书首先应该坚持党性和原则性，才能具有维持好与多个领导的“等距离外交”的基础。秘书对每位领导都要一视同仁，建立和发展良好的上下级关系，而不能从一己私利出发，厚此薄彼。

（一）指示安排，同样服从

秘书对所有的领导不论职务高低、资历深浅、能力强弱，都要从工作出发同样服从。不应该有亲疏厚薄，从自己的私利或喜好，有选择地对待领导的决定和指示；不可以对有的领导言听计从，对有的领导却阳奉阴违、明推暗抗。

（二）工作态度，同等热情

上级领导之间意见不一致时，秘书千万不可介入，更不可“热”一方、“冷”一方，更不可借此机会挑拨离间、借机投靠。秘书在工作态度上要与各领导保持等距离，做到同样热情、同样对待、同样殷勤周到。

（三）工作经验，同样讨教

秘书在工作时要处处尊重各位领导，并善于向领导们请教、学习，这样不仅可以给领导留下谦虚好学的良好印象，而且可以整合优势。这种“等距离”所产生的效应，会大大有助于秘书提高思想政治水平和工作能力。

二、正确处理女秘书与男领导的关系

目前我国秘书从业人员约达 2 300 万，而随着女性就业机会的增加，女秘书也越来越多，有关的数据表明，现在秘书从业人员 50% 以上为女性。女性一般天然地具有细致周到、善解人意的特点，女秘书不仅使得上下级关系充满了人情味，而且常常能够想到领导所未考虑到的问题，可以有效地避免领导工作出现偏差，也就更容易赢得领导的信任。

然而，男领导、女秘书的关系，在封建意识还有很多残余势力的中国，往往容易被人曲解。2003 年四川省委办公厅出台了《关于加强对领导干部身边工作人员管理监督的暂行规定》和《领导干部身边工作人员行为规范》，其中要求不得为男性领导干部配备女秘书，随后也有其他地区相继出台了相应的政策。我们姑且不论这种做法的恰当与否，但至少表明，即使在现代社会，女秘书与异性领导相处是一个非常敏感的问题，因此谨慎处理好这一关系是十分重要的。女秘书与男领导相处时应遵守以下原则：

（一）距离原则

距离感是秘书与领导相处的原则之一，尤其对女秘书更为重要。这种距离包括了身体的距离和心理的距离。其中更重要的是心理的距离，因为心理距离支配了身体的距离。在这个提前下，女秘书首先要与男领导在空间上保持距离，避免和男领导在私下谈工作、同男领导单独去娱乐场所；女秘书不要轻易到男领导家里去。其次，要注意保持身体上的距离，相互之间不可过分亲昵，与男性领导谈话尽可能避免涉及个人生活方面的话题。第三，为男领导服务要到位不要越位，关心领导生活问题要有分寸。当然也不要故意疏远领导，只要保持适当的心理距离和空间距离，做到诚恳大方、自重自爱，一定能够赢得领导的尊重。

（二）稳重原则

“稳重”就是安稳沉着、不轻浮，女秘书在待人接物时要始终保持一种“威严”，当然，“威严”与骄傲自大的态度是完全不同的，甚至可以说是与之相反的。这就要求女秘书首先语言要得体，切忌粗俗、浅薄、轻佻，不说过头话，工作时使用规范的公共语言；其次，行为举止要端庄、文雅，切忌拉拉扯扯、逗逗笑笑，衣着上稳重大方，切忌穿着暴露、非职业化；同时对男领导保持尊敬、谦和、诚挚的态度，切忌孤傲、虚浮，因为对领导的尊敬态度是秘书稳重作风的体现，尊敬本身就是一种距离的体现，这不仅有助于女秘书正确处理好与男领导的关系，还可以换来领导的认可。

（三）刚柔并济原则

柔，就是要充分发挥女性优势，用优雅的外表、细致而认真的态度、文明的语言以及细心周到的服务赢得上司的好评；柔，在伦理意义上具有“谦下”、“不争”之德，即善于迂回、灵活应变。当然在现实环境中，少数男领导在行为举止上表现轻佻、言语上表现庸俗低级的情况也时有发生，女秘书面对这种情况，最好的办法是尽量避免与其单独相处，尽量与其保持距离，同时以正气凛然的态度表明自己的反感；当然，用幽默化解的方法则更为明智，因为人的神经不可能总是处于紧张状态，这样对工作和身心都不利，所以最好是将轻微的冒犯化解成风趣，这样既不使领导丢面子，又让他明白自己的立场。女秘书必须牢记，任何隐忍的想法和暧昧的态度最终都会使自己受伤。

第四节　处理好与领导关系中的一些具体问题

一、陪伴领导出行

陪伴领导出行，关键是尊重领导的个人习惯和掌握同行的规矩和礼节，行为举止中要体现出秘书的职业素养。

中国古代礼仪讲究“右为上，左为下”，所以秘书陪同领导出行时一般应走在领导的左侧，这是对领导的尊敬和礼遇。如果是引导，则应该走在领导左侧前四十五度角一米以内，具体的距离视秘书个人与领导关系的熟悉程度而定，通常保持在五十公分左右为宜。如果是随从，则应该走在领导左侧后四十五度角一米以内，以能够跟上领导步伐为宜。当然也不必刻意丈量秘书与领导之间的距离，因为一般情况下，秘书会随着与领导的亲疏程度做出自然的反应，但是用距离表现出与领导同行是应有的为臣之道，也是一种礼节的讲究。

秘书陪同领导出席各种活动，一般要站在领导的左侧身后，当客人出现时，要根据当时具体情况，选择站在客人的左侧。

陪同领导出行时一般坐车同行，秘书应后上先下，为领导做好接应和招呼，正常情况下秘书应为领导打开车门，等领导坐上车后，为其关上门，然后从车后部绕行至另一侧门，或直接在领导旁侧座位开门上车；车上有五个座位，后座的左座位是领导的专座，司机的右侧副驾驶的位子为秘书专位，但也有的领导要求秘书坐在后排的右座，同自己并排而坐，为了有事情好安排。

二、向领导进行申辩

这里的“申辩”是指秘书受到委屈或者误解后向领导据理解释以求清白。这种情况在秘书工作中经常发生，秘书进行申辩时在分寸的掌握上很有讲究，否则极易引起领导的反感。因为从关系上来讲，秘书与领导的上下级关系使得秘书必须服从，向领导申辩似乎冒犯了领导的权威，然而实际上，领导毕竟还是会说错话，办错事，如果一味迁就，虽然看起来给了领导面子，结果却只会增加领导再犯错误的可能性，最终对工作不利。

一般情况下，对于不涉及原则性的事情，领导如果错怪了秘书，秘书没有必要计较，因为事实最终会证明一切，一旦领导意识到自己的错误，只会更加佩服秘书的个人涵养；但如果涉及原则性问题，秘书则应该进行申辩，因为申辩是避免事态恶化和阻止领导再犯错最有效的方法。

无论对人还是对事，向领导申辩都应该注意几个原则：首先要明确一个观点，即秘书不可以改变领导，只能影响领导，这要求秘书进行申辩时要注意，申辩的事情应该十分重要、内容应该实事求是，一般性的问题不要进行申辩。其次是申辩的时机要十分得当，否则不仅于事无补，还会激怒领导。具体地说，要多利用非正式场合，如车内、家里，少使用正式场合；多利用非工作角色身份，如小字辈对长辈，少使用工作身份，要避免在公众场合中公开谈不同看法。再次要明确申辩的目的是让领导明白秘书的想法，而不是让领导难堪，如果领导当时不表态，秘书也不用着急，因为向领导申辩只需要点到为止，有时候申辩的内容不是最重要的，申辩的行为本身就是在提醒领导应该考虑秘书的感受，因此秘书对申辩的结果要冷静处理。

三、领导出差安排

通常情况下领导出差的目的都会告诉秘书，秘书应该对领导的意图守口如瓶，不能主动向领导打听领导出差动机。同时协助领导安排出差事宜。要根据出差的目的和时间，定制行程表，这是出差安排的重点，是秘书首先要做的。

行程确定之后还要落实以下一些细节：

（一）订票

无论采用何种交通工具，都一定要以安全、便捷、准点为必要原则，一般情况下避免中途转换交通工具和停留，在转乘不可避免的情况下，应该预算好充足时间和可能发生的意外。

（二）安排住宿

无论是事先联络当地关系安排，还是网上预定、直接向当地酒店预定房间，都必须落实结果，如有必要，秘书还要根据领导的特殊需要，向对方提出特别要求，譬如在房间内摆设鲜花或果篮，房间不应紧邻大街等，这些人性化的安排会让领导格外满意。

（三）准备物品

领导出差时应该带哪些物品，秘书必须一清二楚，并按照公务用品和私人用品分列清单，提供给领导参考和备忘，领导出差随身携带的物品要万无一失，尽量简单，否则反而会增加领导行动的困难。至于领导候机无聊或身体感觉不适时，秘书应预先设想到这种可能，为领导带一本他喜欢的杂志、备妥应急药品，并提醒他放在何处，届时如能派上用场，一定会让他从心底感激秘书。

（四）安排离开

安排离开的关键是领导的临时授权与交办，必须落实到具体的部门和具体的人、具体的事。

另外，领导离开单位期间一定会给单位的正常运作带来一定的影响，所以提醒领导，在他出差期间对单位的事情进行交代是十分必要的，特别是秘书也陪同领导出差时这种未雨绸缪的安排更为重要。

四、协助处理领导日常工作

（一）电话处理

凡指名道姓找领导的电话一般由秘书代接，由秘书接电话不仅是领导身份的体现，更重要的是可以为领导挡驾，以免频繁来电扰乱领导正常的工作思路，分散领导的精力。陌生来电要询问清楚对方的姓名、身份、意图，视来电内容的紧急与否，再决定如何处理。

（二）文书处理

政府公文有其规范固定的格式，一般情况下按照规定办事就可以了。企业文书的形式则相对灵活，有相当多的领导对自己企业里的文书有自己的风格喜好，如对文件的抬头、字体、版式、装订等要求，有的随便，有的讲究；有的普通，有的个性。秘书的责任是在领导的欣赏习惯上导入一种规范，既能为大家认同，同时也兼顾企业文化和领导个人的美学思想。但是不管怎样，文件的制作一定要遵循以下原则：内容准确无误，编排醒目整齐、外观精致优雅，另外文件的校对是确保内容质量的关键，所以凡重要文件，务必仔细校对，校对完成之后应交予领导审查，在领导认可的前提下，才能对其印制和装订。

思考题

1. 领导与秘书的绝对关系表现在哪些方面？
2. 领导与秘书的相对关系表现在哪些方面？
3. 秘书处理与领导的关系时应遵循哪些原则？
4. 秘书如何处理与多个领导的关系？
5. 女秘书与男领导相处时应遵守哪些原则？
6. 秘书如何向领导进行申辩？

第五章 秘书日常事务工作

秘书的日常工作，是指秘书和秘书部门协助领导处理日常事务和加强日常管理的工作。它是秘书和秘书部门最基本的任务，也是任何一个机关和企事业单位必不可少的经常性工作。

秘书的日常事务工作在整个秘书工作中占有相当大的比重，绝不是可有可无的附加性工作。在中、基层的机关和企事业单位，事务管理工作一概由秘书部门负责；而省、市、自治区以上党政机关的管理工作，一般在党政两个办公厅之下，分设或只设一个机关事务管理局负责，但由秘书长或办公厅主任直接领导；其他的事务性工作，也都由秘书和秘书部门工作。所以，不论单位大小、级别高低，凡是秘书工作人员，每天都要处理大量的各种日常事务。

第一节　秘书日常工作概述

一、秘书日常事务工作的主要内容

秘书的工作岗位主要是在办公室，但是他们每天去办公室做什么？他们的日常工作程序是怎样的？怎样才能使秘书的日常工作做到有序高效？每一位秘书对这些问题都应该十分清楚。

秘书的日常事务工作是非常琐碎繁杂的，“上至天文地理，下至鸡毛蒜皮”是秘书日常工作的真实写照。秘书和秘书部门的特殊性地位决定了凡机关单位和领导从事的工作，秘书都要了解；凡机关单位和领导参加的活动，秘书都可能参加；凡外来的人员，也都要先与秘书取得联系。因此，秘书的活动范围非常广泛，体现出综合性和多样性的特征。

但是这并非等于秘书的日常工作毫无规律可循，只要本着辅助领导、服务机关的立场，一切工作都可以变得简化而富有意义：如为领导管理时间、提供良好的工作环境、搞好杂务等，都可以使领导腾出更多的时间和精力；接待、交际、沟通等，都可以协助领导处理好各类关系；为领导提供信息、传达信息、保管信息等，都能够辅助领导更好地进行决策。它们的根本目的都是为领导活动的有效开展提供条件，都是为了提高机关的工作效率。

具体地说，秘书日常事务工作的主要内容包括：办公室的布局与管理、电话的接听和拨打、约会的安排、来访宾客的接待、上下左右之间各项工作的协调、印信的管理、值班室的工作等等。

由于本书对接待工作、沟通和协调工作等内容有专门章节进行阐述，故本章论述的重点是秘书如何布局与管理办公室、接打电话、安排约会、管理印信、做好值班室工作等内容。

二、秘书日常事务工作的原则

要做好秘书日常事务工作，必须遵循下列原则：

（一）服务原则

管理和领导就是服务，服务是行政管理的宗旨，也是一切工作的出发点和归宿。作为辅助领导活动的秘书工作人员，更应当具有强烈的服务意识，为机关、单位的领导服务，为整个机关、单位和各业务职能部门服务，为全体员工和各位来宾服务。虽然事务工作要做到人人满意是非常困难的，因为“众口难调”，但这绝不能成为做不好日常事务工作的借口，更不能因为手中有一点权力就欺上瞒下、推诿拖沓，而应该自觉地将日常事务中的每一项工作都看成是为领导服务、为机关服务、为百姓服务的具体体现。

（二）按政策办事的原则

秘书部门的日常事务工作从根本上说，就是要热心为机关、为领导、为百姓服务，但绝不意味着可以丧失原则、违反政策、徇私舞弊，而应该不断提高政策水平、理论水平和业务能力，坚持按政策、法规办事，以身作则。为领导服务，但不是按长官意志办事；为机关服务，但不是本位主义、只照顾部门利益；为百姓服务，但不是照顾人情面子。

（三）效能原则

秘书的日常事务工作纷繁复杂、千头万绪，因此秘书工作者在处理这些工作时，一定要坚持效能原则，着眼于提高办事效率，体现优质服务。否则，秘书就会成为一个头痛医头、脚痛医脚的终日忙乱的事务主义者，秘书工作光处理这些事务都来不及，根本不可能再有时间和精力为领导出谋划策，而要做到这一点，就要进行科学管理，合理地利用时间，建立必要的规章制度，并且发挥秘书人员的积极性和创造性，争取主动服务、超前服务。

三、秘书日常工作程序

通常情况下，秘书每天从上班到下班的日常工作程序如下所示：

提前到达上班地点

↓

负责本人及领导办公场所的清洁卫生

↓

准备领导要用的文具、茶水，有序摆放家具、物品，调试照明、空调

↓

（续）

分拆信件，分送报纸信件

↓

领导到达时提示领导本日日程，汇报有关事项，向领导请求工作指示

↓

督办重要事项，根据具体工作内容急事急办

↓

进行日常事务工作：

接听电话并记录，接待来宾，资料整理，撰写文稿并校对，打印复印，处理来往文件，领导随叫服务，收发传真，处理催办等

↓

完成领导临时交办的其他任务

↓

下班前向领导征询须办事项

↓

确定是否加班或陪同领导应酬

↓

检查文件、锁具、电器、电源情况后下班

由此可见，秘书每天的日常工作虽然平凡而又简单，没有诗情，也没有画意，更没有什么惊人之举。但秘书的一天，却是紧张忙碌的一天，工作量难以计算的一天，这些工作繁杂、琐碎、多变，但环环相扣、紧密联系，绝不可掉以轻心，因为它是机关和企事业单位信息畅通、运转有序的有力保证，是搞好机关和企事业单位各项业务工作的基础。

第二节　办公室布局与管理的要求

一、保持办公室环境的整洁、安静

养成每天到办公室后第一件事就整理办公室的习惯，是培养秘书人员服务

意识、获取他人尊重与信任的不可或缺的重要方面，同时又关系到组织者和领导者的形象。

办公室的整齐和清洁能给人秩序感和舒适感，使人的情绪安定而愉快，有助于工作效率的提高。整齐是要求办公桌椅和橱柜等尽量采用同一尺寸、同一颜色；办公桌、橱柜和书架要经常清理，将文件、图书、杂志等摆放得井然有序，如果随手乱放乱塞，会造成既杂乱无章又不易寻找的后果；办公桌上要尽量简洁整齐，一般不摆放与工作无关的用品。

清洁是要求办公室窗明几净，办公桌椅和橱柜应当每天擦拭，门窗定期擦洗；电脑、打字机和复印机等办公用品保持清洁；废纸等物品不随便丢弃，而应当定期处理。

秘书人员要经常思考问题、撰拟文件，特别需要安静的环境，所以最好不要把办公室安排在临街的位置，企业不要把办公室安排在靠近有噪音的生产车间处，以免秘书工作受外界噪音的干扰。现代化的办公室往往是一个大的敞开空间，它没有墙，而是用各种不同高度的隔板把这个大空间按照需要隔成若干个小空间，它要求秘书人员以身作则，不在上班时间接打私人电话，谈私人事情，更不嬉闹喧哗，即使是需要与同事讨论问题，或者与来宾商洽事项，也应该到走廊或接待室、休息室，以免影响他人工作。大机关、大单位应有专门的打字室，供专职打字员工作，否则会使其他工作人员无法正常工作。

另外，为了与机关的性质和企事业单位的文化特色相适应，还应该精心设计办公室，通过办公室中的盆景、花卉，陈列柜中的小摆设、产品样品、获奖证书，墙上悬挂的照片、油画等物品的合理搭配，来达到美化办公室的效果，但应该避免奢华和俗气。当然，政府机关的办公室应尽量庄重、简洁，不可过多装饰；商业企业单位的办公室则可以布置得华丽一些，以显示自己丰厚的财力。

二、理性购置、妥善管理办公室设备

办公设备是指办公桌椅、橱柜、沙发等办公家具，空调器、饮水机、热水器等电器和电话机、传真机、电脑、打印机、复印机等机器设备，以及笔墨、纸张、信封、必要的工具书籍等办公用品，不仅秘书部门要购置这些办公用品，机关单位内的其他部门也要购置。一般在年初由秘书定出计划、作出预算，由主管领导批准后交秘书或总务人员购买。购置这些物品时，应该本着环保和勤俭节约的原则，在正规场所购买票证齐全的商品，并经过秘书验收、有关部门登记后进入办公室使用。

对办公室设备的保管，秘书部门应该有明确规定，专用设备一般由使用人负责保管，共用设备由秘书负责管理，添置、损耗、报废等情况也都要进行登记以备查考。只有堵住管理漏洞，才能使国家和集体的财产免受损失，同时也符合环保卫生的要求。

第三节 接听与拨打电话的技巧

曾经有人做过统计，在秘书每日最常接触的工作中，接打电话的工作量仅次于处理信件，电话的优点是不受文字、符号、距离的限制，通话双方可以随时随地进行交流，并且可以重复强调。在通讯事业日益发达的今天，很多事情可以通过电话解决，很多兄弟单位的领导、办事人员和合作伙伴也往往通过电话最先得到接触和了解。正确使用电话，有助于创造良好的沟通气氛，提高办事效率，树立个人和组织的良好形象。

秘书部门通过电话办理的事务主要有：电话会议的文件管理和记录、通过电话授受的公文的传抄和处理、与兄弟单位联系协商事项、接受上下级的电话指示与请示以及其他电话事务，如询问有关规定、找人等。

一、接听与拨打电话的程序

（一）接听电话的程序

（1）准备好录用纸和笔；

（2）一般在电话铃响起两声之后拿起话筒，不要立刻接听电话，以免对方感到突兀；

（3）拿起话筒后应先自报家门，并确认对方的姓名、身份与通话目的；

（4）仔细倾听对方的讲话内容，同时作出适当反应；

（5）用“再见”、“谢谢”等语言礼貌地结束通话，放话筒的动作要轻、慢，一般要让对方先放下话筒。

（二）拨打电话的程序

（1）打电话之前确定对方的电话号码、单位名称、姓名和身份，做好准备工作；

（2）打通电话后，首先自报家门，然后指明通话人，若通话人不在，可请接电话人把自己的姓名、单位、电话号码转告通话人，或表示过后再联系；

（3）简明扼要地阐述通话内容和目的；

（4）用规范的职业语言礼貌地结束通话，一般也要等对方说“再见”后再挂机。

二、接打电话的注意事项和基本要求

（一）做好充分准备

无论接听还是拨打电话，都要做好充分准备，如在电话机旁准备好笔和格式统一的电话记录单，养成随时做电话记录的工作习惯，记录一些重要电话的内容，不要让对方拿着听筒等你去拿纸和笔，重要的电话还要提醒对方也作记录，电话记录平时立卷备查、定期清理归档；拨打电话前整理好自己的思路，对复杂和重要的内容最好提前准备提纲、列出要点，以免说错和遗忘；准备好接打电话时可能要用的资料、数据，使通话更有效果。

（二）节约通话时间，注意保密

秘书在接打电话时除了自己做到高度集中注意力、态度礼貌热情、用语规范简洁外，如对方讲话时间太长、影响了自己的正常工作时，可以用礼貌的语言婉转表示，如“如果您没有别的事，我可以挂电话了吗?”或“对不起，我还有急事要办。”这样对方一般会很快结束通话。另外，对方提出的问题，如属于询问性的内容，可以予以回答，如果涉及人事、商业机密等国家、单位的机密，则一定要回避或明确拒绝。

（三）考虑对方的受话环境

拨打的电话接通后，要询问对方此时通话是否方便，如对方手上有急办之事，或因处于开会、身边有不相干的人等工作环境中，就应该另约时间；顾及对方的生活习惯，一般情况下不在对方休息和用餐时去电话打扰；拨打国际长途电话要注意时差。

（四）妥善处理寻找领导的电话

对要直接找领导接听的电话，不能随便回答“在”或者“不在”，要在弄清目的后请对方稍等，然后根据具体情况决定如何回答对方。一是领导有空，并表示愿意接听电话，可将电话转给领导，或者向对方说“某某（领导）来了，请跟他（她）讲话”；二是领导不在，无法接听，应向对方说明原因，并询问是由别人代接、留言还是另约通话时间；三是领导暂时无暇接听电话，应说明情况，如对方确有急事，可将电话内容写在便条上，当面交给领导，由领导决定是否接听；四是当领导表示不愿接听时，应委婉地回绝对方，告诉对方一定会转告领导。

（五）沉着应对特殊电话

如唠叨、纠缠电话。这类电话往往违背秘书的意愿，发话者为了达到自己的目的，三番五次地打电话纠缠，秘书人员在接这类电话时应大度有礼，不怒不躁，不要被对方利用，但要有原则、礼貌地回绝对方，不留任何余地。对“长舌妇式”的唠叨电话，一般多用委婉的语气、善意的谎言加以拒绝。

有些人为了达到自己的目的，会使用威胁的手段给相关部门打恐吓电话，这类电话多数跟经济利益有关，但也可能是某种刺激下的情绪冲动，对此秘书应该保持冷静的头脑，迅速做出分析判断，可以通过问话拖延时间，稳住对方，同时暗示办公室其他人员向领导报告或报警，并且马上进行录音，以便留下证据。

对于打错的电话，秘书也要保持礼貌，用职业用语告知对方，不可粗暴蛮横。

（六）迅速处理电话中涉及的事项

有时候接打电话本身只起到传递信息的作用，所以对通话中涉及的须办理事项，秘书应根据轻重缓急向有关领导请示，或送有关领导阅处，领导答复或批示后，秘书人员应立即告知有关人员或部门进行处理。

第四节　安排约见的技巧

约见也称约会，是指按照事先约定的时间、地点与有关人员会面商谈工作、接洽业务。在机关和企事业单位中，约会这一联络方式被运用的频率，仅次于电话联系和书信联系，谈判签约、商洽工作、解决问题、交流信息、联络感情，常用这一方式。在现代社会中，会面应事先约定，这是讲究社交礼节、注重工作效率的表现。

为领导安排约会是秘书日常事务中一项常规性的工作，它看似简单，实则需要特别细心周到。约见大致可以分为应对方要求约见和主动约见对方两类，对秘书人员来说，无论哪种约见，每一个环节都应该重视，只有掌握原则、方法得当、技巧娴熟，才能使领导的约会起到事半功倍的作用。

一、安排约见的方法

（一）电话安排约见

电话约见快捷方便，但为领导安排约见是领导、对方和秘书三方面的事情，因此对电话提出的约见要求，秘书人员要经过确认，听对方讲明要求约见的原因后，再请示领导决定是否约见；同时还需要核对日历，确认预定的约见时间内领导没有其他安排；要得到领导的确认后才能告诉对方约定的时间和地点；如果暂时不能确认所安排的约见时间和地点，则要明确告诉对方，使约见安排留有余地。

（二）信件安排约见

通过信件安排约见，虽然没有电话方便，但是更为慎重、可靠，也是秘书人员为领导安排约见常用的方法。在安排信件约见时，要记录来函指定的约见时间，发出确认约见的函件也要予以记录。在信函答复对方之前，同样要先得到领导的确认。一经领导确认，就可以列入约见日程表。

（三）当面安排约见

是指秘书根据领导授意与对方见面，当面商定约见的时间和地点，特别重要或需保密的约见往往采用这种方式。秘书应明确表达领导意图，在尊重对方意愿的基础上确定最佳约见时间和地点。

二、安排约见的注意事项

（一）制定约见日程表

约见一般要在一周前安排好，因此秘书人员每周要制定一份约见日程表或备忘录。约见日程表（备忘录）是约见的依据，要求内容简明、清楚。如果会见地点不在领导的办公室，则要特别注明确切的地点。如果一天内有数个约见，更要注明具体时间和地点，并按先后顺序排列。日程表（备忘录）一般一式两份，一份由秘书部门人员留存，一份交给领导，以备随时查阅。重要的约见日程表具有一定查考价值，可作为档案保存。

（二）区分轻重缓急

在领导频繁的约见活动中，要根据轻重缓急的程度予以妥善安排。一般来说，重要而紧迫的约会，应优先安排；重要或紧迫的约会，应预留时间安排；一般的约见或礼节性拜访，可插入领导的工作间隙中进行。

（三）配合领导的时间

领导对自己的日程安排有一定的原则，秘书平时就要做有心人，在日常工作中留心观察领导是如何分配时间的。要在领导时间比较充裕、精力比较充沛的情况下安排约会，不能随便打乱领导的常规工作，而要注意配合领导的工作规律和生活习惯。这样，在安排领导约会时，就能做到心中有数、妥善安排了。一般情况下，领导出差回来的当天不要安排约见；尽量不要在星期一的早上、星期五的下午以及节假日时间安排约见；不要在临近下班时安排约见，以便领导能够更顺利完成当天的工作；如果约见安排在上午，时间应该在早晨上班后半小时左右。

（四）弹性安排约见时间

安排领导的约见时，在时间上一定要留有充分的余地，这包括两方面的内容：一是约会的时间要错开，不可太紧或太松。如果要连续安排几个约见，则每次约见之间应留出 10 至 15 分钟的机动时间；二是秘书在安排远期约见时，不能将时间和地点安排得太确定，一定要留有余地。因为领导的工作也存在着很大的机动性，而未来是难以预料的，约见时日接近时，往往会因情况的变化而更改约见时间。

（五）注意保密

领导的约见安排一般情况下不能对外透露，所以负责安排的秘书要注意保密，以保证领导同志的人身安全和机关单位的情报信息安全。这就要求秘书养成守口如瓶的习惯，不该说的事情坚决不说，打电话时注意周围环境，不让闲杂人等听见，另外对约见安排的日程表等有关文件要妥善保管。

（六）保证领导顺利赴约

秘书应将领导每月、每周、每天的主要工作列入计划，将领导的约见活动也纳入其中，每天早晨上班后在领导的办公桌上放一份打印好的约见提示，并且在约见之前提前安排好领导的其他工作，同时做好资料准备、用车等工作，为领导顺利约见提供确实保障。

（七）细致周到

秘书要了解每一位与自己领导有约会的人的姓名、地址以及电话号码，万一要取消或更改约见时间时，可以及时通知对方。特别重要的约见，在约见之前要跟领导再次确认约见的时间、地点和内容；并与对方再联络，确保约见的顺利进行。如果是第二天上午要约见，前一天下班前要将约见事项写在卡片上，一张交给领导，一张自己保存，还要通知司机等有关人员，以保证第二天的约见万无一失。

第五节　印章管理的要求

印章是“印”和“章”的合称，又称图章，我国古代称为“印信”。现代印章主要有公章和私章两种，公章是指国家机关、社会团体、企事业单位使用的公章和上述机构领导人使用的名章，一般是在金属、石、木和塑胶等质料上刻上文字或图形标识，再盖在文书材料上，成为组织或个人的凭信；私章是指个人篆刻和使用的名章。本节所说的“印章管理”是指机关、单位内公章的使用和管理。

秘书部门掌管的印章主要有三种：一是机关、单位印章（包括钢印）；二是机关、单位领导人因工作需要而刻制的个人签名章或图章；三是秘书部门的公章。

一、印章的作用

（一）是公文生效的标志

凡是正式文件的发布，除经授权大批量铅印或在报刊杂志公布外，都要加盖发文机关的印章，否则公文不能生效。

（二）是组织权威的象征

印章被人们称为“印把子”，具有法定的权威性，它代表该机关或该领导人，是履行职责和行使权力的标志，凡是机关、单位的人事调动、干部任免、奖惩事项、文件密封等都必须用印，才能产生组织效力和行政效力。

（三）是对外联络的凭证

本机关、本单位与其他机关、单位联系时，持有盖公章的介绍信，才能顺利地完成情况交流、事宜商洽、协议签订、调查研究等工作。

二、印章使用和管理的注意事项

（一）印章的刻制

刻制单位公章是一件非常严肃的事情，任何机关未经上级批准绝不允许私自刻制单位公章，更不允许在私人摊贩处刻制。机关印章一般先由本机关、本部门申请，经上级机关批准后，到单位所在地的公安部门办理登记、核准手续，再到持有公安部门颁发的特种行业营业执照的刻字单位刻制。

印章的式样由印章的形状、印文、印文的排版、印章图案、印章的尺寸和印章的质料构成。党政机关的图章和企事业单位的图章通常为圆形；印文要使用宋体和规范的简化字；印文的内容必须是本机关、本单位的法定名称，字数过多时，可适当采用通用的简称；各级机关、单位印章的尺寸和图形，必须严格按照中央和国务院的有关规定办理。

（二）印章的启用

启用新印章，须经上级机关或主管部门批准并正式发出启用通知，启用印章的通知包括正文、印模和启用日期。启用新印章的机关、单位在收到文件后才能正式启用，如果由新印章取代旧印章，还要将旧印章同时作废，并交还制发机关处理。对外生效的印章，如财务专用章、收发印章等，在启用前要将启用时间和印章式样通知有关单位。

（三）印章的使用

通常单位的印章都由秘书保管，而保管者就是使用者。用印首先必须按制度办事，盖章前要认真检查需要盖章的材料有无相应领导人的批准，材料的文字是否通顺、有无错漏字等。不能随便委托他人代为盖章，也不得随意带出单位或在空白信笺上盖章，更不得交给他人拿走使用。

盖章是一件很细致的工作，一定要一丝不苟，讲究正确和美观，做到握把标准，印泥适度，用力均匀，落印平稳，印章要端正、清晰地盖在材料上署名和年、月、日的中间或成文日期上，上边缘不压正文，下边缘压日期四至七字（视印章大小确定）。

（四）印章的管理

各类印章都应由专人负责管理，印章的管理人应有较高的政策水平，敢于坚持原则、保守秘密，他们对保证印章的正常使用和防止被滥用、盗用、误用负有责任。

管理人员对自己保管的印章，应当悉心看管、经常检查、定时清洁；平时应放在带有保险装置的抽屉内并随时上锁，不能图省事将印章随意放在办公桌上；印章管理人员不得随意委托他人代取代用印章，如果临时外出，也应报请秘书部门指定专人代管；公章如果不慎丢失，除保护现场、上报领导和上级机关外，还要向当地公安部门报失、登记，有的还需登报声明作废。

（五）印章的停用

印章的停用是指在机构名称改变、机构变更（如撤销、合并）或者印章式样改变时，原印章要立即停止使用。秘书部门应通知有关单位该印章停用的原因和具体时间。停用的作废印章必须及时缴销，一般交还原颁发机关处理，不得在原单位留存。对作废印章还要留下印模存档，以备日后查考；停用的印章用红色印在方框内，而新启用的印章则用蓝色印在中间带有“×”的方框内，表示即将启用。

第六节　机关值班工作的要求

值班和组织值班，是各级秘书部门经常性的工作之一，它是保证机关正常运转的需要，历来受到各级领导的重视，特别是20世纪60年代，敬爱的周恩来总理提出要单独设立值班室；1995年4月28日，国务院专门发布做好周末值班工作的通知以后，从中央到地方的各级党政机关以及一些企事业单位，普遍建立起了值班室和值班制度，它在现代化建设的事业中正日益发挥着重要作用。

一、值班室工作的意义

（一）保证迅速及时地传递信息

随着现代社会的发展，信息越来越被人们所重视，它已经成为促进生产力发展的重要因素，但同时，现代社会对信息的传递速度要求也越来越高，而作为信息传递中心的秘书部门的一部分，值班室发挥着特殊的作用。值班室昼夜工作，可以随时输入或输出信息，能够保证机关在最短的时间内获得各方面的信息，并迅速向有关方面传递，尤其是发生突发事件和紧急情况时，值班室就是一个事务处理中心。

（二）保持机关工作连续性

值班室的工作范围虽然没有明确规定，而且可以是专人值班，也可以是轮流值班，但值班工作从不间断，它在平时办公时间以外或节假日时间处理常规性事务，以保证机关、单位工作的连续进行。

（三）确保机关的机密和安全

值班的目的之一，是为了保证机关的文件、档案等资料信息以及机关财物的安全。目前，随着科学技术的飞速发展，盗窃机密和财物的手段也日益高超。犯罪分子往往在夜间和节假日期间对机关内机密文件和财物进行盗窃，因此秘书部门安排好值班工作，对机要文件和机关财物进行监控和保护，就显得尤为重要。另外火灾等事故也时有发生，通过值班加强防范意识，有利于营造和谐安定的工作环境。

二、值班室的组织形式

值班室工作的类型，按照不同的自组织形式，一般可以分为三种：

（一）总值班室

也称“特设值班室”，是省、直辖市、自治区以上党政机关，以及公安、外事、交通等要害部门专设的值班机构，配有专职值班人员，主要负责监督检查本系统、本部门的值班工作。其建制有的设在办公厅或秘书部门内，有的与办公部门平行，由主要负责同志直接负责领班。

（二）一般值班室

按照《现代汉语词典》的解释，值班是指“轮流在规定的时间内担任工作”，一般值班室承担的就是这一性质的工作。它为党政机关、群众团体和企事业单位普遍设置，一般归口在秘书部门内，由秘书长或办公室主任直接领导，值班人员也多数由秘书兼任，很少有专职人员。值班时间一般是在下班以后和节假日，主要承担处理电话、接待来访者、通知有关事宜等事务性工作。

（三）联合值班室

遇到重大活动、紧急情况或因特殊需要而临时组成的值班室称为联合值班室，它负责昼夜或夜间值班、节假日值班，一般由机关科、处以上干部轮流担任，每班二至五人不等，同时单位领导还要轮流担任总带班人，负责值班工作。

但是，无论哪种形式的值班工作，都统一由办公室或秘书部门进行协调安排。

三、值班工作的主要任务

（1）接收处理上报、下发的文稿和信函；
（2）承接上级的通知、指示和下级的电话请示、报告事宜；
（3）承办本机关、本单位领导临时交办的事项；
（4）做好来访人员的接待工作；
（5）处理突发事件、应对紧急情况；

（6）做好机关、单位的防盗保密工作；

（7）填写“值班日志”和“大事记”。

四、值班室工作对值班人员的要求

值班室是一个单位所管辖的系统信息的总汇集点、联络中心，工作涉及面很广，因此值班室对整个复杂网络的资料，要进行必要的基本建设。要掌握上级机关、本机关和下级机关负责人的电话、住址的系统资料；掌握上级机关、同级机关和下属机关机构的变动情况，这些机关领导干部职务的变动情况；掌握和本单位有密切关系的单位，以及机场、车站、公安、消防、医院、宾馆等单位的电话号码、地址和交通路线。搞好这些基本建设，才能保证上下左右的渠道畅通，一旦需要，便可行之有效地进行联系。

值班室工作对值班人员的要求是：

（一）掌握政策，熟悉业务

值班室对上对下、对内对外联系工作、答复问题，处处涉及方针政策，这就要求值班人员认真掌握政策，按政策办事，不得趁值班之便假公济私和为亲友开方便之门。同时，值班室是一个特殊的岗位，遇到具体事情往往没有领导可以请示，也没有同事可以商量，因此值班人员要努力学习业务知识，不断提高业务水平，才能保证办事水平和效率。

（二）有责任感，有警惕性

有人认为，值班工作舒服又轻松，于是乎打扑克、下棋、带着孩子来单位玩，把值班室当成了游乐场，这是严重缺乏责任心的表现。值班工作职微而任重，值班人员必须有高度的责任感，要日夜坚守工作岗位，全心全意地完成当班所应当完成的任务，不能把值班当成无所谓的工作，更不能随便离开工作岗位。

值班室处于机关枢纽的中心，很多重大动态，值班室最先了解；领导的活动，值班室掌握得最全面，所以值班人员对于这些内容一定要注意保密，不得向外界随意泄露机关的重大事项和领导的行踪，以免使机关工作陷于被动。

（三）及时准确，热情耐心

值班室工作既要求迅速及时，又要求准确无误。值班人员接到工作任务（如电话）后，要迅速应答，不得拖拉推诿，还要特别注意要办事项的具体内容，避免差错发生；值班室要接待来联系公务的人员，迎来送往中态度要热情，说话要和蔼，办事要耐心主动，要处处为来访者着想，不能官气十足，因为值班人员的态度，往往会影响人们对机关作风的看法，说值班室是机关的窗口、门面，道理就在这里。

思考题

1. 日常事务工作的主要内容有哪些？
2. 秘书日常工作的程序是怎样的？
3. 办公室布局与管理的要求是什么？
4. 接打电话有哪些注意事项？
5. 安排约见的方法有哪些？
6. 印章的使用和管理有哪些要求？
7. 值班工作的主要任务是什么？

案例：

秘书小张一次因工作没做好被领导批评了，心情很不好，恰好此时电话响了，铃声响了好几声以后，她才拿起话筒说：“喂，你找谁？”当得知对方打错电话时，她很不耐烦地说了声“打错了。”就将电话给挂了。她的做法对吗？

秘书小李一次早上8点钟就给新疆的一位客户打电话：“喂，是张总吗？”对方问：“你是谁？”小李回答：“我是广州××集团人力资源部的办公室秘书。”但对方说：“对不起，我在吃早餐，等会儿打过来好吗？”小李说：“噢，好的。”如果你是秘书小李，你该如何做？

第六章 秘书与信息工作

20 世纪 80 年代以来，“信息”的概念在我国被广泛使用，而在人类已经进入 21 世纪的今天，信息的作用更是被越来越多的人所认识和重视。信息作为人类的第三大资源，已经成为许多行政工作尤其是领导决策的基础，信息工作对于各级领导机关和领导人了解情况、进行决策发挥着非常重要的作用。秘书工作者只有掌握信息收集、处理的基本原则和方法，才能为领导管理和决策提供更为优质、高效的服务。

第一节 信息工作概述

一、信息的基本概念

（一）信息的含义

“信息”一词在我国使用较早。《三国志》就有“正数欲来，信息甚大”的记载；李清照《上枢密韩肖胄诗》：“不乞随珠与和璧，只乞乡关新信息。”周密《木兰花漫·西湖十景》：“觅梅花信息，拥吟袖，暮鞭寒。”可见，在这里信息主要是消息、讯息的意思。

信息作为自然科学的概念，最初是在20世纪20年代提出的。作为科学的概念和范畴，其定义在科学界、学术界尚未取得一致的意见。如信息论的奠基人申农认为：“信息是用来消除随机不定性的东西。”控制论的创始人维纳则认为“信息是人与外部世界互相交换的内容的名称。”而我国有专家认为：“信息就是事物存在的方式或运动的状态以及这种方式、状态的直接或间接的表述。”

以上虽从不同角度对信息进行的定义，却包含着相同的本质内容。综合来说，广义的信息是指能被人们感知的事物的情况、状态、特征、联系和变化等，它不是事物本身，而是事物发生的性质和状态以及对其性质与状态的表征如信号、消息、情报、指令、数据中所包含的内容。它通过文字、图像、图形等符号和人为声音、动作、电磁波等信号具体地表达出来。因而信息就有了直接和间接之分，直接信息是事物的运动状态本身，是被人直接感知到的性质、事实、变化等；间接信息是经过加工的数据、资料、文件、理论、观点等，是对直接信息的陈述。如由大风四起、浓云密布，我们得到快要下雨的直接信息；由一张电影海报我们得到有关电影类型、演出时间、场地等间接信息。

狭义的信息是指接受者原先不知道的、对其有用的信息，也即信息量，它是指在一个事物运动状态或一个数据、资料等中所包含的对接受者来说新而有用的东西的含量。狭义的信息是一个相对的概念，对不同的接收者是不同的，在不同时间也会不同。一位有名的流行歌手将要开音乐会的消息，对其歌迷来说是令人振奋的消息，而对一位不了解流行音乐的老人来说，它就不成为信息；一本小学地理教材，对一个小学生而言包含丰富的新信息，而对一位地理学家，其信息量则微乎其微。

信息客观而丰富地存在于世界之中，它无处不在，无时不有，在人类认识和改造社会的过程中发挥着重要作用。在今天的信息时代，尤其如此，每个人每天都发送并接收大量信息，生活、工作、生存离开了信息将无法进行，社会也将无从发展。

（二）信息的特征

1. 可传储性

信息来源于所属事物，但信息可以脱离事物独立存在，可以在不同事物间快速传递，亦可以存储起来。信息的含义中就内在地包含有可传递性，它必然地从它的所属事物以一定形式传递给另一事物，这是信息的本质属性。信息要经过信源（信息发出者）、信道（媒介、手段、途径）、信宿（信息接收者）的路径方可完成传递过程。传统的信息传递手段主要有文字、图像、表情、动作等视觉信号和语言、音乐等听觉信号，现代借助电子技术完成的电子信号和数字信号传递是更加快捷方便的信息传递手段，更便于大数量、远距离传递信息，而且所传信息更具保真性和完整性。信息可以用一定方式存储起来，以便以后查询和使用。信息的存储性节约了信息资源，使信息总量不断增加。

2. 共享性

信息作为客观事物的反映，通过传播，人人可以享用。比如天气预报、地震预报，通过电视、电报、电话等各种媒体的传播，大家都可以了解和利用。特别是网络的发展使信息的共享性更加突出，不同的主体都可以在网络上发表和分享信息，而信息本身则不会因为分享而减少。

3. 时效性

信息的作用和价值会随时机的改变而改变。同一信息对于急需它的用户是非常有价值的，而对于不需要它的用户，则没有价值或不成为信息。一般来说，超前的和及时的信息具有很高的价值，而滞后的信息则价值很小或完全没有价值。特别是在今天快节奏、高效率、竞争激烈的信息时代，谁率先获得了新颖而有价值的信息，谁就能在竞争中占绝对优势。

4. 可开发性

信息的可开发性可以从三个方面来理解：①信息作为物质形式的精神反应，具有具体性和历史性。因为客观世界纷繁复杂，不同时代人的认识水平不断变化，不同人的认识能力参差有别，因而同一信息材料在不同的具体情况下包含的信息是不同的，所以信息要不断开发，充分利用。②反应事物本质的信息和非本质的信息往往交织在一起，因此要对信息进行鉴别开发。③对信息的利用可以创造出新价值也是信息开发性的一个方面。

正是由于信息具有上述特征，所以它可以被获取、识别、处理、转换、传送、储存、搜索、利用、控制，并可以转化为能量创造价值，还可以使物质和能源得到合理配置，发挥最佳效能，从而使社会经济得到发展。

（三）信息的类别

对信息进行科学的分类，有利于秘书做好信息工作。信息分类的标准千差万别，因而分类的方法亦多种多样，这里只列几种较常见的分类方法。

1. 按信息的载体分类

（1）口头信息，即直接通过口头进行传递的信息。

（2）书面信息，即落实成文字的信息，如通过图表、文件、报刊、书籍等所传递的信息。常见的书面信息有报纸、杂志、书籍、书面报告、工作总结、会议记录、电传报表等。

（3）视听信息，即能直接被视觉和听觉所感知的信息，如通过电视、电影、录像、照片、图片、录音等传递的信息。它直观可感，生动丰富。

（4）数字化信息，即用计算机存储管理的信息，它以二进制的信息数字的形式存入计算机（或移动硬盘、软盘、光盘等），使用时再转化为书面或声像信息。数字化信息以其存储量大、管理科学、易于查找易于传递等优点在信息化的今天成了首选。

2. 按信息的内容分类

（1）社会生活信息，与人们日常生活密切相关和反应社会生活状况的信息，是生活得以正常进行必不可少的信息，也是集中反映社情民意的信息。如天气情况、公交路线、医疗保险、国民教育、就业情况等等。

（2）经济信息，即反应经济活动领域的生产、经营、计划等情况的信息，如国内生产总值、商品流通情况、生产规模等。

（3）政治信息，即与国家政治生活相关的信息，不仅国家政治工作机关部门及其工作对象产生政治信息，工会、团体、百姓生活中都会产生政治信息。如国家大政方针、党员先进性活动情况、人们对政府工作的评价等。

（4）军事信息，即与军队建设和军事行动有关的信息。如作战双方的兵力、装备、作战计划等方面的情报，都属军事信息。

（5）科技信息，即反映科技发展状况和新科技成果的开发运用等方面的信息。科技是第一生产力，大到国家，小到企业，科技信息都应得到高度重视。

（6）法律信息，相关的法律法规。

3. 按获取信息的方式分类

可分为直接信息和间接信息。这在第一节已经讲到，需要强调的是，一般来说，直接信息比较可靠但对特定人而言所能获得的数量有限；间接信息数量较大但可靠性差，需要仔细鉴别。

4. 按信息传递方向分类

可分为横向信息和纵向信息。横向信息是指工作领域的平级之间、不相隶属的机关之间进行平行沟通的信息，平行文就属此类。纵向信息指是具有隶属关系的上下级之间的沟通情况、联系工作等方面的信息，上行文、下行文就属此类。

5. 按信息传递范围分类

可分为公开信息和内部信息，二者的根本区别在于是否具有保密性。公开信息是指可以广泛公开、大多数人都可以了解的信息，尤其指报纸、杂志、广播、电视、网络等传播的信息。它覆盖面大，使用范围广。内部信息是指不宜向全社会或特定使用范围之外公开的信息，它带有机密性。同时，公开信息和内部信息的界限也不是绝对的，二者在一定情况下可以相互转化，如具有高度保密性的高考试题，考试之后也就变成公开信息。

6. 按信息的时效性分类

可分为动态信息和静态信息。动态信息是关于正在进行中的事物的信息，它通常具有极强的时效性，每天的新闻、股市指数的涨落都属动态信息。静态信息是有关过去的事物的信息，它一般不具有明显的时效性，文献、档案、图书等所记载的信息都是静态信息。动态信息通过存储可以转化为静态信息。

二、秘书的信息工作的含义及其作用

秘书收集、整理、筛选、传递、利用和存储信息的一系列活动就叫信息工作，它是秘书工作的轴心。

信息工作在秘书工作中发挥着巨大的作用：

（一）信息工作是秘书部门辅助领导决策的依据

决策是领导机关最基本的职能。信息是人们对客观世界的反映，决策是人们适应客观世界、改造客观世界所采取的策略和措施，任何正确的决策制定都必须建立在充分而准确的信息的基础上，而不能仅凭领导者的主观意愿和经验。但由于领导的工作涉及范围很广，不可能花很多时间去直接获取信息。秘书部门是单位的工作枢纽，是联系上下、沟通八方的信息集散地，掌握比较全面、系统、可靠的信息，因此它是领导获取信息的一条非常重要的途径。

领导工作的一般过程是：决策、实施、指挥、控制、协调。在这全过程中，秘书工作都必须为领导提供信息服务。首先，必须为领导决策提供信息服务。决策是领导工作中最重要、最基本的一个环节，领导者的决策工作，在一定意义上说就是对信息的处理工作。进行科学预测、确定决策目标、拟定和确定决策方案，整个过程就是收集信息、利用信息、分析信息、综合处理信息的过程。秘书部门不是决策者，不参与决策，但必须为领导决策服务，要为领导决策提供及时、准确、有参考价值的信息。其次，领导作出决策以后，要付诸实施，这就需要把决策信息及时准确地传递下去，也就是要把领导机关的决定、方针、政策、意图传达下去。这是自上而下的信息传递，也是需要秘书部门来做的，要求把领导机关的决策准确地表述出来。最后，在领导进行指挥、控制、协调以达到决策目标的过程中，要提供反馈信息。反馈信息对于决策也是十分重要的。它是判断、检验决策是否正确的主要尺度，是对决策进行不断修正、不断调整，使之符合客观实际的主要依据。

（二）信息工作是秘书部门处理日常事务的基础

领导者除了对重大问题进行决策外，大部分时间是用来领导和组织日常程序化工作，因此秘书部门就要协助领导者组织和处理好各种日常事务。要办好各种事务，不仅靠领会领导意图、发挥个人学识，还必须有所参考、有所凭借，这种参考和凭借来源便是信息。无论是办理各方面的文书、起草各种文件、答复各方面的请示、处理日常事务，还是调查研究、协调关系、接受咨询，都要有丰富的相关信息为基础。“巧妇难为无米之炊”，信息工作是秘书做好各项工作的基础。因此秘书应增强信息意识、学习信息理论，积极丰富自己的信息储备，以提高自己的工作能力和工作质量，充分发挥参谋和助手的作用。

（三）信息工作是增进秘书才能，开拓秘书工作新局面的有效途径

信息工作涉及的范围很广，作为秘书应熟悉语言文字、经济政治、法律法规、哲学历史、人际交往、计算机等各方面的知识并具备阅读、理解、分析、综合、写作、应变、实践等各种能力。所以说，信息工作是丰富秘书知识、培养和增进秘书各方面能力的有效途径。同时信息工作有利于提高秘书部门的办事效率，给秘书部门注入了活力。

第二节 秘书部门信息工作的特点和基本原则

一、秘书部门信息工作的特点

（一）服务性

这是秘书部门信息工作的主要特点。秘书部门信息工作的根本目的是为领导决策提供各类有价值的信息，这种信息工作实质上就是一种服务性工作。信息提供的真实与否、准确与否、及时与否、全面与否直接关系着领导决策的质量的高低。因此，秘书部门信息工作内容及方式必须服从并服务于领导机关和领导的要求。要及时了解领导对信息的具体要求，掌握上级领导机关的方针政策、工作部署，弄清本地区、本部门、本单位的相关具体情况。要摸清领导者的工作规律和思想脉络。按照为领导者做好服务的意图去捕捉信息。

（二）广泛性

秘书部门的工作性质决定了其信息工作内容的广泛性。秘书部门是综合办事机构，不同于一般职能部门，它是各企事业单位的信息集散地，为领导决策和其他日常工作提供各方面的信息。而领导机关工作领域广，常常涉及社会、政治、经济、法律、科教文卫等各个方面，决策就需要以方方面面的信息为基础，才能做到通盘考虑，做到全面规划。秘书部门为满足领导机关的这一需要，必须广泛地了解和收集信息。

（三）综合性

秘书部门为领导提供的信息不仅要广泛、准确，还要具有较高的综合性。秘书部门收集各方面的信息，这些信息必然杂乱无序、良莠不齐、主次不清，这就必然要求秘书部门对信息进行分门别类、概括综合，使之具有一定的广度、深度和代表性。

（四）主动性

秘书部门的信息工作具有主动性。秘书部门主要为领导者的决策提供全面、及时、准确的信息，为领导者的正确决策打下坚实的基础，因此秘书部门应主动了解领导者的工作计划和方向，主动地收集处理必要的信息，以在决策前充分了解各方面的情况。而不是在领导者提出要求之后才匆忙地去收集信息。

（五）时效性

信息本身具有时效性，过时的信息将失去价值。秘书部门的信息工作服务于领导决策的特点，决定了秘书信息工作更强的时效性。只有及时准确地提供有价值的信息，才能对领导决策起到重要作用；在决策实施过程中，秘书部门及时做好信息反馈才有利于检查决策的正确与否。可见，秘书信息工作的时效性不仅增强领导决策的正确性和有效性，也提高了决策工作的效率。

二、秘书信息工作的原则

（一）准确

即信息的内容要准确无误，真实可靠，真实反映事物的本来面目。准确是信息的生命，是信息的全部意义所在。秘书收集到的原始信息要可靠、真实，处理信息要坚持主观思想与客观真实性相统一。如实反映情况，才能保证各级领导机关及决策者依据真实的、准确的信息作出恰当的判断和科学决策。如果信息不准，必然会给领导工作造成失误。因此，“准确”应是秘书信息工作的灵魂。

要做到信息的准确真实，秘书人员要在整个信息工作过程中做到实事求是，尊重事物的客观性，对信息进行如实地反映和描述，不对信息生吞活剥，要多在心里打几个问号：为什么会是这样？事情是怎么发生的？不对信息进行自我发挥，尽管收集到的信息很难都是完整的，但也不要为完善它们而自我发挥，否则难免画蛇添足，干扰事实；保持不偏不倚的态度，不轻信，不轻疑，坚持正确立场；消除偏见，尽力去除先入为主的观念，因为事物总是处在变化中，要时刻告诫自己解放思想，一切从实际出发。

（二）及时

即信息的收集、处理、传递、反馈要及时迅速，讲究时效，以最快的速度收集到最新的动态信息。因为，信息的使用价值很大程度上是随着时间的流逝与动态系统的变化而变化的。在科技、文化、经济高速发展的今天，信息的价值在更大程度上取决于速度。许多信息，逢时而贵，失时则贱，经济信息更是这样。同一个信息，第一个得到的是金，第二个得到的可能就成为废品。信息工作不及时，就会失去信息的价值，甚至造成严重的损失。因此，信息处理的整个过程，都要强调一个“快”字，收集、处理、传递信息是如此，反馈信息亦是如此。

要做到信息工作的及时，首先，要注重收集新信息，要求秘书人员具有敏锐的眼光，善于从稍纵即逝的事态中发现和捕捉新鲜信息，从一般信息中发现有价值信息，从表面现象中发现潜在信息。其次，秘书信息工作要及时高效，以保证信息的时效性。再次，完善信息工作制度，建立信息收集、过滤、传递、存储等过程的各项制度，规定信息的合理流程，尽量减少中间层次；最后健全信息网络，运用高新技术，配备现代化工具，实现信息传递现代化。

（三）全面

即信息的收集和处理要注意广泛性、完整性和系统性，全面地反映事物各个方面的情况。只有全面地反映情况，才能使各级领导根据各方面的信息，通观全局，权衡利弊，择善而从，作出正确的判断和决策。

要做到所收集信息的全面性，秘书人员首先要掌握科学的世界观和方法论，即辩证唯物主义和历史唯物主义，坚持全面地看问题，防止片面性。不仅要看到事物的正面，还要看到它的负面；不仅要看到局部现象，更要看到整体联系；不仅要看清现状，还要追查它的历史；不能只看到现象，而要由现象探究本质。总之，收集信息要从全局着眼，从不同方面、不同角度和不同层次收集、分析和处理信息。

（四）适用

此项要求包含以下两方面的内容：

1．秘书信息工作要服务于中心工作

就是说要弄清本地区本部门本单位的工作进展情况和急需解决的问题；要及时摸清领导者的思想脉搏，做到心中有数；要突出重点，帮助领导者集中主要精力考虑重点问题同时兼顾一般问题，以免发生疏漏。

2．秘书部门要根据不同领导机关和领导者的不同要求提供信息

除一些需要共同重视的信息以外，本级领导机关所需要的信息，并不一定都是上级或下级领导所需要的信息；别的部门所需要的信息，不一定为本部门

领导者所需要。一条有价值的信息对于不同层次、不同部门的领导者而言，其参考价值并不相同。秘书人员必须注意研究不同层次的领导者和服务对象的不同要求，在信息的投向上有针对性，区别对待，注意适用和对路。

另外，秘书信息工作中要特别注意，只要是新发生的带有重要动向性、导向性、政策性、突发性的问题，就应该及时采报。

（五）选优

客观上说，凡是信息都是有用的。但并不是越多越好，因为信息太多，就容易形成干扰。因此，必须针对工作需要，利用信息分类标准，对所接触的信息，迅速准确地加以判断，分出哪些是有效信息，哪些是无效信息，哪些是干扰信息，从而对信息选优，以供领导或组织使用。

第三节　秘书信息工作的程序

一、信息收集

信息的收集就是将所需要的信息有针对性地收集起来。它是信息工作的第一步，直接关系到后面的其他环节，是信息工作的基础。

（一）信息收集的渠道

1. 网上搜索

互联网的出现给秘书工作带来了巨大的方便，互联网以其浩如烟海的信息成为取之不尽、经济方便的信息源。企事业单位可以通过互联网，及时收集、查询、交流国内外的各种信息。但是在互联网上寻找信息，就要会熟练使用搜索引擎，掌握相应的搜索技巧。

网上的搜索引擎很多，但只要常用的几个就够了，如百度（Baidu）和谷歌（Google）。搜索引擎的原理就是利用有限的关键词去寻找最相关的结果，因此关键就是要选准关键词并组合好关键词，以准确地搜索出所需内容。搜索结果往往是按照与关键词的相关性大小进行排序的，排在前面往往是相关性大的内容，随着顺序的往后其相关性依次减小；但这只是一般规律，有些排在后面的反而是所需的内容。网上信息的质量和权威性参差不齐，因此不能见到一个结果就打开一个结果并收以为据，而应在点击打开任何一条搜索结果之前快速分析一下其标题、网址和简介内容，这样会帮助你节省大量时间。

2. 报纸杂志摘录

报纸杂志等文字信息是很容易找到的，而且数量丰富，形式多样。但熟练地收集和储存这类信息也不是容易的事。在收集这类信息时，应注意下几点：

（1）复印和扫描。在翻阅报纸杂志时，应做个有心人，发现所需信息或感兴趣的东西，就把它们扫描或复印下来，并将报刊名称和日期记在上面，然后装订起来以备利用参考。

（2）剪报。剪报是一种较常用的信息收集方式，它简便快捷，能每天一上班就呈送给领导。一种情况是领导因为比较忙而没有时间关注一些新信息，秘书应从当天的报纸或杂志上给领导剪一些新闻和时事报道等；另一种情况是专题剪报，即依据领导确定的一定主题进行报刊内容搜集，将与主题相关的内容剪下来，并用专门的卷宗夹起来。

（3）标记重点。收集起来的报刊信息，其内容还是有主有次，而且领导在看时不一定很仔细，特别是在任务繁忙的时候，就只能扫视标题，无暇看内容。因此秘书还应把所收资料中的重点信息予以表示，如用红笔画上重点线，以引起领导注意。

（4）说明和注释。对于长篇材料，秘书要在一旁写上提纲挈领式的说明注释文字；对于文中出现的专有名词、新词、缩写词、新思想等要进行必要的解释，以便于领导理解资料内容。

（5）标明信息的出处。信息是从哪个报纸和杂志上剪贴和复印下来的，哪个部门送来的，又抄送到了哪些部门或哪些人等等，都要清楚注明。这些标注可以作为评价信息可信度的依据。

3. 内部信息网络

信息网络是为方便信息收集和传递而专门建立的信息组织机构，它包括机关、企事业单位内部领导层、管理层、操作层间的上下信息沟通与传递系统，以及各部门、科室、车间、班组间的横向信息沟通与传递系统。这样纵横交错的渠道形成大大小小的信息网络，在这个网络中，各个联结点将收集到的信息向其他联结点和中心输送，信息中心又将有价值的信息传达到其他信息分中心和联结点。这些信息网络中具体的信息对象是：工作、生产、经营、教学、科研的计划、总结；统计数据、生产报表、销售记录等具体的原始资料；各种会议记录、工作日志、大事记；正式文件原稿与存本；调查报告、分析报告等；人事档案、科技资料与档案；群众来信来访等等。

4. 实地调查研究

有些信息是在已有信息中查不到的，企事业单位可以根据需要选派人员到社会、市场中去采集，以掌握第一手资料，掌握真实信息。

5. 请朋友帮忙

一些敏感信息通过一般渠道是无法得到的，因为他们可能只存在于某些人的记忆中。你要了解这些信息，只有请朋友帮忙，所以作为秘书，不能有高人一等的偏颇认识，在平时就应注意营造良好的人际网络，这样在你需要某些信息时，它就会送上门来。在这个商业化的时代，有付出才能有回报，如平时请朋友同事吃个饭、喝杯咖啡，既联络了感情，又为自己的工作拓宽了信息通道。

（二）信息收集的技巧

1. 熟悉自己的领导

秘书的工作性质要求秘书必须熟悉自己的领导，这是做好秘书的前提。要做好信息工作，则要熟悉领导的工作内容，认清其工作重点。只有这样，信息工作才能有的放矢。秘书不仅要清楚自己的领导主管哪些工作、分管哪些工作，了解领导与其他领导的关系，摸清他的工作习惯和性格特征，还要了解领导目前最关注的问题和工作中的新动向、新打算等。只有这样，秘书才能将自己收集信息的重点与领导的工作需要相协调，及时为领导提供需要的信息。但领导往往不能总把工作重点明确告诉秘书，所以秘书就要善于观察，善于琢磨，这样就能大致了解领导工作中的重点。这是秘书必须训练的一项职业技能。

2. 广闻博见

秘书要想在需要时就能拿出准确适用的信息，就需要平时多看、多听、多问、多想，勤奋工作，要有强烈的信息意识。掌握丰富的各方面的知识不仅可以扩大自己的信息源，提高自己对信息的判断力，还能增强自己的办事能力。

3. 熟人好办事

秘书的信息工作是一项复杂又繁琐的工作，不是光靠某个秘书个人就可以完成的。在收集信息时，如果不与同事、朋友和其他部门进行协作，是很难完成信息收集任务的。因此，为赢得一个积极和谐的协作环境，秘书要有诚恳、谦虚、热情的态度，善待身边的人，说不定某时，他就能向你提供有用的信息。对于拥有信息的人，要向他们虚心请教，赢得他们的信赖，他们才能向你知无不言，提供有价值的信息。同时，信息提供也要“礼尚往来”。信息提供和信息接受者双方如果不能互通有无，那么这份信息交流关系则难以长久维持。因此，只要不违背相关法律法规、不危害双方利益，秘书也要将自己拥有的信息传送给为其提供信息的部门和个人。总之，秘书要与各部门工作人员及同事保持一种和谐亲切的关系，只有这样，自己的工作才能顺利进行。

二、信息整理

现代科技的发展使秘书收集信息无需只凭耳听手记，收集到的信息数量几乎没有限制，但信息并非“韩信将兵，多多益善”，过多的信息只会白白浪费人力、精力、物力。即使原来整理好的信息也会随时间和情况的变化而变得多余。因此，必须不时地对信息进行整理。整理的方法主要有：

（一）信息的分类

对大量的信息进行分类是信息整理的第一步，理清头绪以备对信息作进一步处理。分类应有科学的标准，在本章第一节，已讲到了信息的类别，但具体到秘书部门的工作中，对信息的分类往往按照两个标准，即信息的内容和信息的时效性。

按照信息的内容进行分类是最常用的分类法，如企业信息可初步分为：行政管理、经营管理、科学研究、生产技术管理、企业产品、基本建设、设备仪器等大类。再细分，如行政管理又可分为：行政事务、审计工作、法纪检察、人事管理、教育培训、治安保卫、医疗卫生、后勤福利、外事工作等小类。每一小类还可依次细分。

按照内容进行分类便于将不同类别的信息输送给不同的对象。如将有关文教的信息输送给分管文教的领导，将有关后勤的信息输送给分管后勤的领导。秘书只有在对信息进行合理分类的基础上，才能有针对性地将不同内容的信息输送给不同的领导、部门和单位。按照内容进行分类还有利于对信息作进一步加工处理。例如，把有关科学研究方面的信息集中在一起进行比较分析、综合研究，就可能发现科学研究方面某些带有倾向性的问题。

按照信息的时效性进行分类，就是要把信息分为需要立即处理的信息和暂时不需要紧急处理的信息。这种分类虽不复杂却非常必要，因为有些时效性很强的信息如不及时处理并输送给有关领导和部门，就可能失去价值。有些时效性不太强的信息，必须经过处理才能挖掘出价值。

（二）信息的筛选

由于秘书部门收集到的信息数量巨大、内容庞杂、信息质量和价值参差不齐，有用信息会被大量无用信息淹没、冲淡而得不到彰显，必须通过筛选将原始信息中无价值或价值不大的剔除掉，只保留原始信息中价值较高的部分，以使这些信息的价值得到充分利用。信息筛选的一般步骤包括：

1. 鉴别真伪

信息与已掌握的情况是否有明显的冲突，如果有，就要通过实际调查来判断所得信息的真伪；一条信息是否有自相矛盾的地方，如果有，必然存在不真实的部分，也要通过调查核实；还要考察信息来源是否可靠，一般来说，信息来源正当的信息可靠性大，而道听途说、口头汇报或来源于不正规书面材料的信息，如街头小报，其可靠性则大打折扣，对此一定要慎重对待；信息在传输过程中也会有所增减，因此，信息源直接输送的信息一般比较可靠，而对经过多次中转的信息，就要认真辨析。总之，对信息进行真伪鉴别时，秘书一定要不轻信、不听一面之词，要有怀疑精神，并花功夫进行多方核实，以获得真实可靠的信息。

2. 鉴定价值

鉴定价值分为两个步骤，即鉴定有无价值和评估价值大小。

首先淘汰、剔除无价值信息。无价值信息可分为以下几种情况：①已失去时效性的陈旧信息。②此前已掌握的信息。③同时收集到的内容重复的信息。④与本地区、本单位无关的信息。

需要注意的是前面所说的虚假信息并不一定就没有价值，它虽不能直接传达对象的真实情况，但却可以传达出一些“信息外的信息”。例如，某县政府办公室在整理材料时，发现一条某镇“今年镇办企业创利 1 215 万元，比去年增长一倍多”的信息。经调查，这是一条虚假信息，实际情况是，该镇许多镇办企业的产品大量积压在仓库中找不到销路，企业已难以继续运转。因此这条虚假信息反映出该镇工作的浮夸作风。

信息价值的评估没有固定的标准，同一信息对于不同单位在不同时间、不同情况下的价值差异是很大的。就党政机关而言，下列信息属于价值较高的信息：①对于制定政策和调整政策有较大指导作用的信息。②对本地区的现实工作有指导意义的信息。③可能给社会生活造成重大影响或是给人民生命财产安全带来重大损失的、已发生的或可能发生的灾难事故的信息。④带有倾向性、苗头性的信息。

总之，对信息的筛选，一是要认真鉴别，仔细核查，选择那些真实准确的信息；二是要把握中心，突出重点，选择那些与中心工作密切相关的信息；三是要着眼全局，区别层次，选择那些不同层次、不同内容、不同侧面的与全局性工作紧密联系的信息；四是要立足本单位，结合实际，选择那些既具有自身特点又能够反应事物的普遍规律的典型信息。

三、信息的加工

（一）校核补充

核实就是对需要深加工的信息进行复核，以确保信息的真实性和准确性。核实的范围包括：信息中需用的事实、观点、数据、图表、符号等有无疏漏，以及时间、地点、人物等是否属实；有关政策、法规、重要计划、主要数据、典型事例的信息中的出处、地名、人名、时间、数据等是否真实无误。

信息核实的方法有：

1. 溯源法

即溯本求源，通过对第一手资料的查看和对掌握资料的人的了解，判定信息的真实准确与否；核对有关原始资料来修正信息中的错误。

2. 对比法

很多信息是难以溯源的，要判定它真实与否可采用与相关信息进行对照的方法，核查有关说法是否一致。

3. 逻辑法

即对信息进行逻辑分析，通过发现问题和疑点来判断真伪。

4. 调查法

即对材料中所表达的事物信息，通过现场调查来验证它的真实准确性。

对于那些不够完整的信息，必须进行补充和丰富。补充的材料可以是原来就已掌握的，也可以是重新收集的，要使所需信息既能突出重点，又具有系统性、完整性和深刻性。

（二）浓缩提炼

经过初步筛选的信息材料，有的篇幅冗长，有的含量多而分散。对这些质量不高的信息材料必须进行浓缩和提炼。浓缩，即在保证信息含量不变的情况下，挤出水分，留其精华，重新加以编写，使之成为简明扼要的信息。提炼是通过对许多零碎、肤浅、杂乱的信息的分析，运用逻辑推理得出高质量的信息的过程。浓缩与提炼，压缩了信息材料数量，提高了信息质量，同时也有利于提高领导的工作效率。

（三）综合分析

信息的综合分析就是通过对大量信息的分析、归纳、比较、综合，揭示事物的本质特征和内在联系，得出某些规律性的结论的再创造过程。这些结论对领导机关制定和调整政策、作出决策和指导工作具有重要参考价值。因此，综合分析可以增加信息的广度和深度，是决定信息质量的关键一环，也是秘书部门发挥辅助决策作用的关键一环，更是难度较大的一环。

信息综合分析的方法不拘一格，常用的方法有：

1. 兼容概括

就是根据信息兼容性的特点，围绕同一问题，对来自不同角度、不同领域、内容不同、性质相反的信息进行研究，以概括提取出相同的特点、相同的经验和某些共同的规律。

2. 特性提炼

即从反映同一问题并具有相同或相似状况的信息中，提取出不同的特点、不同的经验和规律。

3. 推导升华

即在统一时间条件下，根据已知信息判断未知信息，根据过去、现在的信息推导出未来的信息。

（四）信息编写

由于信息大都要通过文字进行传递，因而要对经过了分类、筛选、校核、综合分析之后的信息进行文字编写。这是信息的最后确定，是信息加工的最后步骤，又是信息传递的前提，它对提高信息质量和实用价值起着关键性的作用。对信息进行编写的体裁叫信息文稿，它包括以下几个方面：

1. 对单条信息的编写

即把单条信息编写成一篇信息稿，信息稿由标题和正文构成，标题要能够准确概括信息的主要内容，正文要篇幅短小，两三百字为宜，内容开门见山，言简意赅，简明扼要。

2. 信息综述的编写

即将内容上有联系却零星分散的信息加工编写成一篇综合性的信息材料。综述性信息材料能够较全面地反映事物的全貌和发展过程，它使信息使用者节省大量时间和精力。信息综述的编写是一项复杂的脑力劳动，对秘书本身的能力提出更高的要求。

3. 信息简报的编写

第一，信息简报概述。

信息简报是记载信息的文字材料，是传递某方面信息的简短的内部小报，是信息编写的一个主要形式。信息简报可以将工作进展情况和工作中出现的新情况、新问题、新经验等及时地反映给各级决策机关和部门，为决策机关和部门制定政策和指导工作提供参考；可以使不同部门互相了解情况、互通经验以改进工作。信息简报具有新、深、准、快、短的特点，“新”就是要反映新情况、新问题和新动向；“深”就是要内容深刻，意义鲜明；“准”就是信息准确可靠、语言准确无误；“快”就是要强调信息的时效性，不仅发现问题快，编写编辑速度也要快；“短”就是文字简要，语言平实，不发挥，不抒情。简报字数一般在 1 000 字左右，不超过 2 000 字。

常见的信息简报有三种：一是会议简报，主要反映会议交流、进展情况；二是情况简报，反映人们关注的问题，供机关领导参考；三是工作简报，报告重大问题的处理情况以及工作动态、经验或问题等。

第二，信息简报的写法。

信息简报一般包括报头、报核和报尾三部分。

（1）报头。

信息简报的报头在首页的上方，大约占全页三分之一，用间隔线将报头与报核隔开。报头由以下四个必备要素组成：

简报名称一般用套红印刷的大号字体，居中。如有特殊内容而又不必另出一期简报时，就在名称或期数下面注明“增刊”或“XX 专刊”字样。秘密等级写在左上角，也有的写“内部文件”或“内部资料，注意保存”等字样。

期号，用汉字写出“第 X 期”，写在简报名称正下方。

编印单位一般为制发简报单位的办公部门或中心工作领导小组，用全称或简称，在期号下、间隔线上方，居左书写。

印发日期写在与编印单位同一行、间隔线的上方，居右。

（2）报核。

报核，又称报体，即简报所刊的一篇或几篇文章。简报的写法是多种多样的，因此，它的形式也较灵活。大多数是消息，包括标题、导语、主体、结果和穿插在叙述中的背景材料。除了消息，还有别的文体，所以，不是每篇简报都有这几项内容。

简报的标题类似新闻的标题，要简短醒目，揭示主题。

导语通常用简明的一句话或一段话概括全文的主旨或主要内容，给读者一个总的印象。导语的写法多种多样，有提问式、结论式、描写式、叙述式等。导语一般要交代清楚谁（某人或某单位），什么时间，干什么（事件），结果怎样等内容。

主体用足够的、典型的、有说服力的材料，把导语的内容加以具体化。

结尾或指明事情发展趋势，或提出希望及今后打算。如果主体部分已经把事情说清楚，那就不必再加尾巴了。

背景即对人物、事件起作用的环境条件和历史情况。背景可以穿插在各个部分。

(3) 报尾。

在简报最后一页下部，用间隔线与报核隔开，报尾包括简报发送范围、发行日期和印发份数三个要素。简报的发送范围按收文单位级别不同，分别为“报××、××、××”，“送××、××、××”，“发××、××、××”，写在间隔线下居左位置。发行日期与发送范围用间隔线隔开，写在间隔线下右下方。印发份数与发行日期之间用间隔线隔开，写在间隔线右下方，放在括弧内。

四、信息的传递

信息只有借助一定的物质载体传递出去才能为人们所利用。秘书通过一定的方式、按照一定流向将信息送达使用信息的领导、上司和相关人员。

（一）信息传递的方式

1. 口头方式

如电话、口头传达，具有简单、直接、快速的特点。

2. 书面方式

这是一种传统的信息传递方式，如刊物、文件、信函等。

3. 电讯方式

这是当前应用最广泛的信息传递方式，如电话、电报、传真、通信卫星、互联网、计算机终端设备等。

4. 会议方式

如新闻发布会、学术研讨会、博览会等。

（二）信息传递的要求

1. 迅速

信息的时效性很大程度上决定着信息的价值，因此要尽量减少信息中转层次，多用直达、先进的传递手段，来提高信息的时效性。

2. 准确

信息的传递中必然需要很多主观因素的参与，但一定要保证信息经过传递不失真。严格传递制度、减少传递层次，开辟多种传递渠道是保证信息准确真实的重要措施。

3. 保密

有些信息具有共享性，不需要保密。信息往往具有保密性，特别是国家、企事业单位的机密信息。而现代化传递手段往往增加了保密的难度，因此，重要的机密信息应以机密的方式传递。

五、信息的反馈

对决策实施效果等信息，秘书要进行反馈，决策者据此决定是否调整、修改或补充原来的决策，以更好地指导工作。

反馈信息主要可以分为正反馈和负反馈。在一个反馈系统中，反馈回的信息与原信息起相同作用，证明了原信息的正确性，使原有信息更加稳固，这种反馈信息就叫正反馈。例如某项决策实施后，反馈回的信息表明这项决策基本正确，经总结经验，会使原决策更加完善。如果反馈回的信息是整个系统的运动受到了抑制，这种反馈就是负反馈。如果决策实施后，反馈回来的信息表明决策造成了不良后果，决策者就要反思问题，对原有决策的不当之处进行修改，做出追踪决策，使决策的贯彻更加稳妥可行。

还有一种反馈被称为前馈。前馈是指在决策作出后，秘书部门对决策实施中可能会出现的偏差进行的预测。它在决策实施出现问题之前。前馈要求秘书具有丰富的经验、敏锐的观察力和正确的判断力，将预测性、倾向性、有苗头性的信息反送给决策者。

信息反馈工作是一项复杂而细致的工作，要建立一套相应的工作制度，以保证反馈的顺利进行。反馈信息要保证质量，力求灵敏、迅速、准确、有用。反馈回的信息也要进行筛选、加工，重要的还要进行核对，以使决策机关和部门得到可靠有用的信息。

六、存储与检索

（一）信息存储

即对加工后的暂时不用的信息存储起来以留作备用。这对信息的检索和再利用是至关重要的。

信息存储有大致以下方式：

1. 原始形式

即运用信息的原始载体对信息进行存储，公文、图表、档案、账册、卡片、内部材料等多用这种方式进行存储。

2. 缩微形式

即通过缩微技术将原始形式的信息载体制成缩微胶片或缩微照片后，进行存储。以缩微方式进行信息存储优点是所占空间小、携带方便，但技术要求高，不宜推广。

3. 计算机、存储器存储

计算机及与之相关的各种存储器，不仅可以大容量、高效率地进行信息存储，而且易于保存、传输和检索。但要特别注意的是，用这种方式进行信息存储要保存多个备份，以免信息因意外而损害和丢失。

信息存储的主要方法：

（1）登记

存储起来的信息必须进行登记，以便于系统地反映存储情况和日后信息的检索利用，使信息有据可查。信息的登记可分为总括登记和个别登记。总括登记应反映整个信息库内存储信息的全貌，一般只登记存储的册数、种类和总额；个别登记是对每一份信息资料的详细登记，便于掌握各类信息的具体情况。

（2）编码

对存储的信息要进行科学的编码。信息资料的编码结构要显示出资料的组成方式和相互关系。一般由字符（字母或数字）组成基本数码，再由基本数码组合成基本数据。

（3）制订目录和索引

为存储信息指定目录和索引以便于信息的查询、检索和利用。

（4）存放

经过科学编码的信息资料还必须有序地排放，以便于查找。常用的排列法有三种：一是登记号排列法，按照登记号的先后顺序进行排序；二是来源排序法，即按照信息资料的来源结合时间先后进行排序；三是内容排序法，按照信息资料的内容进行排序。选择一种排序方法后就要注意保持相对稳定。

（二）信息检索

信息的检索是运用检索工具和检索方法，从大量的存储信息中，查找出所需要的资料的过程，它不仅可以使存储信息得到充分利用，还可以训练人们获得信息的本领。

信息检索主要有手工检索和计算机检索两种方法。手工检索主要是运用目录、文摘、索引等进行信息检索。计算机检索，即运用计算机系统，制定合适的检索词，按照一定规则进行信息检索，它要求检索者熟悉一定的计算机知识和检索规则。

思考题

1. 信息有哪些主要特征？
2. 简述秘书信息工作的作用。
3. 秘书信息工作有哪些原则？
4. 简述秘书信息工作的程序。

案例：

小张是一个刚刚走上工作岗位的大学毕业生，在一家大型食品企业任产品开发部门秘书。他所学的专业是信息管理，对信息有着天然的敏感。从上班第一天起，他就开始注意学习和收集与本企业产品相关的国内外最新、最快的信息。他从公文、网络、书籍刊物等多种媒体上抄录信息，与同行交流时一有机会就索取信息。在此基础上，他还对收集到的大量信息进行加工处理，将重要的信息做成简略的《信息简报》，每天一份，送到部门经理的办公桌上，为经理的工作提供了很大的方便。

他的这一工作特色逐渐为公司总经理所知，于是他被调任总经理秘书。小张此时已对本行业的市场情况有了相当的了解。他再接再厉，除了保持原来通过各种途径积极广泛收集信息的习惯外，还开始尝试选择若干题目进行深入研究，写成调查报告呈交总经理，赢得公司高层的一致赞赏。

分析：

秘书人员作为决策者的助手，在一个单位的信息和调研工作中扮演着重要角色。信息不仅是秘书人员辅助领导决策的依据，也是处理日常事务的基础，更是起草文件的基础。因此，公司高管秘书一定要学会收集、筛选、分类、加工、传递和合理利用商业信息。案例中的小张秘书，就做到了以上几点，所以才有机会升职加薪，赢得公司领导一致赞赏。

第七章 秘书与调查研究工作

调查研究是人类认识客观事物的一条基本途径，是各级领导机关了解情况、制定政策、指导工作的基本方法。秘书工作者要发挥领导的助手和参谋作用，就必须充分认识调查研究的重要性，学会调查研究。

第一节　调查研究概述

一、调查研究的含义

调查研究，就是运用辩证唯物主义和历史唯物主义原理，对现实生活中或历史上具有重大意义的典型事件或工作中亟待解决的问题进行周密的系统的了解，透过现象揭示本质规律，从而得出结论、提供经验、回答问题。

二、调查和研究的关系

调查和研究是我们认识客观世界的两个阶段。简单地说，“调查”是指通过各种方式方法，取得客观实际情况，了解客观事物的真相；“研究”是指将调查所得的情况、材料进行科学地归纳、分析、探讨，揭示事物的本质和规律。调查过程是感性认识的活动，它属于认识的低级阶段；研究过程是理性认识的活动，是认识的高级阶段。从调查到研究是感性认识到理性的过渡，它符合人类思维的特点。

因此，调查是研究的前提，没有调查就谈不上研究；研究是调查的发展和深化，只调查而不研究就不可能找到事物的本质规律。同时，调查和研究又是相互交融的，调查中伴随着研究，研究时又需要进一步调查。如果调查中没有研究，就不能得到真实的情况；如果研究中没有再调查，就不能辨明材料的真伪，不能解决材料的不足。正因为调查和研究有这样密不可分的关系，我们才一般将两者合在一起，称作“调查研究”。

调查不是秘书的专门工作，许多行业和职业的人都会需要通过调查来做好工作，本章重点探讨的是秘书调查研究的特点和方式方法。

三、秘书调查研究的特点

调查研究是秘书的职能之一，也是秘书最常用的工作方法，但是秘书的调查研究和其他部门的调查研究是有区别的。

（一）奉命性

秘书进行调查研究工作往往是根据领导的需要，奉领导之命行事。领导考虑的问题、需要的材料，要靠秘书在调查研究的基础上，力争在领导进行决策前提供准确、有深度的调查研究资料。正因为秘书要根据领导的要求来做，秘书工作要服从领导、服务于领导的决策，所以说秘书的调查研究具有奉命性的特点。

（二）常规性和非常规性的结合

秘书的调研工作在很多时候是常规性的，秘书可以主动地搜集各种资料，为领导即将作出或已作出的决策服务。但是秘书在工作中往往会遇到常规之外的事情，这些事情是突发的、临时的，需要在较短的时间内拿出方案。因此，需要快速组织人员进行深入的调查，提出相应的解决问题的办法，并迅速把调研结果报告给领导，使领导能及时采取相应的措施，故秘书的调查研究工作有时是突发的、非常规性的。

（三）内容和方法的广泛性

秘书调研的内容多种多样，可以是政治方面的，也可以是经济方面的，还可以是文化、教育、科技、生活等方面的。因为调研的内容多种多样，所以调研的方式和方法也相应地具有广泛性，我们将在本章第三节进行详细的论述。

第二节　调查研究的范围和步骤

一、秘书调查研究的范围

（一）辅助决策的调查研究

秘书的工作要围绕领导的决策来展开，调查研究工作也不例外。

一是领导机关要制定正确的符合实际情况、反映客观实际的政策，就必须有一定的科学依据。秘书辅助领导工作，不仅仅是向其提建议、意见，更重要的是进行深入细致的调查研究，向领导反映新情况、新问题，为领导决策提供材料。这是主动的调查研究。

二是领导者打算对某一问题作出决策，但情况还不太清楚，问题尚不太明了，这就需要秘书的协助。秘书为领导了解情况、提供材料从而进行调查研究。

（二）协调工作的调查研究

这里的协调工作并不是指机关或系统部门间的业务分工动作上要协调一致，而是指协调决策与执行两大环节中出现的问题，以保证政策能够顺利地贯彻执行，起决策与执行的桥梁作用。

政策和决策公布后，有一个执行的过程，但由于事物的复杂性和多样性，必然会出现许多未曾预料到的情况和问题。这就需要秘书到基层作深入的调查，通过信息反馈的渠道，了解掌握执行的情况，将新出现的情况和问题反映给领导决策机关，帮助领导掌握政策的执行动态，以便领导进一步提出正确的措施与步骤，达到协调工作的目的。

（三）撰制公文的调查研究

起草报告、撰制公文的调研，在秘书工作中占的比重很大，它渗透到秘书日常工作的各个环节中。机关领导是指挥员，他们的工作进程在很大程度上是与公文的畅达联系在一起的；秘书工作者是传令兵，他们必须帮助领导收集和掌握全面的或某一专项的工作情况，协助领导制订工作计划、撰制文件、发号施令，将调查得来的情况和资料给领导作为参考。

（四）处理信访的调查研究

处理信访是秘书工作的重要内容，做好信访工作首先需要调研。信访人员经常要了解案情，直接听取当事人申诉或查阅有关档案资料，逐一查清来信来访中的情况，以了解多方面的情况，取得可靠的证据，研究和解决来信来访中提出的各种问题。

（五）专业性的调查研究

这种调研包括对社会生活、自然资源等方面情况的了解分析，以及对某些专门事件的调查等。秘书应尽快查清所要调查事件的真相、事件发生的前因后果等，并积极配合有关领导机关的工作。

（六）总结性的调查研究

不论是政府还是企业，都能从以往的工作中得出一些经验和教训。为了尽快推广经验或发现问题、找出原因，秘书必须经常进行相关的调研。

二、调查研究的步骤

（一）准备阶段

俗话说“不打无准备、无把握之仗”“凡事预则立，不预则废”，调查工作和打仗一样，也有一个准备的过程，准备越充分，调查研究就越省力见效。

1．认真学习与本次调查有关的方针、政策

了解当前形势下的新问题和新情况，是秘书工作者搞好调查研究的方向和指针。只有反复领会了党的有关方针政策，先武装了自己，才能站得高、看得远，调查研究才能有正确的思想指导；处理问题就不会用老框框和旧眼光，碰到新问题，才能作出正确的判断。

2．搜集查阅有关调查对象的书面资料

秘书工作者在调查之前，首先要对调查对象尽可能多地了解。事先要在尽可能的条件下，搜集查阅调查对象的有关书面材料（如新闻报道、档案资料等），掌握其概貌，了解其背景，找出问题线索，这样才能在调查时做到有的放矢。

3．熟悉调查中涉及的专业知识

在进行一些专业性较强的调查研究时，秘书一定要先熟悉了解调查中涉及的专业知识，否则由于与调查对象“语言不通”，就会说外行话。如果要调查一项科学的发明，就需了解这些成果的性能、简单的工作原理和操作过程以及所达到的技术水准；如果要了解化工生产的情况，就需对化学工业的一般性知识有所了解。只有熟悉了有关知识，才能最快地达成与被调查者的良好沟通，减少调查上的困难。

4．制订调查的计划

调查计划包含本次调查的目的、要求、对象 、时间、方法和步骤等，还要列出调查提纲或设计出调查表。

调查提纲或调查表，也就是调查者在调查时准备提问的内容，它是引导双方洽谈的路标。调查提纲应该有大纲和细目，要围绕调查的目的，从各个角度多设想一些问题，这样才能获得全面系统的材料，达到预想的调查效果。调查提纲一般包括：调查的题目、需要的材料以及材料的来源和获取等。

（二）集中调查阶段

这是调研中最重要的阶段。秘书首先要选取本课题最适用的样本（即调查对象）和调查方法，按照预先设定好的方案收集所需的资料和信息。关于抽取样本和调查的方法，将在本章的下一节详细论述。

1. 采取适当的调查方式和方法

由于不同内容的调查研究的任务各不相同，因而在调查研究实施阶段采用的方式方法也不一样，但不论采用何种方法，这一阶段都是与需要调研的实际问题直接发生接触联系的阶段，是向被调查者了解情况的过程。秘书人员要灵活采用各种方法，紧紧依靠被调查单位或部门，努力争取他们的积极支持和帮助，尽可能在不影响或少影响他们正常工作的前提下，合理安排调查工作的任务和进程。同时，要密切联系被调查者的全部对象，努力争取他们的充分理解和合作。要尽可能与被调查者交朋友，决不做损害他们的利益或感情的事，决不介入他们内部的矛盾，并在可能的条件下给予他们某些必要的帮助。

2. 收集调查资料

收集材料的多少、质量的高低，直接影响调查的深度和广度，决定调查的效果。秘书人员要力求全面系统地收集资料。同时，要对调查资料进行严格的质量检查和初步整理，以便及时发现问题，就地补充调查。

（三）综合研究阶段

研究工作并不是只在集中调查结束后才开始进行的。其实，调查的每一个步骤中都伴随着研究。所以，综合研究阶段，只不过是对调查得来的材料做一点善后工作，对材料作一个全面的、周密的、系统的分析，使我们对调查对象有一个完整而形象的认识，为揭示问题、提出观点服务。

1. 材料的鉴别和整理

围绕调查的目的和研究的中心进行挑选，剔除无用的和有明显错误的材料；在鉴别整理中随时发现遗漏的调查项目，作补充调查；如果发现已经调查完毕的资料不可靠或误差较大，要尽快地列出重新调查的计划，重新收集资料。

2. 资料的分组和归类

即将调查得来的资料加以科学地排队，但分组和归类不是随心所欲的，它们要有明确的标准，如果标准不一，就会分组无序、归类不当，最终造成研究无序；同时，分组和归类还要考虑逻辑的次序，不然材料间的关系就显示不出来。

3. 材料的综合和分析

这是认识的飞跃，是正确地得出问题的关键。要综合运用定性、定量分析的方法，开动思维机器进行总结和概括。

（四）总结阶段

秘书在调研工作结束后要写调研报告，对调研工作中遇到的问题进行总结，得出经验和教训，并对本次调研的价值进行评估，作为以后调研工作的借鉴。

第三节 调查研究的方式和方法

一、调查的方式

方式和方法，指的不是同一个概念。调查方式，指在调查中所采用的形式，是从客观上分出的调查形式，一般来说，调查方式中包含着调查方法。调查方法是指调查过程中具体经过的门路和具体进行的程序，它是对一个具体问题的调查来说的。

（一）普通调查

普通调查是有关部门组织的一次性的全面调查，是对调查对象的全部单位进行没有遗漏地逐个调查。普遍性是它与其他调查方式的主要区别。有大规模的普查，也有局部范围的普查。前者如全国人口普查，后者如某市物价的普查、某县农民文化程度的普查。

由于普查的规模大、范围广、时间长，所以组织一次普查并不是很容易，要消耗相当大的人力、物力和财力，特别是如果用手工方式进行，调查的任务就更艰巨。

（二）典型调查

典型调查是从调查对象中有意识地选择个别或若干具有代表性的单位进行深入的调查，从中找出具有普遍意义的规律。典型调查是相对于普查来说的，目的在于借一斑以见全貌，通过解剖典型掌握共同的规律。由于典型调查比其他调查方式所占有的材料更为详细、更为深刻，调查的规模相对要小，范围也不大，而且用时较少，所以它常常被领导机关用来作为进行决策前的调查方式，并且曾经在我们各级领导机关的调查史上发挥过重要的作用，至今仍然有着强大的生命力，还是各级领导机关进行调查的重要方式。

（三）统计调查

统计调查是运用统计的原理和方法，有组织地搜集各种统计资料，这是目前国外发展最快、运用最广的一种调查方式。秘书工作者在起草公文、编写总结报告、简报时经常要使用数字统计。因为数据往往更能说明问题，它可以帮助我们了解情况，可以提醒我们发现问题，也可以帮助我们找到规律，甚至可以帮助我们大大提高工作效率，数字是枯燥的，但又是闪闪发光的。

统计调查根据秘书机构的特点，主要分为两种：一是管理好定期的统计报表，利用报表所提供的数字进行研究，从中发现问题，探究事物的发展规律和发展趋向；二是为了某项工作的需要临时组织的专门的调查，它可以获取关于本专题的统计数字和统计资料，为决策部门提供第一手的资料。

进行统计调查时，一定要坚持实事求是的原则，保证统计数字的准确无误，不夸大或减少数据，更要防止篡改和伪造数字。同时，在调查中，要注意统计的范围和内容，不要太粗也不要太细，要注意调查的科学性。

（四）抽样调查

抽样调查是目前世界普遍流行的一种调查方式，无论是进行民意测验，还是从事市场预测，一般都采用这种形式。它经济、易用，应用领域越来越广。

抽样调查，是从所有要研究的总体中，根据每一单位都有同等机会被抽取的原则，抽取一定数量的部分单位（即样本）进行调查，并以其结果推断出研究总体的一般情况。通俗一点说，抽样调查就好像要了解一锅汤的咸淡，不必把整锅汤全喝掉，而只需在锅中任取一勺品尝一下即可。抽样调查的关键是怎样抽样，抽取的样本能不能说明整体，跟抽什么样本有很大关系，这就如同不把汤搅拌均匀就进行取样，勺子里的汤就很可能不能说明问题。抽样调查的基本原理是概率论和大数定理。

1. 随机抽样

随机抽样是按随机的原则，从总体单位中抽取部分单位进行调查。随机的原则，就是不让人的意志对样本的选择起作用，保证每一单位都有同等机会被抽取。具体方法有：

（1）简单随机抽样法（抽签抽样法）。即把全部的研究对象放在一起，用抽签的方法任意抽取若干单位为样本进行调查，这种方法能够保证每一单位都有同等机会被抽中。

（2）系统随机抽样法（等距离抽样法、间隔抽样法）。即在排列好了的总体中，按一定的间隔抽出若干单位为样本进行调查。

（3）分层随机抽样法（类型随机抽样法）。即先将总体的调查对象分出层次来，然后按各层次在总体中的比例来抽取样本进行调查。

（4）多抽样法。即把调查总体分成若干类，以各类为单位抽样，而不直接从总体调查对象中抽取样本。

2. 非随机抽样

也称立意抽样，是指调查者根据自己的判断或对偶然遇到的调查对象进行抽样，然后对样本进行调查。具体方法有：

（1）判断抽样法，即根据调查者的意志抽样，有一定的科学性和参考价值，但偶然性较大，故一般只能参照运用。

（2）巧合抽样法，即选取偶然遇见的某些研究对象进行调查。

（3）配额抽样法，即根据某些标准分层分组，然后用判断或巧合抽样法抽样。

非随机抽样调查的优点是方便、易行，并且省钱、省力、省时，但它有时缺乏代表性、误差大，因此又具有较大的局限性。

总之，抽样调查是一种典型调查与普查相结合的调查方式，它的优点是比典型调查的结果可靠，比普查的方式简易，比较好地克服了普查的困难和典型调查的不足。因此在普查对象太多而难于进行普查的时候，往往采取抽样调查的方式代替普遍调查。

二、调查的方法

（一）座谈法

座谈法即开座谈会，是调查最基本的方法，普查、典型调查都可以用此法，它的好处是与会者可互相启发、互相补充，调查者可以在较短的时间内获得较多的材料，节约时间，提高效率。毛泽东称它是“最简单易行又最忠实可靠”的方法。

进行座谈，调查者要做充分的准备：首先是确定出席的人数和人选。每次参加座谈的人不宜过多也不能过少，以三五人至七八人为宜，要请那些最熟悉情况、最了解底细的人座谈。其次，一般要事先通知座谈人员，向他们明确调查的目的、内容，让他们有所准备。再次，调查者要根据调查目的和要求列出座谈提纲，做到心中有数，以便于掌握座谈的进程，调节座谈的环节。最后，对调查对象的情况，要进行初步了解，事先要尽可能地收集有关材料。

在座谈的过程中，要使讨论生动活泼，就需要调查者与参加座谈的人打成一片，以诚恳的态度求教，使大家不拘束；另外座谈会应该是启发式和漫谈式的，问题要由近而远、由浅入深，切忌把座谈会开成问答会，或一个人说一遍了事；不要随便打断与会者的发言，更不要为了追求细节而丢掉了重要的内容；座谈可以按照事先拟定的计划进行，又要酌情随机应变；对重要的材料证据要进行反复核实，以防讹传。总之，要开好一个座谈会，不仅要注意方式方法，更重要的还要有“眼睛向下”、“甘当小学生”的精神。

（二）访谈法（个别访问法、个别调查法）

访谈法指调查者通过访问，跟被调查者进行面对面的交谈，达到调查的目的。为了获得比较客观的材料，应尽可能多地找一些人进行访谈，重点是那些与调查的问题有关的领导人、当事人和深知内情的人。访谈的方法有两种：正式访谈和非正式访谈。

正式访谈，指事先准备好标准化的调查表格，调查者按既定的程序和纲目来访问、交谈。非正式访谈，指调查者与被调查者双方不像前者那样受表格的限制，问题和答案都不是事先规定的，回答比较自由。这两种方法各有利弊。前者比较规范，取得的资料便于计量，但调查过程过于死板；后者更有弹性，有助于问题的深入，了解情况的面也相对地宽一些。

进行访谈，调查者要注意：首先，谈话要看对象，对不同身份、不同经历、不同文化程度、不同个性特点的人，要采取不同的方法，或单刀直入，或先打外围战。其次，提问的角度尽量要小，要善于化整为零。第三，抓住访谈中心，善于引导。当发现对方不按调查要求谈话时要寻找契机，将对方的谈话引到正题上来。最后，要做好笔记，但要注意记录的方法，平易近人，不要摆出一副“录供”的姿态，居高临下，官气十足，会使对方反感。

（三）现场观察法

现场观察法，是指调查者亲自到现场进行实地观察，凭感官的印象来获得材料的方法。深入现场观察可以印证口头调查的情况，并丰富调查者的感性认识，即“百闻不如一见”。

进行现场观察，要对观察对象的全貌，事件发展的全过程，调查对象的各构成部分，以及这一对象与其他对象之间的关系都要观察清楚，观察仔细，观察深入。现场观察应该依次按照临场察看、现场检查和直接验证的顺序进行。临场察看，不仅可以给我们提供调查对象各个方面的情况，而且能使调查者得到一个形象化的整体概念。现场检查，是经过深入现场，进行细致地检查，尽可能详尽地弄清调查对象各个方面的情况，直接查找信得过的原始证据。直接验证，是对察看和检查到的情况和证据进行必要的可能的检验和辩证。

在进行这三个顺序的现场观察中，一定要注意现场的真实性，防止弄虚作假，布置假现场，将调查引入歧途。这就要求调查者一方面要有较高的能力，另一方面要保持冷静的头脑，注意周围人群的表情和反映，设法弄清事情的真相，克服表面性和片面性，不以偏概全，以谬代真。

（四）书面调查法

1．搜集书面材料法

搜集书面材料，包括查阅现成的新资料和历史资料，省志、府志、县志、家谱都是研究对象。秘书工作者搜集的书面材料一般都是与本单位、本系统有关的资料，特别是那些反映新的动态、新的发展趋势的材料。在搜集材料时一定要辨别它的可靠程度，做好去粗取精、去伪存真的工作，以保证研究结论的科学性。

2．填表调查法

填表调查法，是秘书部门采用得比较多的一种调查方法。它是根据调查的要求，把有关的调查项目和指标，设计成一份具有一整套问题的表格（即调查表）的调查方法。在国外，调查表又分两类，一类是面谈时，由调查者负责填写的，称为节目表；另一类是邮寄给被调查者填写的，称为问卷。在我国，一般将它们统称为调查表或问卷。

问卷从答案的方式看有两种：封闭式（固定答卷）和开放式（自由答卷）。封闭式问卷，是指被调查者在回答问题时，只能在表上所列出的几种答案中选择一种，不能自己任意发挥。这种问卷的答案又分为两种类型：答案只列“是”与“否”两项；答案有多项可供选择。封闭式问卷的优点在于回答方便，格式整齐，便于整理和分类，还可以节省收集资料的时间，但缺点是答案被限制得太死，答案简单不能穷尽，被调查者的复杂情况可能难以表达清楚，可加“其他”一项进行弥补。封闭式问卷设计时要符合科学性，如有一份表格问：你的理想是什么？设计的答案是：“把祖国建设得繁荣富强、为人民造福、为了国家四化、为了个人有一个幸福的小家庭、其他”，前三个答案意思相同。

开放式问卷，是指被调查者根据调查表上所提的问题，进行自由发挥，答案不加限制，想怎么答就怎么答，不受拘束。运用开放式调查表，一般来说所得资料丰富，参考价值大。但是，这种方法答案没标准，整理的工作量大，不易进行数字统计和定量分析，而且在“没有压力”的情况下，被调查者往往不认真对待，甚至反感。

由于封闭式和开放式这两种调查表格各有所长，所以实际工作中，调查者常常把两者结合起来使用。在调查过程中，一般在探索阶段可采用开放式调查表，经过归纳和整理后，在正式大规模调查时则用封闭式调查表。

（五）通讯和网络调查法

随着科学技术的高速发展，高科技在人们的生活和工作中占有越来越重要的位置。通讯和网络调查即是指利用电话、互联网、邮件等通讯和技术手段进行调查的方法。

目前，秘书也可以借助电话与被调查者进行交流，了解情况。手机信息、微博、微信、互联网的使用更是改变了传统的调研方法，不但可以节省大量的人力物力，而且保密性好，可以避免在面对面的调查过程中因涉及隐私问题而带来的尴尬。网络与传统调查方法的结合，为巨大信息量的获得提供了极大的方便。但是这种方法也有其自身的缺陷，比如，日期无法控制且样本的选取容易产生偏颇等等。

另外，随着社会的发展，交互式电脑辅助电话访谈（CATI）得到越来越广泛的应用。这种调查方法是中心控制电话访谈的“电脑化”形式。有时是用手机短信形式，有时是运用电话形式，用电脑对收到的信息进行辨别统计。比如，中国移动通讯要进行一个客户满意程度的调查，可以用短信形式把问题群发到用户手机上，也可以直接用计算机控制的电话系统进行调查。

三、几种新型的调查方法

（一）头脑风暴法

简称 BS 法（Brain Storming），它的原意是指精神病患者精神错乱时的胡言乱语，引申为无拘无束、自由奔放地思考问题，是一种创造性的思维方法，国内有人把它译为“联翩思考”。在调查研究中，常用以收集、比较各种方案，对防止思想僵化、主观决策有一定作用。

国外在研究重大决策时，常召开 BS 会议。会议召开的原则是：气氛融洽轻松，与会者可不受任何限制，充分发表意见，不相互指责（有时第一轮意见可以背靠背地提出）。采用这种方法提出的方法数量，据说比同样人数单独提出的方案有时多70%。然后再把所有的方案交下一轮讨论，进行第二、第三轮的审议、集中，最后择优录用。使用这种方法时必须注意功能定义的表现形式，定义恰当与否，对比较、研究各种方案很有影响。另外，在提方案时不必谈已有的办法，只根据功能定义，考虑用什么方法和手段来完成这种功能，所以一个会上几个人可以提几十个，甚至一两百个方案。

头脑风暴法是产生新思路的催化剂，它的重要价值在于防止使传统的调查方法为一两个权威所左右，或有意无意迎合领导意图。

（二）哥顿法

哥顿法是与头脑风暴法近似的一种调查方法，由美国人哥顿于1964年提出，故以此命名。它是通过会议的形式让大家提出方案，但研究什么问题、目的是什么，只有主持者才知道。例如，要设计一种新房顶，讨论的题目却是让大家设想把一个东西围盖起来的办法。当会议进行到适当程度，已经产生了若干意见和方案的时候，主持人才把问题揭开。这也是启发创造性思维的一种方法。如果先说明了征求房顶样式的方案，人们必然会受到所见所闻的各种屋顶形状的影响，而不利于创造性思维的发挥。

这种方法在国内使用尚不多。秘书在协助领导调查社会民意，了解群众继续解决问题时，可以参照使用。

（三）特尔斐法（专家调查法）

特尔斐是希腊历史遗址，为阿波罗神殿所在地。美国兰德公司在20世纪50年代，为了协助道格拉斯公司研究如何通过有控制的反馈，使收集的专家意见更可靠，以特尔斐为号，由此得名。

特尔斐法采用的是函询调查的形式，调查者向有关专家分别提出问题、征求意见，然后将专家的回答进行综合、整理，再匿名反馈给各个专家，再次征求意见，如此多次反复循环，最后得出一个比较一致的结论或意见。

特尔斐法有三个特点：①匿名。专家互不接触，坚持或修改自己的意见均无需担心会损伤个人威望；②反复。通过反复反馈，构成专家之间匿名的相互影响，启发人们服从真理、服从新的判断；③收敛。专家必须按规定对每一轮的结果再次发表意见，经过数轮后，意见就会相对集中。

特尔斐法是在专家个人判断和群众判断的基础上发展起来的一种调查研究方法。我国已将该调查法用于预测地震预报工作的前景及商业预测方面。新时期领导机关需要与专家保持密切联系，依靠专家研究不同的专门问题，秘书人员学习掌握它，有助于为现代化建设服务。

思考题

1. 什么是调查研究？调查和研究的关系如何？
2. 什么是典型调查？以典型调查为例，说明进行调查的一般程序。
3. 什么情况宜做典型调查？什么情况宜做统计调查？请分别举例说明。
4. 为什么说抽样调查中抽取什么样的样本是关键？
5. 座谈会调查法和访谈调查法对调查者有哪些共同要求？

案例：

上海涉外企业秘书人才需求调查

改革开放以来，越来越多的国外资本进入中国，建立了众多的外商独资或中外合资企业。这些企业对于秘书人才有些什么要求？想要在涉外企业从事秘书工作的人应该加强哪些修养？带着这些疑问，2002 年 6 月，我们一行 6 人对上海市一些涉外企业进行了调查。

本次调查的主要目的是想了解上海涉外企业现有秘书的工作情况，涉外企业对秘书人才的需求量。本次调查采取了抽样调查的方法，共发放了 108 份问卷，回收全部有效。

在接受调查的企业中，有 76 家为中外合资企业，占 70.4%；另有 32 家为外商独资企业，占 29.6%。在被调查者中，38.8% 为秘书本人，其他依次为办公室负责人（25%）、一般工作人员（13.9%）和其他部门负责人（9.3%），单位主要负责人和人事部负责人分别占 6.5%。

调查内容共分四个部分，其中前两个部分侧重涉外企业秘书的现状，第三部分是对涉外秘书人才市场的分析，第四部分则是对涉外秘书教育的要求。通过这四部分内容的调查，我们对上海市涉外企业秘书人才市场的情况有了更充分的了解。

一、目前涉外企业秘书的基本状况

本次调查发现，目前涉外企业秘书人才呈现出年龄层次多、文化程度高、工作较繁忙的特点。

调查显示，在涉外企业中担任秘书工作的人员年龄多在 30 岁左右（54.6%）。他们年轻，有活力，有朝气；适应能力、接受能力都比较强。在其他年龄层次的秘书中，40 岁左右的秘书占到 18.6%。选填“各个年龄层都有”的占14.8%，填“50岁左右的”占6.5%，也有5.6%选择了“不太清楚”。伟路信息技术有限公司的龚先生谈到，在他们公司，20岁左右的秘书大多做文员工作，因为他们刚刚大学毕业，缺乏经验，实际工作能力较弱，通过文员这一较低秘书职位的工作可以积累秘书工作经验，为将来打基础；而年纪稍大些的，因为有了一定的秘书工作经验，担任经理秘书、经理助理等比较高级的秘书工作的人则较多。

在被调查的外企中，从事秘书工作的人员有94.2%的人接受过高等教育，这说明外企对于担任秘书工作人员的学历要求是比较高的。调查还显示，涉外企业现有秘书的专业背景绝大多数是非秘书专业的（80.6%），而秘书专业的仅占13.9%，两者皆有的占5.5%。这说明现在从事秘书工作的人员大多是由其他专业转换到秘书岗位来的，并未接受过秘书专业的系统学习。

对“贵单位秘书主要从事的工作”问题，有94份问卷选择了超过四项以上的工作，这一数据表明外企秘书工作比较忙。在他们必须处理的工作中，占比例最高的三项工作分别是办文（78.4%）、接待（66.7%）和信息（44.4%），这或许是由企业秘书的配置情况决定的。有101家（93.5%）企业只在单位办公室配置了秘书，仅5家企业是处级及以上部门都有秘书，另外2家企业没有给予答案。多数秘书要为整个办公室处理工作，而涉外企业工作节奏又很紧张，如果秘书稍有闪失的话，就可能造成整个公司的混乱。因此，外企秘书必须适应外企紧张、快节奏、高效率的工作环境。

二、涉外企业秘书能力分析

调查发现，现职外企秘书的写作能力和外语能力一般，都有待提高。

在被调查者中发现，有50.9%的人认为本单位秘书的写作能力一般，这是因为这些秘书绝大多数是非秘书专业毕业的，在写作方面没有经过专业训练；而有47.2%的人认为本单位秘书写作很熟练，这是由于长期工作经验积累与一部分由秘书专业毕业的缘故；另有1.9%的人认为秘书的写作能力较差，需要在日常学习和工作中加强练习。

本次调查结果表明，有高达96.5%的外企秘书掌握英语，其次为日语和法语等，但是懂两种以上外语的秘书却只有31.4%。换言之，懂英语的秘书较多，而懂两种以上外语的则较少。很多秘书认为，在外企工作必须懂外语。但是懂外语不等于具有良好的外语听说读写能力。一个数据引起我们的关注，有74.1%的企业认为本单位秘书的外语写作程度一般，虽然能用外语写文件，但是速度较慢，这说明目前的外企秘书真正能够做到熟练地听说读写的还不多。

三、涉外企业的秘书人才需求

本次调查发现，目前涉外企业最欢迎的秘书应该是这样的：20岁左右，女性，外貌端正，学历大专以上。

调查表明，企业对秘书的年龄期望值在20岁左右的40.7%，说明涉外企业的秘书需求有低龄化的趋势。工作单位乐于接受刚出校门的学生，认为20岁左右的年轻人充满拼劲，可塑性强。相反，对于40岁左右的秘书选择最少，仅占3.7%。这部分人面对紧张激烈的工作环境，需要更长的时间来适应，而涉外企业不可能给予他们如此长的时间去适应环境。在对秘书性别的要求上，80.6%的企业要求是女性。至于外貌，选择端正的最多。有79家企业认为，秘书是来工作的，不是来当花瓶的，不需要太漂亮。选择漂亮的仅有3家，而对于外貌要求无所谓的有26家。涉外企业在学历上98.1%都要求接受过高等教育。

调查显示，目前在这108家涉外企业中共有259人从事秘书工作，平均每家企业有2.4人。其中，有3人从事秘书工作的企业最多，共有37家；其次是2人，有32家；另有16家企业仅有1人从事秘书工作。从事秘书工作最多的一家企业有10人。各家企业中秘书人员人数各不相同，这取决于企业的规模。这些外企现在有的秘书人员一般都是通过人才市场招聘来的（56.5%）；有30.5%的企业通过内部换岗或招聘的途径获得秘书岗位；另有7.4%的公司是通过以上两种途径获得的；仅有5.6%的公司通过熟人介绍获得秘书岗位的。这给刚出大学校门的毕业生提供了机会，在人才市场上可以通过公平竞争进入涉外企业成为其秘书队伍中的一员。

另外，调查结果表明，仅有14.8%的涉外企业将于一年内招聘秘书，且招聘秘书的人数并不多。其中，打算招聘1人的企业占11.1%，招聘2人的企业占3.7%。这说明上海外企秘书人才短期市场已接近饱和，这和目前整个社会就业形势相符，都呈现出比较严峻的态势。

四、涉外企业对秘书教育的要求

调查发现，涉外企业对秘书人才的知识能力要求日趋复合型，仅仅拥有一门专业知识是远远不够的。

在调查中，问及外企秘书最应具备的能力时，被调查者选择的前三项依次是外语能力、理解能力和文字能力，分别占23.1%、18.5%和15.7%。

因此，在秘书教育中必须加强以上能力的培养。不过诸如理解能力在学校里是学不到的，需要在实践中不断领悟。

调查显示，除了一般秘书工作要求以外，根据企业的情况，他们认为一个合格的秘书还必须有其他方面的知识。其中，选择“经济知识”的居首位

(68.5%)，其次为“法律知识”(54.6%)。这就要求秘书人才在学习专业知识外，还要不断获取其他方面的知识。

五、结论与建议

通过这次调查，我们不但看到了涉外企业对秘书人才的要求，同时也对涉外企业秘书的未来人才市场有了一定的了解。

首先，针对当前外企秘书外语写作能力的欠缺，学校应该更加注重对学生外语能力的培养，多开一些外语听说、写作课程。这样，学生跨出校门后才能在工作中熟练应用外语。

其次，在知识结构方面，一个合格的外企秘书，不仅需要有良好的英语沟通、写作能力及秘书专业知识，同时也需要掌握一定的其他专业知识，例如经济知识和法律知识。

最后，在教学安排方面，学校不但要安排好学生的课程学习，更应该设法给学生提供社会实践机会。通过社会实践，可以让学生对所学知识有一个运用的机会；在实践中暴露出来的弱项，也可以在日后的学习中加以深造。同时，可以让学生更多地了解社会，将来能够更好更快地融入社会。

(注：涉外企业调查组全称为“上海大学高等技术学院2000级涉外秘书专业涉外企业调查组”，其成员有吴烨、武洁、诸瑞琪、沈淘、钱虹、丁琳；执笔为丁琳、钱虹)

第八章 秘书与辅助决策

决策是领导者的基本职能。从一定意义上说，领导过程就是制定并实施决策的过程。决策的成败优劣，将直接关系到一个组织事业的兴衰存亡。但决策特别是重大决策，往往不是领导者个人的行为，而是领导班子集体智慧的结晶与机关各部门辅助的结果。其中办公室秘书作为领导的参谋和助手，在辅助决策的过程中发挥着重要的作用。

第一节　秘书机构与辅助决策

一、正确认识领导决策的概念

怎样认识领导决策，这是秘书机构参与领导决策的思想前提，对领导决策的认识不同，必然导致在参与领导决策中发挥不同的作用。

实践表明，凡领导决策都要经过决策前、决策中和决策后等一系列环节，比如决策前的收集资料、选择目标、拟订方案；决策后的执行情况检查、信息反馈等，都是领导决策这一概念所包括的内容。所以将“领导决策”仅仅理解为领导者对行动方案的最后“拍板”，就把在此之前的讨论研究和在此之后的监督检查都排除在了领导决策之外。实际上，这种对行动方案的最后“拍板”，仅仅是领导决策的一个关键环节，并不是领导决策的全部。如果没有决策前的充分准备，领导决策必然会草率从事或主观武断，这样的决策十有八九是要失败的；如果没有决策后的检查和信息反馈，领导决策中可能出现的缺陷和局部失误就难以得到弥补和克服。基于这种认识，秘书机构和秘书人员在参与领导决策中，就不只是在最后“拍板”定案上发挥辅助作用，而是要在领导决策的全过程中更好地发挥作用。

二、秘书机构辅助决策的特点

办公室在领导决策中进行辅助的特点，较之其他辅助决策机构，既有相同之处，也有不同之处。

（一）辅助的全程性

决策是一个动态的过程，决策程序一般包括决策制定、决策实施、决策监督、决策反馈等几个重要环节，由这几个环节组成一个闭合式的循环。有些辅助决策机构只参与决策过程的一个或几个环节，而办公室则要自始至终地参与各个环节，向领导提供多侧面、多角度的信息、情况和资料，让领导能及时准确地了解到决策过程中各个环节中的问题并采取相应的对策。总之，领导决策前的信息收集、方案拟订、可行性论证，决策中的事务承办，决策后的督促检查、实施反馈等全过程，都离不开办公室的辅助，即办公室的辅助是决策辅助与实施辅助的统一体。

（二）辅助的从属性

有些辅助决策机构并不隶属于本单位领导，他们的咨询意见往往并不以来咨询的单位领导的期望值为目标；有些辅助决策机构虽是本单位的职能部门，但其提出的建议带有较大的独立性和专业性。而办公室的辅助决策具有明显的从属性特征。办公室是领导工作的参谋部门，领导要对什么问题进行决策，办公室就在什么问题上当参谋，以领导的意图为背景，给领导提供信息，出谋献策。同时，对领导已做出决断的问题，办公室应如实地提供决策中的反馈信息，绝不允许在任何场合对领导的决定进行恭维或加以指责。此外，办公室还要担负为领导决策服务的日常工作，如在领导的授意下，起草文件、撰写报告、负责决策活动的一些组织与协调工作等。

（三）辅助的实用性

有些辅助决策机构侧重于理论探讨或侧重中、长期目标，而办公室既要参与政务，又要管理事务；既要服务领导，又要服务机关和基层。办公室的辅助决策不仅体现在统筹全局、谋划大事上，也体现在领导决策的全面落实上。通过推行方针目标管理，发挥典型的引路和示范作用，以及巡回检查、重点调研等手段，做到有布置、有检查，真正把决策落到实处。

（四）辅助的协调性

有些辅助决策机构提出的建议往往从本部门的角度出发，反映了某一侧面的观点，甚至与其他辅助决策机构的建议相矛盾。办公室处在各种关系和矛盾的中心，这就客观上要求必须站在全局的高度。对于抓住主要矛盾进行协调，即抓住那些不适于由某个部门协调或协调不好的事，有的放矢地开展协调，保证领导决策的正确、完善和实施。

一是进行领导成员之间的协调，互相通气，及时沟通。

二是进行重大活动的组织协调。重大活动往往涉及面广，牵动许多部门或单位。为了做到步调一致，办公室应通过小型会议或签批文件等方式，提前与有关部门协调研究，对活动的具体方案进行审查，求得一致认识。

三是进行突出问题的协调。随着改革的不断深化和各方面新情况、新矛盾、新问题的不断出现，对这些问题的处理和协调，秘书机构责无旁贷，应当做到不回避、不推诿，以达到化解矛盾、理顺关系、增进团结的目的。

三、秘书机构辅助决策的过程和内容

秘书机构在参与领导决策中发挥作用，不能离开领导决策的基本程序。长期以来，我们各级领导机构，在正确理论指导下，已经形成了一套决策的基本程序：决策目标→决策准备→决策论证→确定决策→决策实施→决策检验。

所谓决策目标，就是领导决策所要解决的主要问题。选择决策目标，是领导决策的首要问题，决策目标选择错了，全盘皆错。有了决策目标，就要从各方面进行充分准备，以防仓促决策，造成决策失当。在认真准备的基础上，要对各种不同的决策方案，进行论证和比较，为领导决策提供更多的选择余地。确定决策是决策中的关键环节，是领导对各种方案的选择和"拍板"。决策实施、决策检验，是在决策确定后对决策贯彻执行和情况反馈。在上述领导决策的六个基本环节中，都有秘书机构和秘书人员参与，其辅助决策正是围绕这几个环节来发挥作用的。

根据领导决策的基本程序，我们可以把秘书机构和秘书人员参与领导决策的过程和内容，归纳如下几个阶段予以说明：

（一）决策的准备阶段

这是指确定目标、拟制方案直到领导做出决策前的整个过程。在这一阶段，秘书机构和秘书人员要广泛收集信息，提供可供选择的意见、方案。这里所说的信息，主要是指领导决策前对决策目标的确定和决策准备工作所需要的信息。

领导决策一般可分为两种情况：一种是在日常工作中经常重复出现的例行决策，通常有章可循，有法可依。这类决策称之为常规性决策。另一种是在难以预料的情况下，偶然发生或首次出现的非重复决策，没有任何章法可以遵循。这类决策称之为非常规性决策。对非常规性决策，就必须在预测的基础上，确定合适的决策目标。因此，秘书机构就应协助领导围绕决策目标，通过各种渠道（下属单位、有关部门或上级机关），采取各种方法（如查阅报刊文件、搞典型调查、开座谈会和报表统计等），尽可能丰富地占有相关信息。在此基础上，搞好对信息的整理、加工和分析、综合，然后提出各种可行意见、方案，供领导决策时参考。

（二）决策的确定阶段

这是指领导者对决策方案作出选择、作出决定的阶段。在帮助领导选定决策方案的工作中，秘书机构和秘书人员应做到以下几点。

一是各种不同的决策方案送交领导之前，秘书人员应对其进行必要的加工整理，对其中的疑难问题，应要求研究人员作进一步的解释。要分析各种方案的优点、缺点，并提出倾向性意见。

二是起草文件，制订落实决策的方案，即通过文字手段来履行辅助决策的职责。起草文件时一定要紧紧围绕领导的决策目标，深刻体会领导意图、上级精神和下面的情况，拿出具有针对性的实施方案。对于重大问题，还应拿出比选方案，要提供领导需要的各种资料，供领导选择。

三是帮助领导组织会议，把决策方案具体落实下去，即通过会议手段来履行辅助决策职责。

四是对决策实施“主项分解”。通过建立目标责任制，把工作任务分解到各个部门，把决策落实到具体承办单位。这是通过分解手段来履行辅助决策职责。

（三）决策的实施阶段

在这一阶段，秘书机构和秘书人员也有许多工作要做。

首先，是检查、督促决策的执行。领导作出决策并非大功告成，万事大吉，更重要的是要将其贯彻落实。秘书人员要协助领导做好决策的贯彻落实工作。当执行部门拖拖拉拉行动迟缓影响工作时，秘书人员就要按领导意图即时打电话、发通知，催促有关部门尽职尽责地完成工作。

其次，是收集有关情况，做好决策施行的信息反馈工作，协助领导施行追踪决策。决策一旦做出，秘书机构就应该及时收集决策执行的情况：取得了哪些进展，存在什么问题，都应该了然于胸，并综合处理这些信息，以备领导人实行追踪决策。或调整决策目标，或修改决策方案，使目标更切实可行、方案更客观完善，从而保证决策目标得以实现。

再次，在决策贯彻落实后，要做好总结工作，为领导进行新的决策提供经验。秘书机构应协助领导总结决策方案本身以及实施过程中的经验和教训、成绩和缺点，将这些分析研究结果，写入总结材料，记录在案，作为新的决策的重要借鉴。

第二节　辅助决策的方法与艺术

一、辅助决策的方法

（一）正确领会领导意图

根据领导的意图去进行各项工作，这是秘书应牢记的基本原则。这里所说的领导意图，是指领导者从他所担任的领导职务出发，对上级有关方针政策、指示、命令等的贯彻意见。在秘书的工作中，很重要的一项内容就是要把领导意图具体化，即通过秘书的领会、理解，在起草公文或处理有关事务的过程中，将领导的意图准确地体现出来。

一般说来，领导授予意图主要有两种情况：一种是直接授予，一种是间接授予。直接授予是指领导在会议讲话、文件批示、工作部署或与有关人员谈话等情况下，直接就某个问题或某项工作发表意见和想法等。间接授予是指领导在平时随便交谈的情况下，间接地说出了对某一问题或某项工作的意见和想法。对于直接授予，秘书一般都很重视，通过认真记录、消化、理解，便能贯彻领导意图；对于间接授予，秘书则比较容易忽视。因为，间接授予的意图，需要秘书费些脑筋才能“捕捉”到。但是领导对某个问题、某项工作的具体意见，有时往往是在间接授予中谈出来的，因此，善于领会领导意图，对于秘书来说，更为重要的就是能够准确而及时地抓住领导者虽没有直接授意，但却是在另一种情况下间接表示出来的意图。

要捕捉住领导间接授予的意图是不容易的，需要秘书人员在平时留心观察，仔细聆听，深刻领会，不放过任何机会和一切可以利用的场合。比如，注意领导在正式讲话中对某项工作、某个问题的提法是否作了强调，口气轻重与否；注意领导在非正式的言谈中就某个问题、某件事情所作的褒贬；注意研究领导在公文、材料上所作的批示和在审核、鉴定文件时所作的改动等等。

善于领会领导意图，目的是为了将领导的真正意图弄清楚，以便按其意图行事。这种能力是秘书工作者必须具备的，否则就很难胜任当领导的参谋，做助手这一工作。

（二）善于思考，培养预见能力

秘书工作本质上是被动的。这是因为秘书部门的大量工作是领导交办的应急性工作，只能按领导的指示和意图办事。同时，秘书部门工作的辅助地位，也决定了它有被动服务的一面。但是，这并不意味着秘书就不能发挥自己的主观能动性。如果在日常工作中能主动寻求出击方向，注意研究某一时期出现的带有普遍性、倾向性的问题，思考解决这些问题的办法，提供给领导决策，就能提高秘书工作的主动性、预见性，变被动为主动，更有效地为领导服务。

预见，就是预测。在工作实践中，根据以往的资料和目前的状况，根据工作过程中的经验和教训，根据客观事物的发展变化规律，通过定性或定量分析、计算等方法，来预想或推知某一工作、某一情况的未来发展变化，这就是预见或预测。一个尽职的秘书，对本单位、本部门工作的未来趋向和结局，应有合理的推测和预见，并在此基础上提出对策，最后将这些一并提交给领导，供领导决策时参考，同时在事情紧急的情况下，还应积极主动地做一些实际准备工作，免得耽误时机。

预测或预见是建立在大量的信息资料基础上的，对这些资料进行科学的分析处理后才能获得真知灼见。下面介绍几种常见的科学预测法：

1. 分析综合法

分析就是按照一定的规律，将事物一个部分一个部分地予以分解。在许多情况下，某一事物从整体角度往往看不出什么问题，可一旦将其加以分解，就可能有所发现。综合，即将不同的事物按照一定的规律结合起来，当作一个整体加以研究。很多情况下，某一事物的出现，不一定能说明什么问题，因而也引不起人们的注意，但如果将它与其他有关事物结合起来，形成一个整体，人们的感受就会大不一样。这些通过分析或者综合的方法得出来的预测或预见，秘书就可以及时地向领导汇报。

2. 因果推断法

世界上没有无结果的原因，也没有无原因的结果。客观事物的存在和发展总有它的原因，它也总是某种原因发生作用的结果。因果联系是客观事物间的必然联系。因果推断法就是应用这一原理，以某种已经出现的事物，去推断、预测将要出现的事物。这种方法对秘书来说是很实用的。秘书在处理公文或搞调查研究的过程中，会发现很多关于“因”的信息。如果能把那些由于“因”的出现而必然产生“果”的情况及时提供给有关领导，必将对领导决策起到良好的作用。

3. 联想法

世界上的事物虽千差万别，可其间又有普遍联系，没有一个事物是绝对孤立的。正是由于客观事物的这种普遍联系性，决定了人们头脑中可以产生种种联想。所谓联想法，就是在思考问题时，把一事物同它事物沟通起来、联系起来。锻炼联想能力，善于联想，这对秘书进行预测、培养预见能力是很有帮助的。

（三）立足平时，做好资料积累工作

秘书人员作为各级领导的参谋和助手，除了要具备广博的知识和一定的能力外，还必须掌握丰富的资料。资料就好比是自己的家当和财富，没有足够的材料，秘书就难以完成自己的工作。一般说来，科学的决策总是建立在大量的与目标有关的资料基础上。影响决策的因素很多，但秘书人员能否通过认真地调研，广泛地收集、及时地提供各种有关资料，进行对照比较、分别研究，是影响领导决策正确与否的一个重要因素。从某种意义上说，没有必要的资料，就没有可行性的比较，就没有可行的方案，因而也就没有正确的决策。

秘书要收集的资料是多个方面的。归纳起来，大致包括以下内容：①党和国家重要的方针政策和涉及本单位本部门业务工作的各项法规、政策；②本单位本部门的概况；③反映本单位本部门各项工作未来发展趋势的信息、资料；④涉及本单位本部门各项工作的各种信息、资料等。

二、辅助决策的艺术

秘书在辅助决策中要讲究艺术，最重要的也是最根本的就是要善解领导的意图，把握领导抓工作的思路，研究领导者和领导者的工作特点，适应不同的领导特色，从而在更高层次上为领导服务。

（一）领会意图，摸清思路

把握领导工作思路，关键是要心细，要靠平时工作中的多留意、多观察。具体做到：

1. 围绕中心工作观察

每年或每个时期都有一定的中心工作，上级在部署任务时通常都会对一些重要的中心内容反复强调；领导在研究工作、思考问题时，一般也离不开这些内容，这就为秘书观察和把握领导工作的思路提供了思维的空间。如果注意围绕这些领导关心的中心工作去观察分析，掌握不同时期的工作重点、上级要求和抓工作的部署，秘书就能很好地抓住领导的工作思路，搞好辅助决策。

2. 注意在日常工作中体察

领导的工作思路是领导反复思考后形成的思想，它不仅需要一定的思维过程，而且同领导的思维方式和思维习惯相连。就这需要秘书人员注意从领导的思维方式入手，去体察领导的工作思路。领导的思路经常表现在许多方面，如会议讲话、座谈发言、工作批示、文电批示等等。如果留心积累，注意分析，准确理解，就能从中体察出比较清晰、连贯的领导工作意图和工作思路。

3. 通过经常的思想交流觉察

秘书经常随领导下基层、参加会议、听取汇报、研究材料等，这是了解和把握领导工作思路的极好机会。因此，要注意通过经常与领导一起交谈、讨论、研究问题，来进行思想和工作交流，觉察领导的工作意图和思路。

4. 着重在贯彻落实的结合点上洞察

每个领导抓工作都有自己独到的特点，但工作的核心都是围绕着怎样把上级的批示精神同本单位的实际情况结合起来，抓好工作的落实。因此，观察领导的工作思路，就一定要在这方面下功夫。要着重领会领导是怎样把上级指示同本单位实际相结合的，在贯彻上级指示时突出了什么重点，提出了什么样的工作口号、目标和要求，在抓落实上划分了什么步骤等等，这样就能更直接、更准确地从深层次上把握领导工作的思路，提高辅助决策的水平。

（二）认识领导，做好有针对性的服务

人的性格因素在领导的决策中具有不可忽视的影响作用。领导人由于知识、阅历、能力、心理、个性等差异，在工作中便表现出不同的领导风格和工作方式，这些特点不存在“好、坏”之别，但却有“口味”的不同。因此秘书为了“参”到“点子”上，“谋”到“心坎”里，就要熟悉领导，了解领导的个性，提供有针对性的服务方式。

1. 稳健型

这类领导有较丰富的工作经验和较强的业务能力，考虑问题周到，情绪较稳定，办事有条不紊，有板有眼，工作踏实，讲求质量。对秘书汇报工作，如果情况不明时，常常表现为沉默、点头，倾听而不表态，圈阅而不签署具体意见。而无论沉默、点头，还是倾听而不表态，实际上都是领导意图的一种特殊的表达方式。具有暗示性、潜在性特点，需要秘书人员去“破译”。

2. 自信型

这类领导一般有很强的工作能力和充沛的精力，工作作风比较强硬，对自己所从事的工作充满自信。办事雷厉风行，讲究效率；不安现状，富有开拓精神。不足之处是不太听得进别人的意见，对办公室从员的要求往往只是准确地按照其意图办事，而不是参谋，而且会有意无意地防止秘书“参政”和干预决策。他们对秘书的要求是：交代了的事一定要办，不办要追究；没有交代的事情，不要擅自做主，否则也要追究。给这种类型的领导当秘书，必须严格按照他的批示办事，切不可自作聪明，另行一套。在领导没有征询秘书的意见之前，秘书不必主动陈述自己的见解。但是一事当前，秘书应该多思善思，有自己的见解。因为领导也可能突然就某事征询你的看法，这时你就应当直陈自己的见解，并要言之有据，多用事实说话，切不可含糊其辞，更不能弄虚作假。跟着这类领导，秘书可能会受些委屈，但也能学到很多东西，进步较快。

3. 体贴型

这类领导不仅注意秘书的办事能力，而且注意发挥秘书人员的参谋作用；不仅注意使用秘书，而且注意培养秘书。在决策过程中的每个环节，都希望秘书发挥好参谋助手作用。尤其当领导决策出现失误时，他们更希望秘书积极“补胎”、“堵漏”。给这类领导当秘书，心情一般比较愉快，也容易发表自己的意见，施展自己的才华。但要注意，如果领导的最后决策方案与秘书的意见相左，秘书必须坚决执行领导的决策。既然领导征询过你的意见，但最终又没有采纳，一定是你的意见不妥或不便采纳。如果秘书固执己见，就将领导推到了难堪的境地，会搞僵秘书和领导的关系。

4. 非专业型

大多数领导对自己所管理的行业十分熟悉，但也有些新上任的领导对专业不太熟悉，或因自身原因，对某些事、某项工作、某些问题显得生疏。给这类领导当秘书，一般能较充分地发挥参谋作用。但要特别谨慎，不能因为情况比领导熟悉就自恃高明，忘乎所以；要不擅权、不越位；不仅要奉命行事，还要当好参谋。辅助决策时一定要考虑时间、地点、场合、方式，不要给人以“挟天子以令诸侯”的印象；要多请示，多汇报，多出点子，多提建议；要以自己出色的工作使领导尽快熟悉业务，适应领导岗位的工作。

5. 多变型

这类领导处事比较圆滑，遇到不便亲自处理的事情时，往往支派秘书去处理，出了问题，也往往抛出秘书作为挡箭牌，自己躲避应负的责任。这里有两种情况：一种是无意识的，另一种是有意识的。给这类领导当秘书手要勤，最好随身带个本子，随时把领导的指示及时间、地点、证人记录下来。但也不必事事对证，无关紧要的事情宁可忍辱负重，但对重大的原则性问题，则要持据辩解。只要预防得当，就可避免不少麻烦。

6. 违纪型

有的领导作风不正，甚至违法乱纪，而且可能假借秘书做坏事。对此，秘书要保持清醒的头脑，该拒绝的拒绝，该回避的回避，该斗争的就要斗争，既不可莽撞从事，更不能同流合污。

当然领导的类型远不止这些。秘书只有了解领导，多做有心人，才能“因人施辅”，做好辅助决策工作。

第三节　辅助决策中的思维

办公室秘书要想在辅助决策中发挥出更大的作用，必须自觉地锻炼自己的思维能力，朝着“战略思维的头脑，多层思维的习惯，动态思维的本领，整体思维的能力”的方向努力，想领导之所未想，想领导之所未周，使辅助决策工作充满活力和创意。

一、设身处地的换位思维

办公室秘书除了要站在自身的位置考虑问题以外，还要站在领导、部门、基层干部和群众的位置思考问题，进而多角度分析，纠正偏差。

办公室秘书经常要帮助领导起草文件、报告、讲话稿等，在这些“以文辅政”和参谋咨询的工作中，如果仅仅是站在自身所处的职位上思考问题，而不站在所服务的领导层次上想问题，笔下所形成的材料肯定不会成功，所献的计谋肯定不会对路。因此办公室秘书要“站在配角位置想主角的事”，从党的路线、方针、政策思考问题，从本单位的大局出发思考问题，从中心工作想问题，想领导所想，急领导所急，全面体现领导意图。

领导的决策既来源于基层，又服务于基层，而且要通过广大职工去贯彻落实。基层和职工要求什么，反对什么，抵制什么，有什么经验、困难和动向，秘书人员都应当了解，并将这些纳入辅助决策的内容中，把向领导负责和向人民群众负责统一起来。

二、完善领导的补充思维

由于领导者在实施决策的过程中不可能顾及方方面面，而需要秘书机构想领导之所未想，对领导的决策进行补充完善。如当领导者的一个思想“火花”

产生时，可能不那么明朗，像一块“毛坯”，这时秘书就要善于捕捉，并加以“提炼”，使之成为能发挥实效的决策选题。有时领导者的思想“火花”刚萌发时还比较粗糙，没有条理，秘书应该调动各种手段，综合运用各方面知识，进行补充、理顺，配合领导形成完整、系统的决策思想。秘书人员还要善于分析领导思想的发展趋势，据此去拓展思路，挖掘更新、更深的东西，即所谓“抓点、连线、拓面”。当然，无论是哪种形式，首要的是体现领导思想，其次才是在补充性思考过程中做一些发挥、拓展和完善性的工作。

三、“以子之矛，攻子之盾”的逆向思维

逆向思维又称反向思维，是一种从反面提出问题、思考问题、解决问题的思维方法。在决策者的决策活动中，在按照顺向思维很难取得良好效果的情况下，倘若大胆突破旧的思维逻辑，从相反的方向寻找解决问题的途径，有时反而会收到意想不到的效果。最典型的例子就是《三国演义》中描写的“草船借箭”的故事。诸葛亮不从“造箭”上去苦思冥想，却从“不造”上去寻找捷径，结果找到了利用大雾天“借”箭的奇妙办法，提前完成了周瑜交办的“十天之内造成箭二十万支”的艰巨任务。这种逆向思维方式，还被古代许多名臣、大将所运用。韩信在破赵之战中，以三五万兵马，战胜了20万敌军，靠的就是违反常规的决策思维：背水列阵，置部队于无路可退的死地，以此来激发和鼓舞将士的士气；同时派2 000精兵从小道迂回到赵军后面两面夹攻，一举击溃赵军。

起草领导布置的重要文件时，为确保文件的质量，既要循着领导的思想、思路去思考问题，同时又要学会反其道而行之，从领导思想、思路的对立面去进行逆向思考，从“发文者”的角度换到“受文者”的角度，考虑领导提出的观点是否站得住脚，思想是否正确，政策是否可行。为此，办公室可以开“诸葛亮会”，修正、弥补原有方案中的漏洞和偏差。但这只能在决策、文件形成之前或过程中，而不是在决策、文件形成之后。当然，这种逆向思维只能允许在决策、文件的形成过程中，而不是决策、文件形成后。

四、未雨绸缪的超前思维

超前思维是人们对未来的一种认识活动。作为反映现实的一种高级形式，超前思维的一个最重要的特点就是，它不仅能够反映当前的实际，而且能反映隐藏在现实中的发展趋势和可能性，能自觉超越现实进行创造性思维，将客观世界中已有的各种因素分解、整理、重新组合，从而在观念中创造出一个在现实中没有而人类所需要的未来能出现的事物。

任何一项成功的事业，都必须建立在科学预见的基础之上，没有预见，就可能将人们的行动引向歧途。20 世纪 60 年代以来，科研成果的工业化周期越来越短，科学技术经济寿命缩短，产品更新速度加快。据有关资料统计，工业产品从孕育到普及，19 世纪平均需要 70 多年，二次世界大战期间缩短到 40 年，而60 年代中期进一步缩短到 20 多年，其中有些产品还不到 10 年。在当今世界上，企业之间的竞争，是新技术、新产品和技术储备的竞争，因而预见科学技术发展的前景及其对经济的影响，预见技术发明及其应用领域，技术发明与市场需求新产品的关系，消费结构的变化和消费者日益多元化、个性化的需求，已成为企业经营的重要一环。

秘书人员对此应有足够的重视。领导没有来得及想的，秘书要及时提醒；领导下一步要办的事，秘书要先有思考。有了超前性的思维，才能不打无准备之仗。在日常工作中秘书要经常捕捉、分析苗头性、倾向性问题，站在全局高度探索本单位工作和经营中规律性的东西，对各种信息加以分析、综合，为领导提供预案。

五、由此及彼的发散思维

发散思维，又称辐射思维或扩散思维，是指在思维过程中，充分发挥人的想象力，突破原有的知识圈，从一点向四面八方想开去，通过知识、观念的重新组合，找出更新更多的可能的答案、设想或解决办法。

在领导决策过程中，要想寻找到最佳决策方案，仅仅从某一角度，某一层次进行“平面扫描”是远远不够的，必须进行多角度、多层次的全方位的“立体扫描”，方能取得理想的效果。如当年美国历经百年风化后的自由女神铜像，现场留下了 200 多吨的废料，难以处理。一位叫斯塔克的人自告奋勇地承办了这件苦差事。他对废料进行分类使用：将废铜皮改铸成纪念币，废铅铝做纪念品，水泥碎块整理成小石碑，朽木、泥巴装在玲珑透明的小木盒里，作为有意义的纪念品供大家进行选购。这样一来，一文不值、难以处理的垃圾，顿时身价百倍，人们争相选购，200 吨“垃圾”被一抢而光，斯塔克也由此大获其利。这种对垃圾巧妙地利用，就是借助和利用了发散思维，以“垃圾”这一点为中心，延伸出多向利用的放射性，使开发呈现出扇形状态，从而拓展了经营范围，扩大了经营领域，创造出了化腐朽为神奇的佳话。

六、触类旁通的侧向思维

侧向思维亦称旁通思维，是指在思维过程中从一定的目的、倾向而进行的思维。在创造性思维过程中，这种思维形式也常常被使用。一般是指创造者通过接触某一事物，从一定倾向出发，在思考某一问题时，或有意或无意，或正常或偶然开了窍，找到了创造成功之路。

企业领导运用侧向思维往往能取得意想不到的效果。在美国南北战争时期靠卖水果起家的资本家亚默尔，做梦都想在猪肉市场上发一笔横财。有一天，他从一张旧报纸上看到一则新闻说：一个牧师在罗伯特·爱德华·李的军营里遇到几个小孩，他们已经两天没吃东西了，孩子们还告诉牧师说，他们的父亲是军官，也无食充饥。如果光从这则新闻的内容来看，似乎与猪肉市场并无直接联系，一般人很容易忽视它的价值。然而亚尔默却从这则新闻中看到了美国东部猪肉市场即将发生的重大变化。在这一决策思维过程中，他是将这样两个风马牛不相及的事物联系在一起：①从这则新闻中，他看到了南军已到了穷途末路，料定战争即将结束；②只要战争一结束，昂贵的猪肉价值，马上会跌下来；③如果在战争结束前，将手头的猪肉卖空（即约定一个交货日期，以低于市场价的百分之几的价格成交），等到战争一结束，猪肉价格一下跌，便可获得一大笔钱财。

显然，这样的买卖，是要冒一定风险的。亚默尔的命运完全取决于南军是否投降上，投降越早，对他越有利。冒险的决心一旦下定，亚默尔一方面注意战场的变化，另一方面用电报与美国东部的猪肉市场保持密切联系。就在南军的李将军宣布投降的前几天，他与各地的猪肉批发商签订了“卖空”的合同。亚默尔成功了，他赚进了一百多万美元，为他一生的事业奠定了基础。

七、因变制变的动态思维

动态思维是一种运动的、调整性的思维活动，它要求人们根据不断变化了的环境、条件来改变自己的思维程序、思维方法，通过对自身或对环境进行调整、控制，从而达到优化的目标。它运行的一般模式是：先是不断输入新的信息，并根据新的信息进行分析、比较，依据变化了的情况形成新的思维目标、思维方向，确立新的方案和对策，然后输出经过改造了的信息，对问题和工作实施新的方案、对策，再把实施情况、信息反馈回来，再次进行分析、调整。在这一次又一次的运动过程中，逐步接近和达到目标。

商品生产的存在，导致激烈的竞争，竞争不仅是产品质量、数量的竞争，而且是时间的竞争。“时间就是金钱，效率就是生命。”在市场经济的大潮中，企业的决策者如果反应太慢，就可能错过商机。对此，美国名噪一时的大企业家李·亚科卡曾经有过一番精彩的议论，他曾经对在他之后担任福特汽车公司总裁的菲利普·考德威尔说过：“威尔，你的问题就出在你上过哈佛大学。你受到的教育是，在你没有获得全部事实根据之前不要采取行动。你即使已得到

95%的事实根据，你也不得不花上六个月的工夫去得到其余的5%。而当你得到100%的事实根据时，它们已经过了时，因为市场情况变了。这就是生命的含义——时间性。”因此，亚科卡的结论是：“即使是正确的决策，如果动作迟了，也会是错误的！”

我国著名实业家王光英先生担任董事长的光大实业公司，捕捉到一条重要的信息：南美智利一家铜矿厂倒闭，拍卖各种型号的大吨位载重汽车、翻斗车1 500 辆。王光英知道，在这个关键时刻，时间就是胜利，时间就是金钱。他必须打一场迅雷不及掩耳的闪电战。他赋予采购人员“将在外，君命有所不受”的权力，“拍板”成交的权力交给赴现场验货的人员。“只要质量好，价钱便宜，你们说了算”，这是王光英对采购员的唯一指示。结果，赶在了外国公司前面成交，仅此一项就为国家节约2 500 万美元的外汇。

企业在经营活动中的“时间差”，虽然是多方面的，但资金时间差、信息时间差、产品时间差，尤其具有运用价值。

八、对立统一的“两面神思维”

“两面神思维”，是美国精神病学和行为科学教授A. 卢森堡在对有创造性成就的人物作了大量的调查和分析之后提出来的。“两面神”为罗马的门神，有两副面孔，能同时兼顾两个相反的视向。所谓的两面思维，是指同时积极地构想两个并存的、同时起作用的相反方面的思想或想法，使其综合为一个完整的思想或想法。

两面思维在创造性经营活动中有多种表现形式：一是“将欲取之，必先与之”。取与予是一对矛盾，但又相辅相成。企业经营者只有把取与予统一起来，才能取得良好的经济效益。“商品卖出去允许退换，究竟是正效应大还是负效应大?”对此，四川成都人民商场总经理吕根旭是这样看的：“柜台上销售，我视为第一次竞争，顾客重返柜台退货，这是我赢得顾客的第二次竞争。退一次货，少一笔生意是负效应，而信誉好了，新顾客更多，却是我的正效应。”据报道，成都人民商场率先实行退换货制度，3 年中该商场共退货40 多万笔，金额260 万元，而销售和利润则逐年以20%左右的速度增长，并收到了顾客表扬感谢信1 800 多封，使这家貌不惊人的商场取得了在成都市名列前茅的效益。二是对立统一。两面思维的精髓是让人们看问题时，要把相反的东西统一起来看，不能只看到一面而看不到另一方面，不要走极端。

杯子里有半杯水，一个悲观主义者说，杯里已失去了半杯水；一个乐观主义者则说，还不错，杯里还剩半杯水呢。儿子和父亲争论：父亲说，父亲比儿子聪明，因为万有引力定律是牛顿发现的而不是牛顿的儿子发现的。儿子反驳说，不对，儿子比父亲聪明，万有引力是牛顿发现的，而不是牛顿的父亲发现的。

对待春蚕，积极的评价是：它已吐尽了丝，才悄然离去；消极的评价则是：它作茧自缚。对待天平，积极的评价是：它是公正无私的楷模；消极的评价则是：谁给它多点，它就倾向谁。对待圆规，积极的评价是：它一举一动之所以符合标准，是因为它始终围绕一个坚定不移的中心；消极的评价则是：不管怎样卖力，成绩始终是零。即使对瓦片，也有积极与消极的评价：既可以说它是手挽手挡风避雨，给人类带来安宁，也可以说它们一生喜欢抛头露面，目的在于博得几人的夸奖。秘书工作者应当从上述事例中得到有益的启发。

第四节　辅助决策中应注意的几个效应

一、布里丹效应

丹麦小说家布里丹写过一则寓言：一头小毛驴在干枯的草地上好不容易找到两堆青草，由于不知道首先吃哪一堆好，结果在长时间选择和徘徊中饿死了。人们就把类似这种在长时间选择两种以上方案中犹豫不决、难以决断的情形称之为“布里丹效应”。

秘书人员在辅助决策时也可能存在这种现象。由于在给领导提供两种以上方案时，对两种方案的优点缺点难做高下优劣的鉴别，结果给领导提供的决策预案呈现出“这也可，那也行”的参谋意见，这样不利于领导做出决断。为防止秘书在辅助决策时陷入“布里丹毛驴”的困惑，秘书人员应做到：

（1）在提供方案时不刻意追求完美无缺的方案。世界上的事物都是未知与已知的结合体，已知是相对的。对于一个事物或一个问题的研究也是这样的。任何人不可能把问题思考穷尽后，再拿出方案。所以，追求完美无缺的方案，结果是拿不出方案，只能“两利相衡从其重，两害相权取其轻”，关键是在比较各方案中，综合分析利弊程度择利避弊。

（2）秘书人员必须拿出鲜明的主见。在提出参谋决策方案之前，分析要周密，判断要准确，不含糊，提出的参谋决策方案要切题，更要适时。

二、鲶鱼效应

挪威渔民出海捕捞沙丁鱼，由于这种鱼不好动，等回港时大部分沙丁鱼都死了。有个渔民便在鱼槽里放了一条好蹦跳的鲶鱼搅得沙丁鱼也游动起来，使沙丁鱼能活着抵港，而活鱼的售价比死鱼高出许多。我们把这一概念引进秘书工作之中，使参谋工作在市场经济条件下充满生机和活力。

鲶鱼效应对参谋工作至少有两点启示：

第一，要提高秘书人员的思维活力。长期在领导身边工作的秘书，其思维往往容易仅仅随着领导的思路转，缺乏自身的创造活力，形成领导怎样想秘书就怎样“参”、领导怎么说秘书就怎么“论证”的局面，被动应付。秘书人员如果一味追寻领导的思路，就会缺乏独立的思路、敏锐的思维和创新意识，“参”不新，“论”不深，最终影响决策的创新性。秘书人员应该做到想领导之所未想，思维超前，“参谋”超前，服务在前，主动围绕领导工作做好准备。

第二，要用是否获社会效益和经济效益来衡量秘书参谋功能的大小。秘书人员应加大对建立市场经济体制的参谋容量，把握好经济效益性、效率性原则，把握好为领导工作、经济工作的服务性方针，切实从偏重于“跟步子、提袋子、端杯子”等事务性服务为主，向“出点子、担担子、不捅娄子”等政务服务转变。围绕领导工作出谋略，围绕市场经济想计策，充分发挥参谋功能，以利于领导工作。

三、隧道效应

人如果站在一条长长的笔直的隧道里向洞的另一端看去，只能见到一个白色的亮点。洞外的自然光在洞内的这种反应，建筑学上叫做隧道效应。在思维方法上，喻指那些只见“一点”，不知“天空”，或只抓“一点”，不顾“全貌”的片面观点。

秘书人员在辅助决策中，也是通过某一“隧道”获得信息来源的，在获得信息时应注意避免隧道效应产生的负面影响。

一是收集和反馈信息时应该像制作“摄影作品”一样，应有“角度意识”，点面结合，切忌坐井观天，只见“点上”，不见“大面”，而要多点“拍摄”，同时加工制作后的作品应该反映客观实际。

二是报送信息时，注意既有点上的情况分析，又有大面上的综合归纳，既全面又有侧重，实行多点解剖，善于提出参谋决策方案及解决问题的有效办法。因为信息的片面性会导致决策的片面性，给领导的科学决策带来不利影响。

四、标本效应

中医学认为，凡是新病与旧病，原发病与继发病，病因与病症等都有标本关系的存在。这种标本关系存在的现象所表现出不同的“病态”反映，叫作“标本效应”。简单地说，“标”主要是就疾病的症状而言，“本”主要是指疾病的本质和病因而言。从发病的先后来说，先病（旧病）为本，后病（新病）为标；原发病为本，继发病为标。秘书人员当好决策参谋，协助领导治本是一个根本的原则，需要对症下药。标本效应对参谋工作的要求是：第一，要准确辨别事物的标本。这是辅助决策正确与否的基础。要正确分清标本的关系，分别提出治理意见。如在粮食生产中，有些乡镇领导为使低产田获得高产，采取治标办法大量施用化肥，虽取得了短期丰产，但不持久。治本的方法则是改良土壤和品种及种植和管理方式。因此，作为秘书人员在为领导参谋时，就应该根据农田可否高产的实际情况，提出不同的意见，供领导采纳。第二，要正确处理好治“新病”与治“旧病”的关系。无论是领导还是秘书，往往对治“新病”比较积极，而对治“旧病”往往重视不够。如有的困难企业当工资发不出来、生产缺乏资金时，就千方百计找贷款维持生存，却不太重视企业转制、革新生产技术等根本措施，使企业一直在低谷中徘徊，在输血中生存。秘书人员应辅助领导既要解决企业短期的问题，更要考虑企业长期生存的问题。

五、青蛙效应

19 世纪康奈尔大学的实验室里做了这样一个实验：工作人员先将一只活的青蛙放进一个装满沸水的器皿中，青蛙本能地从器皿中跳出来逃走了。然后将另外一只青蛙放入一个装满冷水的器皿中，慢慢地将水加温，青蛙并没有发觉水温的变化，觉得很舒服。等到它感觉到烫的时候，它已经跳不动了，只有在那里等死。同样是青蛙，最后同样是将水烧开，但出现了生死不同的结果。现实生活中也是如此。事物的发展都是由事物的内部矛盾决定的，量变到一定的程度就会发生质变。因此，秘书人员在做好参谋工作中尤其要注意与质变相关的量变的价值。

首先，要善于从小见大，“窥一斑而见全豹”，善于捕捉微妙的信息，并鉴别信息的价值。其次，自认为对决策有重大参考价值的信息，要及时报告给领导，不要优柔寡断，失去“战机”。最后要有超前服务的意识，不搞“马后炮”。要充分利用信息网络、现代通讯设备等优越的条件，及时向领导提供信息。不要等到问题成堆，来不及解决时，再向领导进行所谓的“专题汇报”，也就是说，秘书人员能处理的问题要及时处理，不能处理的问题要及时向领导汇报，及早防止问题发生质变。

六、讹变效应

生活中有一种现象，本来是真实的，因处理不当而变成假的，由此引出种种负效应。由讹变而产生的负效应可称为“讹变效应”。

在秘书工作中常有如下情况发生：

一是估量形势，制定政策，过分倚重“平均数”。这种百分数从总体来说是科学的，但落实到不同的单位和部门，这种平均数就不一定准确反映各自的现状和特点。如果以此来决策，出台某些措施，便会因为不完全符合实际情况而在具体工作中造成被动。因此秘书人员要慎用平均数。

二是领导批示的真实事件转有关部门查处时却变成了假。如领导认为群众反映的问题很重要，指示有关部门查处；而该部门考虑自身利益，做些手脚，以“反映不实”为由，报告上级，不了了之。

三是在调研、督查工作中，审核、处理间接性资料不够慎重，或有意移花接木而以讹传讹，形成“误导”现象。

因此，秘书在辅助领导决策时要善于分析、判断，防止讹变效应。

七、暗示效应

保加利亚学者高尔基·洛紫诺夫博士在他的《暗示学》一书中认为，颜色、语言、声音、气味等都可以对人构成某种暗示，进而转化为人的一定的行为，产生某种效应，他称为暗示效应。

暗示意图就是用间接的、含蓄的方式表达自己的意见和态度。秘书在与领导相处的过程中，不能不懂得领导的暗示，同时为了领导者的尊严和威信，秘书也不能不及时准确地给领导者以某种暗示。这种互相暗示的过程，便是默契配合的过程。

秘书人员要想及时准确地领会领导的暗示意图，必须了解领导使用暗示意图进行沟通的时机。一般来说，下列几种时机是特别要引起重视：

（1）有其他人在场，需要保密时；

（2）在谈判、会见、交易、审讯等场合需要立即改变预案时；

（3）领导决心动摇，需要交换意见时；

（4）公共场合，不便发号施令时；

（5）涉及上司、友邦、规章等，不便直言，需灵活处理时；

（6）为节省时间，迅速下达命令时。

总之，领导的暗示意图往往会在特定的时空内表现出来，秘书人员要及时、准确地加以捕捉，并作出适当的反应。

秘书人员长期在领导身边工作，一般比较熟悉领导工作的情趣和方式，要使这种情趣和方式释放出暗示作用，转化为暗示效应，要注意如下几点：一是秘书人员要时刻保持良好的心理状态，这有助于细心体察和把握领导的暗示行为；二是正确理解明示与暗示的关系，当领导在场还没有暗示时，秘书的大脑就应该高速运转，周密地思考问题；当领导暗示时，无论是文字的，还是口头的，体态的，秘书都应该立即作出反应；三是必须联系当时的大气候（社会背景、中央中心工作、上级政策等）才能准确把握领导的暗示意图。不然会犯主观武断的错误。

思考题

1. 阅读《触龙说赵太后》、《前出师表》、《陈情表》，谈谈它们对我们如何处理与领导关系、提供辅助决策建议的启示。
2. 秘书的辅助决策的程序和内容有哪些？
3. 秘书辅助决策的方法和艺术有哪些？
4. 秘书人员如何培养自己的思维习惯，提高思维活力？
5. 秘书人员如何准确领会领导的暗示意图？
6. 秘书的辅助决策应注意的效应有哪些？
7. 秘书如何向领导“进谏”？

案例：

洛东江战役

1950年7月21日，朝鲜人民军发动了洛东江战役。人民军第一军团在20天时间里突破了洛东江部分防线，第二军团已沿东海岸向南推进到项浦一线，从西、北两个方向把李承晚军和美军包围在釜山地区。金日成元帅宣布，8月份解放朝鲜全境，取得彻底胜利。美李军队则以洛东江为天然屏障，以釜山为依托，固守待援。一时间，洛东江成了全世界关注的焦点，各方势力都对扑朔迷离的战局做出种种预测，美国报界一会儿说美军将撤往日本，一会儿又放风说将派增援部队到朝鲜半岛登陆。美国军方对此闪烁其词，其下一步行动方向究竟会如何？

在此风云变幻之际，雷英夫——周恩来总理的军事秘书兼总参作战部副部长，每天都要向总理汇报情况，有时一天要去三四次。8 月 23 日晚，雷英夫召集了一个小型战情研讨会，参谋们讨论热烈，各抒己见。雷英夫亮出了自己的观点：美军下一步会搞登陆作战，可能性最大的场地就是仁川！

当天晚上，雷英夫就向周总理陈述了自己的观点和六条理由。第一，敌军现在洛东江地区集中了十几个师固守，那么狭小的地带挤满了兵力，不进攻又不撤退，目的无非是想吸引人民军主力。第二，美军在日本有两个师，最近又成立了机动兵团，既不驰援，也不布防，反而搞登陆训练，意欲何为？第三，麦克阿瑟及侵朝美军二战中一直在太平洋进行岛屿作战，登陆是其拿手好戏。第四，英美等国正将好多舰只（包括登陆舰）往朝鲜方向调动，这些军舰显然不是为了解决供应问题。第五，人民军压倒洛东江后使敌人形成密集防守，构筑了大量工事，这样的硬骨头看来一时啃不掉，啃不掉还在那里啃，就有被敌人机动兵力反咬一口的危险，最危险的是被敌人从侧后袭击。第六，朝鲜半岛地带狭长，战略补给线就是从南到北那么一条。现在人民军的补给线已经拖得很长了，而汉城是铁路、公路的交通枢纽。仁川距西海岸只有 108 公里，距汉城仅 30 公里，一旦登陆成功，拿下汉城，整个战局就会发生逆转。所以，朝鲜战局表面上看起来很好，实际上很险，这一着棋不可不防。

周总理对此极为重视，他带雷英夫前往毛泽东的住所，向毛主席作了汇报。毛主席听完后连称“有道理”，还询问了许多问题，包括麦克阿瑟的性格，雷英夫一一作了回答。毛主席和周总理当即决定采取三条紧急措施。其一，命令东北边防军务必于 9 月底完成作战准备。其二，将我们的判断尽快通知朝鲜和苏联。其三，总参和外交部密切注视战情变化，随时报告。

1950 年 9 月 15 日，7 万余美军果然在 200 多艘船舶、500 多架飞机的掩护下在仁川强行登陆。雷英夫，这位曾被毛泽东称为“洛阳才子”的秘书和参谋人才，为我军赢得战略上的主动作出了自己的贡献。

分析：

这个案例告诉我们：任何决策都是对未来行动的抉择，因此决策的制定和执行都会呈现出不确定性、可变性和风险性特点。这就要求秘书人员在辅助决策的过程中，树立超前意识，提高预见能力，做好“事前诸葛亮”。具体说来要做到以下几点：一要提前于领导发现问题；二要提前于决策者进行调查研究，提供信息支持和科学依据；三要提前于决策实施而清醒预见未来，拿出防范措施。日本著名的“经营之神”士光敏夫说过：任何时候，研究所都要向前看 5 ~ 10 年。秘书人员要磨练好自己的“先见之明”的本领，帮助领导者在决策中“先着不败”。

第九章 秘书与公文写作和处理

公文有狭义和广义之分，广义的公文是指所有公共组织（机关、企事业单位）在管理及事务处理过程中形成的具有法定效力和规范体式的公务文书，是依法行政和进行公务活动的重要工具，它与“私人文书”的概念相对应。狭义的公文是指中共中央办公厅、国务院办公厅于 2012 年 4 月 16 日发布的《党政机关公文处理工作条例》中规定的十五种党政机关公文，是党政机关实施领导、履行职能、处理公务的具有特定效力和规范体式的文书，是传达贯彻党和国家方针政策，公布法规和规章，指导、布置和商洽工作，请示和答复问题，报告、通报和交流情况等的重要工具。

本章所论述的公文写作和处理主要是指狭义的公文。

第一节 公文写作

一、公文的特点

（一）作者的法定性

公文的作者是法定机关，即依法成立并能以自己的名义行使职权和承担义务的国家机关、社会团体和企事业单位。法定作者制发公文必须在自己的职权范围内，超越自己职权范围制发的公文一律无效。

（二）体式的规范性

公文是严格讲究格式的文体。这种由国家规定统一的规范体式，是行政公文所独有的，而且在一定时间内是固定不变的。从版头、标题到签署，从正文到各种附加标记，以及用纸的规格等，都有特殊的要求。

（三）功能的权威性

党政机关的公文代行党和国家职能，是党和国家的管理工具，代表党的方针政策以及国家的权力和意志，传达制发机关的决策与意图，对主要受文单位在法定的时间和空间范围内产生强制性作用。党政公文功能上的权威性由制发机关的职权决定。

（四）写作过程的集体性

一般来说，公文写作的决定权，包括要不要写、写什么，主要取决于代表机关、单位意志的领导人或领导成员集体；写作本身也往往采用集体讨论的方式进行，执笔人只是将集体讨论的意见付诸于文字。

（五）写作任务的时效性

很多公文的写作都是为了配合当前急需着手的工作、作为紧急任务下达的，没有很多时间让秘书充分思考，精雕细琢。秘书必须在限定的时间之内完成任务，一旦延误时间将影响工作，造成损失。

二、公文的写作要求

公文写作，指的是公文的起草工作，它是机关制发公文的第一个环节，撰写者一般是秘书。公文撰写得如何，对保证公文的质量和发挥公文效用都有很大关系。公文的撰写有自己的一些特殊要求，概括起来，主要有以下几点：

（一）主题突出，观点正确

所谓主题突出，就是要求撰写者在传达政策、发布批示、通知事项、汇报工作和总结经验时，通过具体材料表现出明确的思想观点和基本意见。同时，由于公文是党政机关和企事业单位日常办事的重要手段和基本工具，因此公文的撰写首先要符合党和国家的方针、政策、法律法规和有关规定及本单位的有关规定；其次要做到观点明确，提出的措施应符合实际，具有针对性。

（二）结构严谨，格式规范

公文的结构是指公文内容的组织安排和谋篇布局，也就是公文的框架。它的作用是根据公文主题表达的需要，将材料有步骤、有主次地组织起来，形成一个完整、严密的有机整体，为传达发文者意图服务。一般来说，公文的总体结构大致由三部分组成，即行文的根据或目的；具体事情或事理；对事情、事理的态度或要求。这三个构成部分实质就是“提出问题—分析问题—解决问题”。所以，公文行文必须把握好公文结构的特点，安排好层次段落，使公文行止有序，条理清晰，逻辑严密，层次分明。

公文不像文学作品那样可以虚构，在形式上也可以不断创新。公文在格式上是有严格要求的，只有规范化才能提高公文处理效率、树立单位的权威，“出格”的公文不但有损于发文机关的形象，也会或多或少地影响公文的效力。

（三）表达准确，简明生动

领导的思想和意图要转化为文字材料并不是一个自然的生成过程，首先依赖于材料的真实和准确，其次要通过特定的语体来表达。公文的语体风格，就是公文语言运用上的风格。由于公文所具有的实用性，相应的语言要求就是简洁、确切（文字简洁、内容充实）；由于公文具有的权威性，又要求语言平实、庄重（不能浮华、俚俗）。

列宁说过："长的公文我不看，坚决不看。"毛泽东同志在《关于建立报告制度》一文中指出："报告文字每次一千字左右为限，除特殊情况外，至多不要超过两千字。"虽然这主要是针对某些上行文而言的，其他公文有时会超过此限，但也一定要在表达清楚的前提下尽量简短。

（四）文种准确，行文正确

公文文种是公文行文方向和内容取向的标志，是公文分类的依据之一。不同的文种，规定着这一公文的适用范围、写作要求和办理规定。确定文种，一是根据行文关系，二是根据行文意图和内容。

行文关系是指机关之间公文的授受关系，它是根据机关各自的隶属关系和职权范围来确定的。依据行文关系，公文可分为上行文、平行文和下行文三种。行文意图和内容是根据公文要达到的目的来确定的，当它跟公文文种内在的目的性指向相吻合时，文种的确定就比较容易了。

三、公文写作的基本步骤

公文的撰写通常可分五个步骤：

（一）明确目的，确定主题

制发公文的目的和要求，一般在机关、单位的负责人制定工作决策时已经确定下来，然后授意给执笔人。执笔人下笔前必须理清思路的是：发文的主要根据是什么？发文的基本观点是什么？需要解决什么问题？采用什么措施可以解决这些问题？什么样的材料可以说明领导的意图？

（二）调查研究，收集材料

公文中的思想观点是通过有关材料表现出来的。"材料可靠，情况确实"是写好公文的基本要求。公文材料主要包括精神依据和事实情况两个方面。精神依据是指党和国家的方针政策、国家的法律法规、上级领导机关的指示精神等。事实情况包括通过调查得来的直接材料和间接引用的数字统计、经验、成果等。它们都必须真实、准确、典型。

（三）安排结构，拟写提纲

公文写作先写什么问题，其次写什么问题，主要分几层意思，在正式动笔前应有一个大致的安排，这种安排可以通过拟写提纲来体现。拟写提纲是一个很重要的构思过程，公文的基本观点、基本结构和层次都是在这个过程中逐步形成的。

提纲一般包括下面几部分：

（1）公文的标题；

（2）公文的开头和结尾；

（3）表述的层次及论点、论据、字数安排；

（4）衔接、转换、过渡和照应。

（四）撰写初稿，征求意见

公文按照提纲的要求形成了草稿后，要广泛、诚恳、耐心地征求各方面的意见，尤其要认真听取反面意见，以达到博采众长、集思广益的目的，将合理的、有建设性的意见汲取过来，为修改文稿奠定基础。

（五）润色加工，修改定稿

公文初稿在听取各方意见后，要认真进行修改。重点从以下几方面着手：一是公文的立意是否明确，能否体现领导机关意图和发文的目的；二是基本理论能否成立，观点是否正确鲜明；三是事实是否客观可靠；四是结构是否完整、严谨；五是语言是否准确、清晰；六是打字印刷是否规范。

四、公文的格式

中共中央办公厅、国务院办公厅于2012年4月16日发布的《党政机关公文处理工作条例》（中办发〔2012〕14号），国家质量监督检验检疫总局和国家标准化管理委员会于2012年6月29日发布的《党政机关公文格式》国家标准（GB/T9704－2012），对党政公文的用纸、印刷装订、格式要素、式样等作出了具体规定，特别是将党政机关公文用纸统一为国际标准A4型，首次统一了党政机关公文格式要素的编排规则，使党政机关公文的表现形式更加规范。

公文一般由份号、密级和保密期限、紧急程度、发文机关标志、发文字号、签发人、标题、主送机关、正文、附件说明、发文机关署名、成文日期、印章、附注、附件、抄送机关、印发机关和印发日期、页码等组成，可以分为版头、主体、版记三部分。下面分别略作说明。

（一）版头部分

由公文份号、密级和保密期限、紧急程度、发文机关标志、发文字号、签发人等部分组成。

1. 份号

如需标注份号，一般用6位3号阿拉伯数字，顶格编排在版心左上角第一行。

2. 密级和保密期限

如需标注密级和保密期限，一般用3号黑体字，顶格编排在版心左上角第二行；保密期限中的数字用阿拉伯数字标注。

3. 紧急程度

如需标注紧急程度，一般用3号黑体字，顶格编排在版心左上角；如需同时标注份号、密级和保密期限、紧急程度，按照份号、密级和保密期限、紧急程度的顺序自上而下分行排列。

4. 发文机关标志

由发文机关全称或者规范化简称加"文件"二字组成，也可以使用发文机关全称或者规范化简称。

发文机关标志居中排布，上边缘至版心上边缘为35mm，推荐使用小标宋体字，颜色为红色，以醒目、美观、庄重为原则。

联合行文时，如需同时标注联署发文机关名称，一般应当将主办机关名称排列在前；如有"文件"二字，应当置于发文机关名称右侧，以联署发文机关名称为准上下居中排布。

5. 发文字号

由发文机关代字、年份和序号组成，编排在发文机关标志下空二行位置，居中排布。年份、发文顺序号用阿拉伯数字标注；年份应标全称，用六角括号"〔〕"括入；发文顺序号不加"第"字，不编虚位（即1不编为01），在阿拉伯数字后加"号"字。

上行文的发文字号居左空一字编排，与最后一个签发人姓名处在同一行。

6. 签发人

上报的公文需标识签发人，由"签发人"三字加全角冒号和签发人姓名组成，居右空一字，编排在发文机关标志下空二行位置。"签发人"三字用3号仿宋体字，签发人姓名用3号楷体字。

如有多个签发人，签发人姓名按照发文机关的排列顺序从左到右、自上而下依次均匀编排，一般每行排两个姓名，回行时与上一行第一个签发人姓名对齐。

发文字号之下4 mm处居中印一条与版心等宽的红色分隔线。

（二）主体部分

由标题、主送机关、正文、附件说明、发文机关署名、成文日期和印章、附注、附件等部分组成。

1. 标题

一般用2号小标宋体字，编排于红色分隔线下空二行位置，分一行或多行居中排布；回行时，要做到词意完整，排列对称，长短适宜，间距恰当，标题排列应当使用梯形或菱形。

公文标题应当准确简要地概括公文的主要内容并标明公文种类，一般应当标明发文机关。如《国务院关于纠正地方自行制定税收先征后返政策的通知》（国发〔2000〕2号）。

2. 主送机关

主送机关是指公文的主要受理机关，是主办和答复该份公文的机关。在标明主送机关时，应根据内容及行文关系正确选定主送机关，并注意：上行文只能确定一个主送机关，受双重领导的下级机关向上级机关请示时，也要确定一个主送机关，其他用抄送形式。决定、纪要等会议形式的行政公文和公告、通告等张贴性行政公文，以及公开发表的行政公文，一般不标主送机关。主送机关要写全称或规范化的简称，不要写不规范的简称。

主送机关编排于标题下空一行位置，居左顶格，回行时仍顶格，最后一个机关名称后标全角冒号。如主送机关名称过多导致公文首页不能显示正文时，应当将主送机关名称移至版记（见下列“版记部分·抄送机关”）。

3. 正文

公文首页必须显示正文。一般用3号仿宋体字，编排于主送机关名称下一行，每个自然段左空二字，回行顶格。文中结构层次序数依次可以用“一”、“（一）”“1.”“（1）”标注；一般第一层用黑体字、第二层用楷体字、第三层和第四层用仿宋体字标注。

4. 附件说明

如有附件，在正文下空一行左空二字编排“附件”二字，后标全角冒号和附件名称。如有多个附件，使用阿拉伯数字标注附件顺序号（如“附件：1. ×××××”）；附件名称后不加标点符号。附件名称较长需回行时，应当与上一行附件名称的首字对齐。

5. 发文机关署名、成文日期和印章

（1）加盖印章的公文。成文日期一般右空四字编排，印章用红色，不得出现空白印章。单一机关行文时，一般在成文日期之上、以成文日期为准居中编排发文机关署名，印章端正、居中下压发文机关署名和成文日期，使发文机关署名和成文日期居印章中心偏下位置，印章顶端应当上距正文（或附件说明）一行之内。

联合行文时，一般将各发文机关署名按照发文机关顺序整齐排列在相应位置，并将印章一一对应、端正、居中下压发文机关署名，最后一个印章端正、居中下压发文机关署名和成文日期，印章之间排列整齐、互不相交或相切，每排印章两端不得超出版心，首排印章顶端应当上距正文（或附件说明）一行之内。

（2）不加盖印章的公文。单一机关行文时，在正文（或附件说明）下空一行右空二字编排发文机关署名，在发文机关署名下一行编排成文日期，首字比发文机关署名首字右移二字，如成文日期长于发文机关署名，应当使成文日期右空二字编排，并相应增加发文机关署名右空字数。

联合行文时，应当先编排主办机关署名，其余发文机关署名依次向下编排。

（3）加盖签发人签名章的公文。单一机关制发的公文加盖签发人签名章时，在正文（或附件说明）下空二行右空四字加盖签发人签名章，签名章左空二字标注签发人职务，以签名章为准上下居中排布。在签发人签名章下空一行右空四字编排成文日期。

联合行文时，应当先编排主办机关签发人职务、签名章，其余机关签发人职务、签名章依次向下编排，与主办机关签发人职务、签名章上下对齐；每行只编排一个机关的签发人职务、签名章；签发人职务应当标注全称。签名章一般用红色。

（4）成文日期中的数字。用阿拉伯数字将年、月、日标全，年份应标全称，月、日不编虚位。

6. 附注

如有附注，居左空二字加圆括号编排在成文日期下一行。

7. 附件

附件应当另面编排，并在版记之前，与公文正文一起装订。“附件”二字及附件顺序号用 3 号黑体字顶格编排在版心左上角第一行。附件标题居中编排在版心第三行。附件顺序号和附件标题应当与附件说明的表述一致。附件格式要求同正文。

如附件与正文不能一起装订，应当在附件左上角第一行顶格编排公文的发文字号并在其后标注“附件”二字及附件顺序号。

（三）版记部分

由分隔线、抄送机关、印发机关和印发日期等部分组成。

1. 分隔线

版记中的分隔线与版心等宽，首条分隔线和末条分隔线用粗线（推荐高度为0.35mm），中间的分隔线用细线（推荐高度为0.25mm）。首条分隔线位于版记中第一个要素之上，末条分隔线与公文最后一面的版心下边缘重合。

2. 抄送机关

如有抄送机关，一般用4号仿宋体字，在印发机关和印发日期之上一行、左右各空一字编排。“抄送”二字后加全角冒号和抄送机关名称，回行时与冒号后的首字对齐，最后一个抄送机关名称后标句号。

如需把主送机关移至版记，除将“抄送”二字改为“主送”外，编排方法同抄送机关。既有主送机关又有抄送机关时，应当将主送机关置于抄送机关之上一行，之间不加分隔线。

3. 印发机关和印发日期

印发机关和印发日期一般用4号仿宋体字，编排在末条分隔线之上，印发机关左空一字，印发日期右空一字，用阿拉伯数字将年、月、日标全，年份应标全称，月、日不编虚位，后加“印发”二字。

版记中如有其他要素，应当将其与印发机关和印发日期用一条细分隔线隔开。

附表：党政公文格式（根据中华人民共和国国家质量监督检验检疫总局、中国国家标准化管理委员会2012年6月29日发布、2012年7月1日实施的《党政机关公文格式》）

000001
机密★1年
特急

××××××文件

×××〔2012〕10号

×××××关于××××××的通知

××××××××：

　　××××××××××××××××××××××××××
××××××××××××××××××××××××××××
××××××××××××××××××××××××××××
××××。

　　××××××××××××××××××××××××××
×××××××××××。

　　××××××××××××。

　　×××××××。××××××××××××××××××
××××××××××××××××××××××××××××
××××××××××××××××××××××××××××

— 1 —

注：版心实线框仅为示意，在印制公文时并不印出。

图1　公文首页版式

××××××××××××××××。

××。

2012年7月1日

（×××××）

抄送：×××××××××，××××××，×××××，×××××，×××××。

××××××××××　2012年7月1日印发

—2—

注：版心实线框仅为示意，在印制公文时并不印出。

图2　公文末页版式

000001

机密★1 年

特急

××××××

× × × 文件

××××××

×××〔2012〕10 号

××××××关于×××××××的通知

××××××××：

　　×××××××××××××××××××××××××××。

　　××。

　　××××××××××××××××××××××××××××

— 1 —

注：版心实线框仅为示意，在印制公文时并不印出。

图 3　联合行文公文首页版式 1

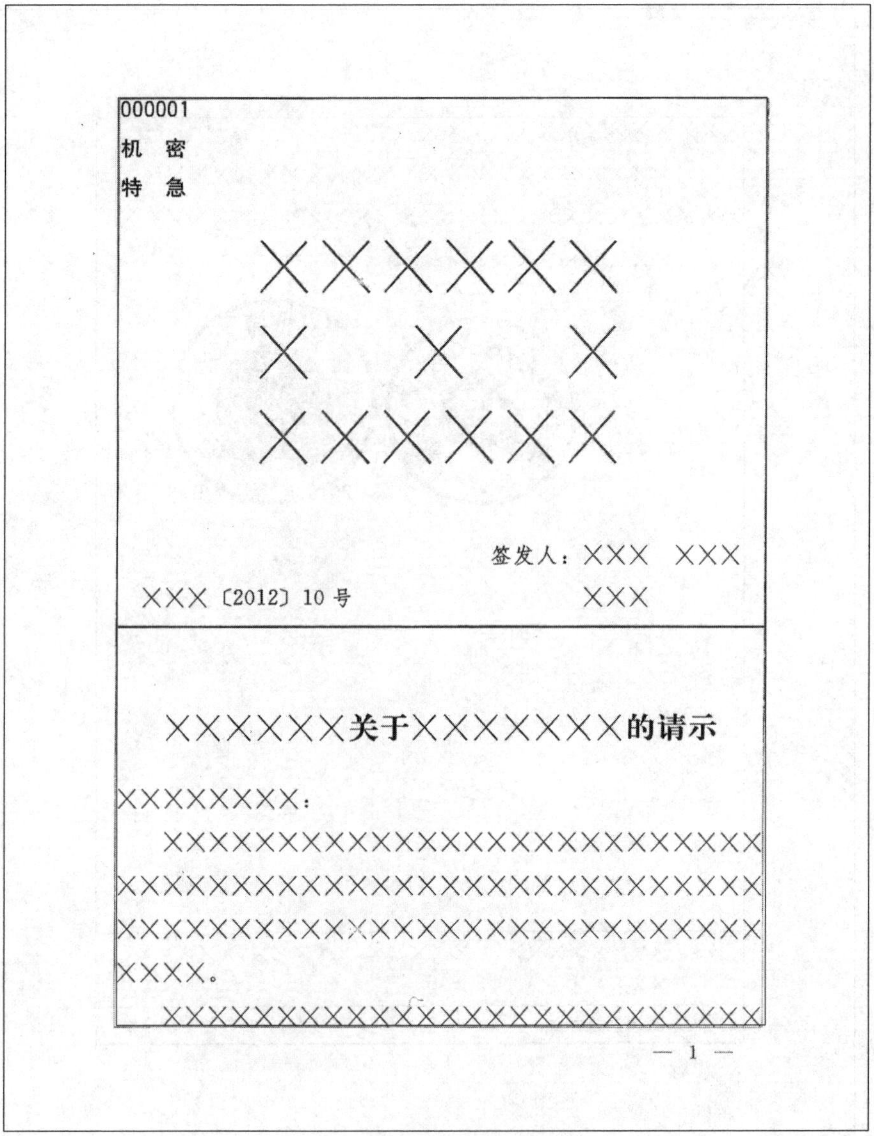

000001
机 密
特 急

××××××
× × ×
××××××

签发人：××× ×××
×××〔2012〕10号 ×××

××××××关于××××××××的请示

××××××××：

××。

×××××××××××××××××××××××××××

— 1 —

注：版心实线框仅为示意，在印制公文时并不印出。

图4 联合行文公文首页版式2

××××××××××××××××。

××。

2012年7月1日

（×××××）

抄送：××××××××，××××××，×××××，×××××，×××××。

×××××××××× 2012年7月1日印发

— 2 —

注：版心实线框仅为示意，在印制公文时并不印出。

图5　联合行文公文末页版式1

××××××××××××××××。

××。

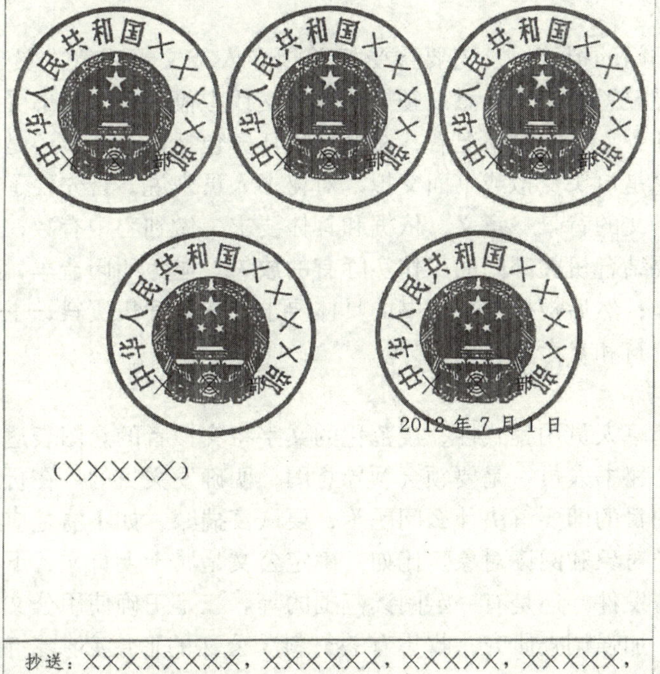

2012年7月1日

（×××××）

抄送：×××××××××，××××××，×××××，×××××，×××××。

×××××××××× 2012年7月1日印发

— 2 —

注：版心实线框仅为示意，在印制公文时并不印出。

图6 联合行文公文末页版式2

五、公文拟制的程序

公文拟制包括公文的起草、审核、签发等程序，它是发文处理的重要内容。

（一）公文的起草

这一部分包括交拟、撰写、注发三个主要环节。

1. 交拟

交拟是机关领导人或文书主管人员向秘书（或文书起草）人员交代撰写公文的任务。

秘书部门的拟稿，首先要接受机关领导人或文书主管人员交办的拟稿任务，即领导授意和秘书受意。领导授意即交代拟稿任务，秘书受意即秘书部门接受拟稿任务。从实际情况看，交办拟稿任务包括口头交拟还是书面交拟两个方面。无论是口头交拟或书面交拟，对秘书人员来说，首先要了解领导撰文意图，弄清撰文的背景、意义、依据和具体要求，做到心中有数，使文稿针对性强；其次要结合机关部门的工作实际有的放矢，避免闭门造车，脱离现实，妨碍实际工作；然后根据撰写文书的具体要求广泛地搜集资料，主要包括文书撰制的依据资料和参考资料两部分。

2. 撰写

就是起草人员用程式性、规范化的文字将交拟者的意图表达成文的过程。

首先，秘书人员一是要领会领导意图，明确发文目的。在行文之前，对领导人行文的目的即要解决什么问题等，要认真揣摩，如不清楚应及时请示。二是确定发送对象和阅读对象。比如，确定公文是属于上行文、下行文，还是平行文；是普发件，还是有一定阅读范围的等。三是正确使用公文文种。

其次，加强调查研究，收集有关材料。公文的形成必须要有充分的材料。公文写作使用材料视文种不同而不相同。有的是以事实为主的，如调查报告；有的以观点为主，如工作计划、规划、规章制度等。材料收集注意正反面、现实与历史相结合、多种形式相搭配。

再次，拟定提纲，安排结构。提纲是所要撰写文件的内容要点，在正式动笔之前应对全篇进行通盘考虑，做到胸有成竹。

起草完毕，应将文稿抄在发文稿纸上，加上注发。

附表：发文稿纸

（单位名称）发文稿纸

<table>
<tr><td colspan="3">标题：</td><td>附件：</td></tr>
<tr><td>文号：</td><td colspan="2">密级：</td><td>急度：</td></tr>
<tr><td colspan="4">发送机关：</td></tr>
<tr><td>主办部门：</td><td>有关部门会签：</td><td rowspan="3">外机关会签：</td><td rowspan="3">领导人签发：
年　月　日</td></tr>
<tr><td>撰稿人：</td><td>办公室核稿：</td></tr>
<tr><td>负责人草签：</td><td>送签人：</td></tr>
<tr><td>打字：</td><td>校对：</td><td>印刷：</td><td>份数：</td></tr>
<tr><td></td><td></td><td></td><td></td></tr>
<tr><td></td><td></td><td></td><td></td></tr>
<tr><td></td><td></td><td></td><td></td></tr>
<tr><td></td><td></td><td></td><td></td></tr>
<tr><td></td><td></td><td></td><td></td></tr>
</table>

（共印××份）

3. 注发

注发主要是注明文书发送机关或发送范围。根据撰稿单位和收文单位之间的组织关系和地位不同，注发可分为报、送、发。

“报”是指给上级机关（包括有领导关系或虽无领导关系但在职级上相当于上级机关）的文书，有主报、抄报之分。直接收文办理的上级机关是主报机关，负责协助办理责任或间接办理或仅需了解情况的上级机关是抄报机关。

“送”是指给平级、下级或不相隶属的机关的文书。送分主送、抄送。主送是指负有直接办理责任的上级机关或平级、下级机关，抄送是指需要知晓或负有次要办理责任的上级或平级、下级机关。

“发”一般用于普发性公文，对下级机关称主发、抄发。主要办理者是主发机关，其他则是抄发机关。

（二）审核

根据《党政机关公文处理工作条例》规定，公文文稿签发前，应当由发文机关办公厅（室）进行审核。审核的重点是：

（1）行文理由是否充分，行文依据是否准确。

（2）内容是否符合国家法律法规和党的路线方针政策；是否完整准确体

现发文机关意图；是否同现行有关公文相衔接；所提政策措施和办法是否切实可行。

（3）涉及有关地区或者部门职权范围内的事项是否经过充分协商并达成一致意见。

（4）文种是否正确，格式是否规范；人名、地名、时间、数字、段落顺序、引文等是否准确；文字、数字、计量单位和标点符号等用法是否规范。

（5）其他内容是否符合公文起草的有关要求。

需要发文机关审议的重要公文文稿，审议前由发文机关办公厅（室）进行初核。

（三）签发

签发是机关领导或分管领导对审核过的发文稿进行审批，并提出明确的审批意见，这是文书生效的法定行为。只有签发的文稿才能成为定稿，才能具有法律行政作用。

公文应当经本机关负责人审批签发。重要公文和上行文由机关主要负责人签发。党委、政府的办公厅（室）根据党委、政府授权制发的公文，由受权机关主要负责人签发或者按照有关规定签发。签发人签发公文，应当签署意见、姓名和完整日期；圈阅或者签名的，视为同意。联合发文由所有联署机关的负责人会签。

第二节　公文办理

公文办理包括收文办理、发文办理和整理归档。

一、收文办理

收文办理是指秘书对来自机关外部的文书所实施的处置与管理活动。所有主送或抄送到本机关的公文都称为收文。收文办理过程是接收文件，并从中提取有用信息，解决其所涉及的有关问题的过程，包括签收、登记、初审、承办、传阅、催办、答复等环节。

收文一般由机要秘书或指定的专人负责。接收的文书有三个来文方向：上级来的下行文、下级来的上行文、平级机关或非隶属机关单位来的平行文。同时，从收文的实质看，收文可分为阅件和办件两种类型。阅件是不需要办理的、只供参考的公文，收文单位主要是从中提取有用的信息；办件是指要求办理的文书。

（一）签收

对收到的公文应当逐件清点，核对无误后签字或者盖章，并注明签收时间。签收是收文处理的第一步，在签收之前要核对封套上的收文机关是否是本机关，以免误收；签收文件要逐件清点，重要文书要逐页查点，如发现问题，应及时向发文机关查询并采取相应的处理措施。急件要注明签收的具体时间。要特别注意有无破损、散包、被拆等现象。

（二）登记

对公文的主要信息和办理情况应当详细记载。登记是文书处理的重要环节。它有利于公文的办理、查找、统计、当卷。主要有三个工作环节：编号、填写“收文登记簿”、加盖“收文章”并填写“文书处理单”。

登记要简便、明确，一般单位都采用专用的“收文登记簿”（如图7）进行登记。首先要在文书右上方加盖“公文管理标识”章（即“收文章”），注明收文时间等情况，然后要逐件登记。登记内容有：收文编号、收文日期、来文单位、文件标题、文号、密级、份数、处理情况、归卷号、备注等。

注：“收字15－1”是指某年15号文编为“01”的文件。

收文章式样

收　＊＊　县人民政府

文　＊＊　收字15－01

2011年10月3日

收文登记簿

收文日期			来文机关	来文编号	秘密等级	件数	文件标题或事由	编号	处理情况	卷号	备注
年	月	日									

图7　收文登记簿

（三）初审

对收到的公文应当进行初审。初审的重点是：是否应当由本机关办理，是否符合行文规则，文种、格式是否符合要求，涉及其他地区或者部门职权范围内的事项是否已经协商、会签，是否符合公文起草的其他要求。经初审不符合规定的公文，应当及时退回来文单位并说明理由。

（四）承办

承办即对收到的文书进行阅读、分析研究，从中获取信息，了解或解决所针对事务或问题的过程，它是公文运转中一个重要阶段。阅知性公文应当根据公文内容、要求和工作需要确定范围后分送。批办性公文应当提出拟办意见报本机关负责人批示或者转有关部门办理；需要两个以上部门办理的，应当明确主办部门。紧急公文应当明确办理时限。承办部门对交办的公文应当及时办理，有明确办理时限要求的应当在规定时限内办理完毕。

从承办内容看，主要有两类：一类是办事性的，即主要落实收文内容所述事项；另一类是办文性的，即办理文书本身就是完成了事项的办理，如对询问性来文的，只需写文答复就算承办了来文。

由秘书部门直接承办的公文，主要是直接对上级来文询问或对下级请示的回复。更多的是秘书部门根据来文的内容、事项和领导的批办意见，把来文传递给业务部门办理，责任到人。在承办过程中如果有困难不能完成任务的，要及时报请上级领导，协调其他部门联合承办。承办过程中要分清轻重缓急，重要的文件优先办理。承办人在办文时应统筹兼顾，合理安排进度、选择方法和分配精力，提高承办的质量。

承办的处理意见或处理结果，应签注在“文书处理单”有关栏目内，承办人要签名，并签上时间后及时退回秘书部门。

（五）传阅

根据领导批示和工作需要将公文及时送传阅对象阅知或者批示。办理公文传阅应当随时掌握公文去向，不得漏传、误传、延误。

公文传阅一般应有“文件传阅单”。如下表：

文件传阅单

来文单位		来文字号	
文件标题			
收文日期		收文号	
传阅者签名	月/日	传阅者签名	月/日
备注			

（六）催办

催办是指秘书部门对领导已批办的文书的承办情况进行督促检查，以防积压。应及时了解掌握公文的办理进展情况，督促承办部门按期办结。紧急公文或者重要公文应当由专人负责催办。不是所有的文件都需要催办，主要是对于机关领导人交办和有明显时间要求或急需处理的那部分文件，才按文书处理要求纳入催办。

催办的方式方法，可因机关组织或承办单位机构层次、文件数量不同的实际情况而有所不同。对内催办面对机关内部各个职能部门，催办人员应上门当面催询；大机关或办公室地点分散的机关可采用电话催办。对外催办，可由有关承办人员采用打电话，发催办函、催办单等方式进行。一般来说，由机关中负责内收发的文书人员兼管催办工作比较方便，可利用收文登记簿，将需要催办的文件在登记簿上标明承办时限。平时通过经常检查登记簿来掌握催办情况，已经办复的即填上复文号表明。

公文催办单

××××（单位名称）：

关于××××××××问题的批件，已于××月××日转给你们，请抓紧办理，并将结果于××月××日前函复我处。

YYY（盖章）

××××年××月××日

（七）答复

公文的办理结果应当及时答复来文单位，并根据需要告知相关单位。

领导批办的公文，经过承办部门或秘书人员办理完毕后，要将办理结果连同原件向领导报送，提请领导批示结办。向发文机关所作的答复叫外回复，向本机关交办部门所作的答复叫内回复。

答复的具体程序是：首先，秘书要对承办单位写来的办理情况报告仔细阅读，对照领导原有批示，看承办单位对承办事项的落实状况。其次，在确认办理结果合乎要求后，写上秘书对核件的处理意见，连同领导原有的批件，一并报请审批。最后，答复来文机关或批转有关单位。

按照谁交办答复谁，谁请示答复谁的原则，分别用以下形式作复：一是书面答复。凡涉及重大方针政策、干部任免、纪律检查、案件处理等重要内容的公文，副政委用书面形式回复，以便有据可循。二是原件批复。属于征询意见的公文或一般工作请示，可在原件上批注领导机关审批意见，并盖上公章，答复来文单位。三是电话、电报答复。有些公文，不需要书面批复的，可用电话、电报形式答复来文单位，以减少文来文往。

答复工作要求件件有着落，事事有回音。答复的内容应根据来文内容与要求、拟办和批办意见来确定。一般情况，答复时要把承办的过程、采取的措施、承办的结果和还存在的问题等真实地反映出来。公文办理结束后，承办人都应在《公文处理单》上注明办理过程、办理结果和办结日期，然后组卷归档。收文办理的全部程序才算结束。

二、发文办理

发文是公文在机关中运转的最后一道关口。印制好的公文，只有及时传递出动，才能在实际工作中发挥作用。文书撰制过程结束后，就进入文书的封装发出和文书传递阶段，这一阶段是文书工作中沟通发文与收文，即实现文书价值的桥梁。

发文办理的主要程序是：复核、登记、印制、核发等。

（一）复核

已经发文机关负责人签批的公文，印发前应当对公文的审批手续、内容、文种、格式等进行复核；需作实质性修改的，应当报原签批人复审。

（二）登记

对复核后的公文，应当确定发文字号、分送范围和印制份数并详细记载。

发文登记是文书在发出前针对文书外观特征所做的登记工作，是本机关形成和发出文书的总账簿，是文书立卷归档和上下交接、公文催办的重要依据。

发文登记一般登记在固定的簿册上，其项目主要有：顺序号、文书编号、成文日期、发往地区和部门、文书标题、附件、密级、份数、经办人员和经办时间、原件归存去向等。凡机要文件还应随附“收文回执”，并负责将此索回，如下表所示。

发文登记簿

顺序号	文书编号	成文日期	文件标题	收文单位	份数	密级	其他

收文回执

顺序号	文书编号	文件标题	收文时间	收文单位	收文人	备注

（三）印制

发文登记以后，就可以进行公文的印制。公文印制必须确保质量和时效。涉密公文应当在符合保密要求的场所印制。

（四）核发

公文印制完毕，应当对公文的文字、格式和印刷质量进行检查后分发。公文分发的原则是：一般只发组织，不发个人。有时因工作需要，也有发给领导人的，但他们只有阅读权而无长期保存权，更不能据为私有。分发工作是一项十分细致的工作，它要求应该发的都要发到，不因漏发而影响工作；不该发的不能错发，不因错发而泄密。

三、公文传递

单位内部发文，一般由内收发人员直接送达，送达后应请收文者在《收发文登记簿》上签收；向外单位发文，则通过外部传递完成。递送文件，要求及时、准确、安全、保密，不出差错。

涉密公文应当通过机要交通、邮政机要通信、城市机要文件交换站或者收发件机关机要收发人员进行传递，通过密码电报或者符合国家保密规定的计算机信息系统进行传输。

递送公文的方式，有直接送达式、中间转发式和集中交换式。无论是采用何种形式传递，都要确保文书及时、安全地传达到受文人手中，同时要选择适宜的传递方式，建立、健全文书传递的制度，逐步使文书传递工作走上规范化、制度化、技术化的轨道。

四、整理归档

需要归档的公文及有关材料，应当根据有关档案法律法规以及机关档案管理规定，及时收集齐全、整理归档。两个以上机关联合办理的公文，原件由主办机关归档，相关机关保存复制件。机关负责人兼任其他机关职务的，在履行所兼职务过程中形成的公文，由其兼职机关归档。

思考题

1. 公文的含义是什么？
2. 公文的特点有哪些？
3. 公文写作的要求有哪些？
4. 公文写作的基本步骤有哪些？
5. 公文一般有哪些部分组成？
6. 简述公文的格式中诸要素的内涵。
7. 公文拟制包括哪些程序？
8. 收文办理包括哪些环节？
9. 秘书人员如何催请领导阅批公文？

案例：

圈阅

秘书工作者由于工作的关系，会经常接触领导干部的批阅件。在数以千计的领导干部阅件中，我们常常看到一些文件、材料，领导同志既没有提出肯定的意见，也没有提出反对意见，仅在扉页上重重地画了一个“○”的记号，表示已“圈阅”。这个“圈阅”实在是内涵丰富，在文书处理中应当仔细分析。

“圈阅”究竟是积极的还是消极的、是有用的还是无用的，对这个问题的认识影响到对领导决策行为的评价，也包含着对领导者素质的评价，这个评价又反过来影响着决策者正确、合理地使用圈阅。因此，圈阅和其他明确批示一样有意义，只不过是以一种隐含的方式在表达着领导者的“意见”。曾经有过这样一件事，有位县基层干部给上级领导写信，反映该县县委书记以权谋私，为亲戚开后门、拉关系等，而这位县委书记又是省里将要调到一个更高级的领导岗位上任职的后备干部，据组织上以前的了解和群众反映，这位同志是比较好的。在这种情况下，省委书记没有立即表示态度，而只是画了一个圈阅的记号。其实这个圈阅并非什么也没说，而是表示一种特定的心态。因此在文书处理过程中，不能因为领导无批示而作废文处理，而是转组织部门参阅、查证。事实证明，这样做是慎重的。

分析：

在无数的圈阅件中，常常包含着这样的内容：一是由于领导对情况还不了解，或者是跟自己原先掌握的情况有出入，不能马上表态，需在查证后作出批示，划一个圈阅记号表示我已注意到这个问题。二是交由领导批示的方案本身不够完善，领导不够满意，但又无法在短期内提出一个新方案。三是由于分工的关系和出于对更好决策意见的尊重和期待，暂时不急于表态，这时的圈阅就反映了领导的明智。四是有些请示和报告本身无法简单地用“行”或“不行”来表达，在同意与不同意之间的意见需要用一种特定的形式反映出来。

文件处理中圈阅的“○”其实是一种与数学上的零是正数和负数分界的唯一中性数一样有意义的特定符号。例如，某组织部写了一个成立老干部活动中心的请示，呈送省委审批，因为涉及面广，如经费问题涉及财务部门，人员编制涉及人事部门和编制委员会，汽车调配涉及机关事务管理局，修建活动中心又涉及城建部门，等等，这个问题就不是简单地用“同意”或“不同意”

能说明的。当这份文件被分送到省委领导处后，领导画了个“○”退到秘书处。这份文件应该如何处理值得研究。我们认为，领导之所以没有明确表示，表明简单的通过或否定这个请示是不慎重的，应该分别征求各方面的意见，问题才能得到妥善解决。

对圈阅件的研究是发挥文秘人员助手作用，提高工作质量的一个重要途径。因为每天呈送领导的文件、材料不计其数，而领导能阅读的仅为少数。因此，可以通过对领导对某一类问题圈阅的数量而知悉领导近期关注的问题，从而研究、分析，提供大量的背景材料，为领导正确决策服务。由此看来，对圈阅件的处理是一件不能掉以轻心的工作。

第十章 秘书与文书立卷归档工作

文书立卷归档工作，是秘书部门工作的重要组成部分。立卷作为文书处理程序的最后环节，历来被看作文书工作与档案工作的交接线和临界点，文件须经过立卷归档才能转化成为档案。

第一节　文书立卷归档工作概述

一、立卷归档的含义

文书立卷是将办理完毕的具有查证和参考价值的文件材料，根据文书管理的规则和方法，把具有内在联系的单份零散的文件，按照其形成的特点及内在联系，采用适当的方法，组合成一组组便于查用的案卷。所谓案卷，就是用卷夹装订的一组文件材料的集合体。卷内材料具有一定的共同特征。

将案卷按照规定的制度移交档案部门管理，就是归档。

文书立卷是文书处理的最后环节，也是文书转化为档案的起点。案卷是档案部门的工作对象，立卷质量如何，直接影响和决定着档案的质量。承担文书工作的人员，应当认真将最后一道程序——文书立卷工作做好，以便为档案查阅工作创造良好的条件，也为自身日后利用档案提供方便。

二、立卷的作用和意义

中共中央办公厅、国务院办公厅于 2012 年 4 月 16 日发布的《党政机关公文处理工作条例》第二十七条明确要求："需要归档的公文及有关材料，应当根据有关档案法律法规以及机关档案管理规定，及时收集齐全、整理归档。"

公文立卷归档的作用和意义是：

首先，便于查找和利用。从一个机关的工作来说，文件材料是机关办理公务的重要工具。它具有机关之间传递信息、实现机关职能和完成工作任务的现行效用。同时，它又是机关工作活动的历史记录和凭据，对今后的工作具有参考和凭证作用。一个机关一年可能形成和处理几百、几千甚至上万份文件，只有经过立卷归档工作，才能对数量众多、内容庞杂、零星分散的文件进行整理和保管，使之相对集中、完整和条理化，以便需要时查找利用。各机关在工作活动中形成的各种文件，记载和反映了机关在政治、经济和科学研究等各方面工作的实践和历史事实。这是第一手的资料，具有广泛的科学研究和历史研究的价值。所以，整理和保管本机关工作活动中形成的文书，不仅是本机关工作的需要，也是为党和国家积累宝贵的历史财富，为国家各项事业的发展，为科学研究、历史研究服务。

其次，便于科学保管文件。机关工作有先有后，使得处理同一个问题、同一项工作形成的文件也呈现出特有的零散和交叉的状况。这与利用者希望提供系统、完整的材料构成了一对矛盾。解决矛盾的最好途径，就是确立一种整理和保存文件的方法。它既能满足利用者的需求，又易于掌握，省时省力省费用，适合我国各级各类机关的应用。即使在文件电子化相当普及的今天，我国大多数机关文书工作仍需要手工操作。实践证明，文书立卷比之其他按捆、按箱、按袋装等保存文件的方法，是略胜一筹的。

再次，为档案工作奠定基础。文书是档案的前身，档案是文书的归宿。档案管理的来源就是经过立卷后向档案部门移交的那部分文书。因此，只有做好文书立卷工作，把需要保存的、有价值保存的文书材料整理好、保存好和移交好，才能为国家积累档案，为今后充分、广泛地利用档案进行各种有价值的研究提供方便。

最后，能够反映单位工作历史原貌。立卷后的文书可以反映一个单位历史的真实状况，是日后编写大事记及机关发展历史的基础材料。通过历史资料吸取经验教训，可以服务于后人。

第二节　文书立卷部门、立卷原则和范围

一、文书立卷的部门

文书部门立卷，是同机关档案室立卷相对来说的，即指由承办和处理文书的部门或人员来立卷。立卷工作按年度进行。每年的文书立卷后，在第二年内移交给档案室管理。文书部门立卷，是文书工作和档案工作科学分工、互相协作的合理制度。早在1956年国务院发布的《关于加强国家档案工作的决定》就指出：“实行文书处理部门立卷，就可以发挥文书处理部门熟悉有关业务和文件处理过程的优点，提高案卷的质量和立卷工作的效率；就可以由文书处理部门暂时保存本年度的文件，大大减少归档和调卷的手续，并且改变承办人员分散保存文件的现象，从而有利于保守国家机密的工作，同时，还可以使机关档案室腾出手来，做好档案的整理和组织利用等工作，更好地为机关工作服

务。”现行的《机关档案工作条例》是1983年4月由中共中央办公厅、国务院办公厅发布的，其中对文书立卷归档的部门作了明确规定：机关办理完毕的文件，“由文书部门或业务部门进行整理立卷，并定期向档案部门归档。”而“机关档案部门受办公厅（室）领导。”这是从制度上对文书部门立卷的肯定和重申。由此可见，文书立卷由文书处理部门承担是责无旁贷的。

立卷文件按年度归档，便于档案室有更多的时间和精力全面开展自身业务工作，管理好历年档案，提高机关档案室的工作水平。当然，文书部门立卷制度的执行，应根据各机关的具体情况区别对待。在小机关或基层单位，文件数量不多，可以将立卷点选择在中心机构，即在机关办公室中立卷；在中等机关或大机关，文件数量较大，立卷点应采取分散形式，即将综合性的、重要的、全面性的文件放在机关办公室立卷，各业务部门处理的文件，放在各部门立卷。

二、文书立卷的原则

立卷的原则和要求既是对立卷工作的指导原则，又是为立卷工作所确立的质量标准。文书立卷的基本原则是：按照机关活动的规律，正确反映本单位工作活动情况，保持文件之间的历史联系，便于保管和利用。

文书的立卷需要符合三个要求：

（1）办理完毕的文件才能立卷。办理完毕是指文书在处理程序上已经办理完毕或告一段落。例如请示与批复，询问函与答复函等在复文发出或收到之后，即算办理完毕；对于不必办复的文件，如指示、决定、通知、通报等，收文机关收到后经有关领导阅知、有关部门传阅、发文机关将所发文件印发之后，也算办理完毕。

（2）有查考保存价值的文件才需立卷。即机关形成和使用的文件并非都要立卷，无查考价值的无需立卷保存。便于保管和检索利用是文书立卷的最终目的，是检验立卷质量的又一重要标准。要使案卷便于保管和检索利用，立卷时应做到：不同保管期限的文件应分别立卷，一个卷中的文件的保管期限应大体一致；机密和非机密文件，文字材料与声像记录材料等均应分别整理立卷；每卷文件数量一般是几十页至二百页左右，不宜过厚或过薄。

（3）按照文件在形成过程中的联系和一定规律组卷。即案卷里的文件是有关某一问题或某项工作活动的系统的有密切联系的文件组合体。一个卷能反映机关工作的某一方面或某个具体问题的处理情况，那么整个机关的案卷，就能够系统、完整地反映出一个机关的工作活动的全貌。机关处理同一工作、同一问题、同一案件，都具有一定的规律，文件材料之间有一定联系。从表面看，每份文件的内容、目的和作用各不同，但是这一份与那一份、这一组与那一组之间，在某些方面有着若干的共同性和内在联系，或目的相同，或问题相近，或来源一处，或时间相近。这些联系，是机关工作的规律在文件上的体现，我们称之为文件有机联系。立卷时必须尊重这种联系，不能人为地割断这种联系来立卷。因为，保持文件的有机联系，也就是保持了文件的“来龙去脉”，就能够反映出文件形成的背景及机关工作的规律，才能真实地、系统地再现机关工作的真实面貌。这是检验立卷归档工作质量的主要标准之一。

三、文书立卷的范围

文书立卷的范围，一般是指本单位在工作活动中形成和使用的、经过办理完毕、具有查考价值的收发文件，包括电报、会议文件、内部文件、电话记录、本单位编印的出版物原稿（附印本），以及图表、簿册、照片、录音带、录像带等。

（一）上级机关的文件材料

（1）上级机关召开的需要贯彻执行的会议的主要文件材料；

（2）上级机关颁发的属于本机关业务主管的并要执行的文件以及普发的，非本机关主管业务但需要贯彻执行法规性的文件；

（3）党和国家领导人、人民代表、上级机关领导等视察，检查本地区本机关工作时的重要指示、讲话、题词、照片和有特殊保存价值的录音录像（以下简称声像材料）等材料；

（4）代上级机关草拟并被采用的文件的最后草稿和印本；

（5）上级机关转发本机关的文件（包括报纸、刊物、转载）。

（二）本机关的文件材料

（1）本级人大代会、政协、顾委、党、政、工、青、妇领导机关召开代表大会、代表会议、工作会议的全套会议文件，以及各种声像材料（由召开机关收集归档）；

（2）本机关党组（或实行党委制的党委）、行政领导会议文件，本机关召开的工作会议、专业会议材料；

（3）本机关颁发的（包括转发及与其他机关联合颁发的）各种正式文件的签发稿、印制稿、重要文件的修改稿；

（4）本机关的请示与上级机关的批复文件，下级机关的请示与本机关的批复文件；

（5）本机关及其内部职能部门活动形成的工作计划、总结、报告；

（6）反映本机关业务活动和科学技术管理的专业技术文件材料；

（7）本机关检查下级机关工作，调查研究形成的重要文件材料；

（8）本机关或本机关汇总的统计表和统计分析资料（包括计算机盘片等）；

（9）本机关形成的财务报表、凭证、账簿、审计等文件材料；

（10）本机关党委、团委、工会和内部组织机构在工作活动中形成的重要文件材料；

（11）内容重要的人民来信来访材料，领导的指示和本机关处理人民来信来访形成的记录、摘要单、调查处理报告、统计分析材料等；

（12）本机关领导人公务活动形成的重要信件、电报、电话记录，从外来机关带回的与本机关有关的未经处理登记的文件材料；

（13）本机关及本机关批准的有关区域变化、解决山林、地界、水利纠纷、征用土地以及基本建设工程施工、竣工、购置大中型设备的文件材料，本机关直接管理的科研、生产、建设项目的科技文件材料；

（14）本机关成立、合并、撤销、更改名称、启用印信及其组织机构、人员编制等文件；

（15）本机关制定的工作条例、章程制度等文件材料；

（16）本机关（本行业）的历史沿革、大事记、年鉴，反映本机关（本行业）重要事件简报、声像材料、荣誉奖励证书，有纪念意义和凭证性的实物和展览照片、录音、录像等文件材料；

（17）本机关（包括上报和下批）干部任免（包括备案）、调配、培训、专业技术职务评定、聘任，党员、团员、干部、工人名册，纪律检查、治安保卫以及职工的录用、转正、定级、调资、退职、退休、离休、复员、转业、评残、抚恤、死亡等工作及干部奖惩等文件材料；

（18）本机关及本机关办理的干部、工人的转移工资，行政、党、团员、工会组织介绍信及存根；

（19）本机关财产、物资、档案等的交接凭证、清册；

（20）本机关编印的情况反映、简报等刊物定稿和印本，编辑出版物的定稿、样本；

（21）本机关与有关单位签订的各种合同、协议书等文件材料；

（22）本机关与外国签订的条约、议定书、协定、合同、换文（正本、副本）和机关外事活动中形成的请示、报告、计划、考察总结、重要简报、会议纪要、记录、声像材料、有参考价值的资料、互赠礼品清单、工作来往文件等；

（23）各种普查工作中形成的文件材料；

（24）按有关规定应归档的死亡干部档案材料。

（三）同级机关和非隶属机关文件材料

（1）同级机关和非隶属机关颁发的非机关主管业务但需要执行的法规性文件；

（2）有关业务机关对本机关有关工作检查形成的重要文件；

（3）同级机关和非隶属机关与本机关联系、协商工作的重要来往文件。

（四）下级机关的文件材料

（1）下级机关报送的重要的工作计划、报告、总结、典型材料、统计材料、财务预算、决算等文件；

（2）直属单位报送的重要的科技文件材料；

（3）下级机关报送的法规性的备案文件。

上述文件材料中重份文件应剔除，剔除的文件有的留在部门作为资料使用，有的暂存或退转有关部门处理，大部分则应销毁。各机关在确定本机关立卷范围时，均应按照国家和上级主管机关、本系统等对文件材料保管期限的统一规定，结合本身实际情况作出相应的明确规定，以便遵照执行。

第三节　文书立卷的方法和步骤

一、文书立卷的方法

每一份文件都有一定的特征。文书立卷的基本方法就是找出文书材料间的共同特征，以作为将它们组合成卷的纽带，编成案卷。

首先，根据文件特征，按照文件之间的主要联系来立卷。文件特征是文件最本质的东西，即文件组成的基本结构，称之为“立卷特征”。文书立卷实质上体现了若干份文件之间的联系与区别的问题。立卷是在具有共同特征的文件中找出其主要的共同联系，将它们组合在一起，而将不具共同特征的文件进行区别，分开立卷。

立卷特征主要概括为六个：

（1）时间特征。指文件内容的针对时间和文件形成时间。例如，“2012 年度（或季度、月份）计划（总结）”，各个时段的统计报表、会议记录、工作简报等。按工作情况将形成于同一时间或内容针对同一时间的文件材料组合在一起立卷，即是按时间特征立卷。它可以反映在特定的时段中文件的实际状况。

时间特征只适用于时间连贯性强和内容的时间针对性强的文件。如会议记录、简报等可用形成时间特征；总结、计划、预算、决算、各种统计报表等则适合于针对时间的特征。

（2）问题特征。即文件内容反映的问题或事物。把反映同一问题、同一事物的文件材料集中起来，能鲜明地反映对某一问题、事物处理的全过程，反映历史全貌，也能体现材料之间的自然联系，便于查找和利用。例如，宣传工作问题、教育工作问题等。这些内容上有着密切联系的同一问题的文件合并组卷，就叫按问题特征立卷。

问题特征的应用最为广泛和灵活。除了综合性文件、会议文件及简报等文件材料外，一般文件都可以考虑用问题特征组卷，但应注意的是，保存价值悬殊的文件，即使同属一个问题，也应分开立卷。

（3）通讯者特征。通讯者指互相往来文件的双方机关。例如，市委组织部与县委组织部、市工业局与市财政局的来往文书等。如果本机关与某个机关于某一个或几个问题来往的文书具有一定的数量，就可以按通讯者特征组卷，这样便于反映机关之间对有关问题的协商和处理。值得注意的是，不是互有公文往来的单位的所有文件都要按此形式组卷。

（4）作者特征。指制发文件的单位或机关，如江苏省人民政府文件。同一作者的发文具有来源上的联系，按此立卷，就叫按作者特征立卷。它可以帮助立卷者按作者的共同地位和职能来确定文件的保存价值和保管期限。在实际工作中，往往将一个机关单位的收文按同类型作者，如同级、同性质机关的文件组合成一卷，如本局所属各厂，市教育局所属各中学，中央、省、市委组织部等作为同一类型作者，这可以看作是作者特征的灵活运用。

（5）地区特征。指文件内容所涉及的地区，例如，某个省、市、县、区的问题或工作情况等。将内容涉及同一个地区的文件组合在一起立卷，就叫按地区特征立卷。它便于有针对性地反映出某一个地区的工作情况。

地区特征一般多用于下属机关的来文、调查统计、汇报材料和某些专门文件，至于本机关发文，上级机关的来文，则很少按地区特征立卷。

(6) 名称特征。指文件的文种。每一份文件都有它的名称，将同一名称的文件组合立卷，例如，命令、指示、决定等，就叫按名称特征立卷。同名称的文件，用途、性质和保存价值基本相同，也有一定联系，以此立卷，查找利用时有一定规律可循。不同的文件名称有不同的作用，以此立卷可体现出文件价值的差异。在实际运用中，也可将那些名称、作用和保存价值大体相近的文件组合成卷，如决议和决定，计划、规划和安排等，可将此作为名称特征的灵活运用。

以上六个特征分别体现了一组文件在某一方面的共同联系和能够满足利用者某一方面的检索要求，从总体上概括了形形色色的组卷方法的一般规律。

其次，可以适当区分文件的查考价值，分别不同的保管期限立卷。即将具有相同保管期限的文件组合在同一个卷中立卷，而保管期限不同的文件不放在一个卷中立卷。因为从反映本机关工作的历史和以后各方面的查找利用的需要出发，各种文件应根据它们在机关工作中不同的重要程度和发挥的作用，科学地确定其保存价值并依此定出其保管期限。立卷时注意按不同的保管期限组合文件，不仅从查考的价值上反映了同一案卷中文件的共同规律，而且可以为今后档案的整理鉴定、检索利用等一系列工作奠定基础，创造条件。

2006 年 12 月，国家档案局第八号令发布了《机关文件材料归档范围和文书档案保管期限规定》，将文书档案的保管期限分为永久、定期两种，定期又实行“标时法”，分为 30 年、10 年两种。

二、文书立卷的步骤

无论是采用哪种方法来进行立卷，在立卷过程中，都必须经过相关的环节。具体来说，文书立卷的步骤可分为以下几步：

(一) 立卷准备工作

立卷的准备工作包括两个方面内容：第一是事先编制好立卷类目，第二是坚持做好平时归卷。

立卷类目又叫案卷类目，是一个比较详细具体的立卷。通常由文书与档案人员共同负责编制。立卷类目既可以作为立卷工作的依据，又可用于平时的文书管理工作，作为检索文件的工具。

立卷类目由类和目（条款）构成。类别是综合概括文件材料的类属名称，包括两种：一是工作性质，一是发文单位，即以问题为主分类和以机关内部组织机构分类。条目是类别之下具体反映一组文件材料的题目，又称条款。每个小类概括为一个条款，条款内的文件是彼此联系比较密切的，到了年终归卷时，同一条款内文件就可以根据数量、内容组合成一个或数个案卷，所以条款是组合案卷的基础。

类别和条目都要编号，构成类目代号，即所谓文书处理号。编制类目一般是在上一年年底进行，以便第二年使用。编号通常采用两层编号法，即先编类号再编类下的条款号，如第一类第2款可编为“1－2”，第二类第四款可编为“2－4”。收文登记簿中的“归卷号”即为此编号。

立卷类目的结构通常由类（可按问题或组织机构分类）、目（预拟案卷标题）和文书处理号（条款的顺序号）三部分构成。编拟一个机关的立卷类目，可以参考上年机关案卷的情况，预计新的一年中可能形成的文件。由于每一类即是预计的一个案卷标题，所以它的拟制，一要符合立卷原则和要求，体现出该卷文件的立卷特征，最好写明卷内文件的作者、问题和文件名称及类型；二要注意一个类目内预计的文件查考价值应大体相同，使保管期限趋向一致；三是类目的粗细要适当，使将来归档的文件与一个案卷文件数量大体相等。

办理完毕的文件，应立即按其内容、性质决定它所属的类目条款，归入预先设置的相应条款的卷宗内暂时保存起来，逐步积累，为年终的立卷奠定基础，此为平时归卷。具体做法是文书人员应对各承办人办理完毕的文件及时催退收集，按有关的归卷条目随时归入卷夹保存，使之有条不紊。一个机关的归卷工作可以从以下几个方面入手：

（1）凡是本机关制成的文件，在登记、编号、打印、用印后建立起一个个案卷。外发出时，就规定应留下定稿和存本；

（2）对于收文，应经常催办，办完即陆续收回归卷；

（3）借出的文件归还后应及时归卷；

（4）注意收集“账外”文件，在办理完毕之后，都应及时收集归卷；

（5）逢年过节结合保密大检查进行收集归卷；

（6）对调离本单位人员、机构撤销单位的人员，要注意收回他们手中的文件进行归卷，等等。

归卷文件应该注意定期检查，即将归卷不适当的文件随时调整；同一类目中文件数量过多，可适当分卷，数量过少的可适当并卷；必要时可根据归卷的实际情况增补或修改立卷类目。

有些文件，如召开某次会议、处理某个案件等阶段性较强的工作形成的文件，如果会议或工作结束后预计不再形成新的文件，即可将平时所归文件材料按照立卷要求和方法进行系统化整理、编目以及装订，到年终直接向档案室归档，这叫平时立卷。

（二）调整案卷

调整定卷是在平时归卷的基础之上进行的，即将平时归卷的文件材料，于次年年初对照立卷类目的各个条款进行检查、调整，最后确定案卷。

一般来说，归卷文件检查调整的主要项目：

（1）归卷文件的检查和调整。按归卷类目归入到卷宗里的文件到年终不是自然就成为一个案卷，而要进行检查。检查卷内文件是否是围绕一件事情、一项工作、一个或几个问题形成的系统的、有密切联系的文件组合体；检查文件是否都已收集齐全，补齐遗漏文件、剔除重份和无保存价值的文件。如果发现问题要进行必要的调整，以使卷内文件符合立卷的要求。

（2）案卷标题的拟写。案卷标题是案卷的名称，是对案卷内文件的概括，其作用在于准确地揭示案卷内容，便于调阅和查找。案卷标题与类目条款是有联系的，条款实际上是案卷标题的基础，拟制案卷标题就是在类目条款的基础上进行的。

（3）卷内文件的排列。确定若干文件组合成一个案卷后，要将卷内文件按其内在联系，进行系统排列。排列的方法主要有：严格按时间先后排列；先按作者再按时间排列；先按问题再按时间排列，等等。通过调整，进行必要的补救工作，初步组合起一个案卷。

（4）检查文件的保管期限是否定得准确和一致。

（三）编目定卷

在对案卷组合好以后，下一步的工作是为编排页码填写目录。编目主要是编卷内文件编号、填写卷内文件目录、填写备考表和封皮。

（1）编排页码。卷内文件系统排列好以后，就应当用阿拉伯数字编上页号，以固定顺序。卷内文件一般是编页号，写在文件正面右上角，反面有文字的在左上角编页号，反面没有文字的不编号。编号时要细致、准确，避免漏号、重号、错号。编号最好先用铅笔，经检查准确无误后再用碳素笔或号码机。

（2）填写卷内文件目录。每一个案卷都应当编制案卷目录，以便今后对文件进行查阅。卷内目录包括顺序号、文件作者、发文号、成文日期、文件标题、文件所在张（页）号、备注等项目。

卷内文件目录置于卷首，用来介绍卷内文件的成分与内容，同时也为检索文件提供方便。一份文件编一个顺序号，登一个栏目。没有标题的文件要根据文件的内容拟出标题，有的有标题但不确切，要根据文件内容重新拟写。如下表：

卷内目录

顺序号	文件作者	发文号	成文日期	文件标题	文件所在张（页）号	备注

（3）填写备考表。案卷备考表是用来说明卷内文件状况的，每一卷内均须填写一份“备考表”。卷内文件是否完整，有无损坏、缺页或重页等情况，均须在“备考表”上显示出来，并由立卷者签名，注上填写日期，以示负责。案卷备考表附在案卷的最后。

卷内备考表

本卷内的问题或其他情况   立卷人： 年　月　日 检查人： 年　月　日

（4）妥善做好卷内文件的技术处理工作。在对文件顺序进行编号和编写卷内目录时，对下列情况要及时进行技术处理：①文件材料上的订书钉、回形针、大头针等金属装订物一律拆除掉，以防日久氧化锈蚀，损坏文件；②装订线左侧有字的文件材料，要在左边加边取齐，右边折叠；③凡文件材料不足规定尺寸（一般为 16 开纸）的，如小纸箱、照片之类，按规定尺寸加纸裱糊衬托；④凡有破损的张页要裱饰或修补；⑤凡原页大于按规定尺寸的，要折叠取齐，使全卷文件大小一致。

（5）拟定标题，填写案卷封皮。案卷标题是对卷内文件总的概括。在组合案卷和排列卷内文件的过程中，也了解了卷内的文件内容，为拟写案卷标题提供了依据。标题的结构要完整，一般应具备作者、问题、名称三要素。

案卷标题拟定以后，一般先用纸条写出别在封皮上或夹于卷内，待作核查推敲以后，再用毛笔写在封皮上。封皮需填写的项目和写法如下：①机关名称和组织机构名称。前者为本单位归属的机关名称，后者为本单位名称。均需以全称填写。案卷形成年度机关或组织机构名称有变更的，应填写新名称并用括号注明原名称。②案卷标题。书写时应排列匀称，笔画工整，整齐美观。③秘密等级。要填写卷内密级最高的文件的密级。④起止日期。分别填写卷内最早和最晚两个文件的成文日期。⑤卷内文件张数。以最后一张号填写。⑥保管期限。根据初步鉴定的期限填写。⑦案卷号。在案卷排列编号后再填写。⑧全宗号、目录号。由机关档案室填写。

有的案卷封皮还有一栏“文书处理号”，即文书处理部门向档案室归档移交时所编的案卷顺序号。

案卷封面参考样式

第　　号全宗

第　　号目录

第　　号案卷

全宗号	
目录号	
案卷号	

（机关名称）		
（组织机构名称）		
（案卷标题）		
文书处理号： 自　　年　　月　　日起至　　年　　月　　日止		
卷内共　　件　　张		保管期限：

（16 开纸横排印刷）

（6）编目定卷，装订案卷。案卷编目工作做好以后，就要加案卷封皮进行装订。将案卷拟好标题、书写封皮、装订成册后每一个单卷的立卷工作即告完成。案卷装订是为了保护文件不受损失，便于保管利用。装订要做到整齐、牢固、不影响阅读。装订前要把文件上的金属物去掉，装订时装订线不能压在文件内容上。上述有关内容填好并检查无误以后，即用线绳装订成册。装订时要把书口和底边裁齐，要防止掉页和将文字订入线内。

每一个单卷案卷在移交档案室以前，尚须做好下列工作：

①排列案卷。就是对案卷进行分类，然后编制顺序卷号。一般有两种排列方法：一是以保管期限为主的排列法。这种排法是先按保管期限（一般分永

久、长期、短期三个期限）对案卷作第一次分类；再将案卷按问题或组织机构作第二次分类；最后逐个排列案卷；二是以问题或组织机构为主的排列法。即先按问题或组织机关进行第一次分类，再按永久、长期、短期等保管期限进行第二次分类。

②编制案卷目录。案卷经过排列编号固定其顺序后，逐一登记造册形成案卷目录。它是案卷的登记簿，也是向档案部门移交的目录和依据。案卷目录的项目包括：案卷号、文书处理号、案卷名称（标题）、卷内文件起止日期，卷内文件件数、张数、保管期限、库橱（格）号等。编制目录应一式三份。一份自留，两份交档案室。其中库橱（格）号由档案室填写。如下表所示：

案卷目录

案卷号	文书处理号	案卷标题	起止日期	卷内文件张数	卷内张数	保管期限	库橱（格）号	备注

案卷目录登记完毕以后，应加上封面。封面应写明机关及组织机构名称、案卷所属年度、保管期限、编制目录日期并加盖公章。封底应附“备考表”，写明案卷总数、案卷目录编制情况、移交及接收签名、交接日期等。

③归档移交。归档就是梳理好的案卷移交给档案部门集中保存。按照国家有关规定，归档案卷必须有完整的移交目录，档案室在接收档案时根据移交目录检查案卷，检查完毕确认无误后方可在移交目录上签字，双方各持一份。如下表所示：

案卷目录封面参考样式

全宗号	
目录号	

××××××××××案卷子目录

二〇××年

（保管期限）

年　月　日编

（16 开纸横排印刷）

案卷目录备考表参考样式

备　考　表

本卷目录共　　张，其中包括　　个案卷，一式　　份。

情况说明：

移交单位（盖章）　　　　接收单位（盖章）

移交人（签字）　　　　接收人（签字）

年　月　日

（16 开纸横排印刷）

第四节 归档

一、归档的作用

归档是文书工作最后一个环节，又是档案工作开始的一个环节。单位内文件的归档是档案室档案的主要来源，也是档案室收集工作的经常任务。

二、归档的制度

（一）归档时间

要实行定期归档。定期归档，就是办理完毕的文件材料由文书部门或业务部门整理、立卷后定期向档案室移交。移交的时间一般在第二年上半年，一些专门性文件或驻地分散的个别业务单位的文件，可推迟至第二年的下半年。

（二）归档案卷的质量

根据《机关档案工作条例》的规定，归档案卷应符合下列条件：应归档的文件材料齐全、完整；文件和电报按其内容的联系，合并整理、立卷；归档的文件材料，保持它们之间的历史联系，区分保存价值，分类整理、立卷，案卷标题简明确切，便于保管和利用。

（三）不归档材料范围

根据国家的规定和本单位的具体情况准确地确定文书材料的归档范围和不归档，是非常重要的。不归档的文件材料的范围如下：

上级机关的文件材料：

（1）上级机关任免、奖惩非本机关工作人员的文件，普发供参阅、不需办理的文件材料；

（2）上级机关发来供工作参考的抄件；

（3）上级机关征求意见未定稿的文件。

本机关的文件材料：

（1）重份文件；

（2）无查考利用价值的事务性、临时性文件；

（3）未经会议讨论，未经领导审阅、签发的未生效文件、电报草稿，一般性文件的历次修改稿（重要法规性文件，定稿除外）、铅印文件的各次校对稿（主要领导人亲笔修改稿和负责人签字的最后定稿除外）；

（4）从正式文件、电报上摘录的供工作参考的非证明材料；

（5）无特殊保存价值的信封，一般性表态、访问、提供一般建议或意见的人民来信；

（6）机关内部互相抄送的文件材料，不应履行公文的行文、介绍信等；

（7）本机关负责人兼任外机关职务形成的与本机关无关的文件材料；

（8）为参考目的从各方面收集的文件材料。

同级机关和非隶属机关的文件材料：

（1）参加非主管机关召开的会议不需要贯彻执行和无查考价值的文件材料；

（2）非隶属机关抄送的不需办理的文件材料。

下级机关的文件材料：

（1）下级机关送来参阅的简报、情况反映、不应抄送或不必备案的文件材料；

（2）越级抄送的一般的、不需办理的文件材料；

（3）下级机关抄报备案的一般性文件材料。

思考题

1. 文书立卷的作用和意义是什么？
2. 文书立卷的范围主要包括哪些？
3. 文书立卷的原则是什么？
4. 文书立卷的方法是什么？
5. 文书立卷的步骤有哪些？
6. 如何鉴定不归档文书材料？
7. 填写归档案卷的封皮有哪些项目，写法有何要求？

案例：

从一个实例看案卷标题的修改

某省人民政府全宗中，有这样一个案卷标题："本府及办公厅关于恢复主席集体办公、秘书长联合办公、拍发电报、资料供应、党政机构合并、西北行政委员会关于政策文件处理等的通知及办公厅支部、省参事室工作总结"。

这个案卷标题拟写的如何呢？研究了卷文件的情况后才能说清。下面是这个案卷的原卷目录登记顺序，照样抄出：

顺序号	文件作者	文件标题	文件日期
1	省府办公厅	通知恢复主席集体办公制度	1954.4.30
2	省府办公厅	关于各单位提请行政仁义讨论的议题、拍发有关政策原则性电报等问题的一些规定	1954.3.24
3	（无署衔）	关于秘书长联合办公的几项规定	（无年）11.22
4	省人民政府	关于省级机关统计资料供应与使用办法	1954.7.10
5	省人民政府	关于省府机要室与省委机要处合并的通知	1954.9.1
6	省人民政府	各专区重视与加强机要交通的领导	1954.9.6
7	政务院秘书厅	关于党政机构合并后电报管理和销毁问题的批复	1954.9.14
8	省政府办公厅	边境证发西北行委撤销后《关于西北区现行法规、条例和重要政策性指示的处理意见》通知	1954.11.19
9	西北行政委员会	函告西北行委第一次会议上有关你省工作的一些问题和意见	1954.1.26
10	省人民政府	关于甘肃工作中一些问题的报告	1954.3.18
11	省人民政府	函告中民委转马绍文关于东乡县工作中一些反映和问题	1954.9.23
12	省人民政府	关于在政府机关中开展工间操和其他体育活动的通知	1954.4.24
13	省人民政府	关于机关干部吵架斗殴事件的调查情况和处理意见的通报	1954.9.29
14	省人民政府	为请示555被杀案的判决如何执行函	1954.7.9
15	国家建委	请进行郝家川的城市规划工作	1954.12.27
16	省政府	关于兰州市总体规划图的几点意见	1954.12.26
17	国家建委	对兰州市初步规划的审查意见	1954.12.11
18	省府办公厅	千万以上、百万以下人员处理登记表	1954（无月/日）
19	省府办公厅	中共省府办公厅支部工作总结	1954.7.24

20	（无署衔）	四总支一年五月零十天的工作总结	1954. 7. 31
21	省府参事室	一九五四年工作总结	1955. 8. 16

分析：

从上列文件作者、文件标题、文件日期和排列顺序可以看出，这个案卷标题存在的主要问题有：

（1）概括不全面。案卷共21份文件，作者有8个，案卷标题却只标出5个，政务院秘书厅、国家建委和四总支部没有标出；涉及问题即内容有11个，案卷标题却只标出5个，城市规划、机要交通、人员处理、案件判决、工作反映、体育活动没有标出；文件名称有11个，案卷标题却只标出2个，规定、办法、批复、请示、通报、报告、意见、函、登记表没有标出。

（2）排列不规则。卷内文件顺序只是碰到什么排什么，案卷标题中出现的文件作者、问题、名称，都没有按逻辑顺序，或重要程度，或习惯顺序排列。

（3）结构不规范。文件作者、问题和名称，都没有按类别相对集中，各个组成部分被相互隔开。

（4）时间不相符。卷文件起止时间，原标自1954. 1. 26—1954. 12. 27止，实际有一份文件日期为1955年8月16日。

出现上述问题的原因，主要是两个：一是文件在组卷时分类不专不细，大杂烩造成了内容庞杂，致使案卷标题繁琐冗长。这个案卷反映的问题即内容，基本是三大类，即城市规划、党支部工作和机关秘书事务工作。前两类问题比较集中，后一类内容庞杂，将它们分开组卷，就会显得简明扼要，现在混杂在一起，当然繁琐冗长。二是案卷内文件排列时，没有逻辑意识、整体观念，信手排来，杂乱无章。拟写标题也依此照录，自然不系统，遗漏多。

经过上述分析，原案卷中存在的问题和发生原因已经明白了。现在依照卷内文件所反映的情况，可以将原案卷标题修改为：

“政务院秘书厅、国家建委、西北行政委员会、省人民政府、办公厅、参事室、支部、四总支关于城市规划、机构名列合并、人员处理、案件判决、法规政策、办公制度、电报管理、机要交通、工作反映、统计资料、体育活动的规定、办法、批复、请示、意见、通知、通报、报告、总结、函、登记表”。

这个案卷标题，是在原案卷基础上按拟写案卷标题的要求修改的，文字虽较长，但不如此不能揭示卷内所含文件的内容与成分。它比原标题概括全面，排列规则，结构规范，清楚明白，便于查找和利用文件。

通过分析和修改上述实例，对于怎么样拟写和修改案卷标题，我们可以得到这样一些结论：

（1）拟写或修改案卷标题的人员，只有熟悉机关工作的职能和业务，详细了解卷内文件的成分与内容，才能抓住立卷特征，用简练的文字概括复杂的情况。卷内 21 份文件反映的问题涉及 11 个方面，不管情况多么复杂，文字表述多么错综，只要抓住实质就可以归类概括。如顺序号所列，1 和 3 能归纳为办公制度；2 和 7 归纳为电报管理；9、10、11 和 19、20、21 归纳为工作反映；13 和 18 归纳为人员处理；15、16 和 17 归纳为城市规划；其余均各自为一个问题。21 份文件有 21 个作者，只标出不同的，共有 8 个；有 21 个名称，也只标出不同的，共有 11 个。相同的都归而为一，就把重复化去了，把繁化简了。

（2）拟写、修改案卷标题的要求，主要有三点：①对内容概括确切全面，避免歪曲原件内容或表述不清，令人费解；也避免过于抽象笼统或具体罗列文件标题，繁琐堆砌。②文字通顺，朴实简明，合乎语法，词意准确，标点正确。③结构力求规范，遵守基本格式，排列顺序统一。

（3）案卷标题的结构形式，主要由三个因素组成，即作者、问题、名称。除此之外，有的要加时间因素，有的要用通讯者因素，有的要加地区因素，随情况而定，但前三者是基本的。案卷标题的结构，基本上是按立卷的六个特征来组合的。从语法结构上来说，案卷标题中的文件作者为主语，“关于”为介词，文件所反映的问题即内容为名词性短语，“的”为助词结构，文件名称为宾语。案卷标题不论是拟写还是修改，符合这个结构顺序的就清楚明白，不符合的就会混淆不清。

（4）需要立卷的文件，立卷宗时要做好分类，类要分得很专很细，不要混杂。即使文件不多，需要合并立卷的，也尽量做到性质相近，以使案卷的标题的拟写简明扼要，便于查考。对于过去已立的有规可循，不需要拆卷重整的案卷，为便于查考利用，应当在原卷的基础上熟悉文件情况，掌握各自的特征，对不符合要求，反映不了卷内文件情况的案卷标题予以修正完善。这样做的结果，可以大大提高案卷的查准率，为各方面工作提供服务。

第十一章 秘书与会议组织

会议组织工作是办公室一项经常、大量的基本工作。能否办好会议，达到会议预定的目的，对保证单位工作正常运转具有非常重要的意义。秘书人员在办会中处于重要的位置，要通过不断实践，积累经验，掌握规律，提高办会的水平。

第一节 会议工作概述

一、会议与会务

会者，聚合，会合也；议者，商议、议事也。会议，就是聚众议事。

会议起源于原始社会晚期的部落民主议事制度。《尚书·周官》记载：“议事以制，政乃不迷。”以后随着国家的形成，社会事务的复杂，会议作为一种工作手段、方法和形式，运用越来越广泛。

会议这种活动形式发展到现在，已经成为各级党政机关制定与实施决策的一项重要的公务活动。是否善于运用会议的形式推动各项工作，是衡量一个机关、一个部门工作水平高低的重要标志之一。

会务是对会议服务工作的总称。会务工作包括会前准备、会间服务和会后善后工作三大部分。其主要内容是会议文字工作和事务服务。从事以机关名义召开的会议的会务工作是秘书部门的一项经常性业务工作。

二、会议的构成

（一）会议名称

根据会议主题，确定会议的名称。要求突出主题，简单明了。主要有两种方法：一是揭示会议的性质，如“局长办公会议”；二是揭示会议的主要内容，如“鲁迅逝世50周年纪念大会”。

（二）会议时间

要根据会议目的和客观条件，选择开会的适当时间和会期。它有二层意思：一是指确定会议召开的日期；二是指确定会期的长短。

确定召开的日期要考虑多方因素，如会议筹备工作是否来得及，参加会议的人员能否准时出席等。从会议内容和效果考虑选择最佳的召开日期也是一门艺术。

会议时间的长短，取决于会议内容、实际需要和会议的成本。

（三）会议地点

根据会议性质、与会人员的多少，合理选择会议地点，为会议创造良好的条件。会议地点的选择必须服从于会议内容的需要。如起示范作用的现场会，就要在工作比较先进的地区或单位召开。此外也应从会议接待能力、会议成本上考量。

（四）会议参加者

包括参会人员、主持人和会务组织人员。参会人员主要由会议主持者和参加者组成，有的会议还有列席人员、旁听人员等。会议主持人负责会议议程的落实，一般是会议召集单位的领导。会务人员亦称工作人员，除直接工作人员外，有些大型会议还包括为会议间接服务的工作人员。

确定参会人员必须考虑两方面的问题：一是会议出席人员的合法性问题。凡是法定性会议及有关组织章程中涉及的规定性会议，对于会议出席人员的资格和出席人员的法定人数一般都有明确的规定；二是考虑出席会议人员的必要性问题。以与会议议题关系密切程度确定与会人员，严格控制会议出席人数。

（五）会议的议题和议程

会议议题是根据会议主题，确定需要讨论、解决的问题以及与其相关的其他问题。议题必须紧扣主题，观点鲜明，措施具体，操作性强。

会议的议程是会议讨论、解决议题的程序。

（六）会议的方式

会议方式是指会议召开的形式特征，一般由会议的内容来确定。常见的会议形式有会场会议、现场会议、电话会议、电视会议、广播会议、网络会议等。

（七）会议的结果

指会议期间对所有议题所作的决定或解决方案，通常以会议文书（如会议纪要、决议等）的形式体现出来，并要求与会单位贯彻落实。

三、会议的种类

会议的种类可根据不同标准分为若干种：

（一）按会议的规模分

几百人到千人以上的为大型会议；几十人到几百人的为中型会议；几个人到几十个人的为小型会议；几人参加的为微型会议。

（二）按会议的目的分

有工作会议、表彰会议、研讨会、座谈会、交流会、庆典会议等。

（三）按会议召开的时间分

有定期会议（如单位办公会等各种例会、行业的年会）、不定期会议、紧急会议、临时会议等。

（四）按会议方式分

有普通会议、现场会议、电子会议（指采用某种通信手段，在各种电子设备的支持下举行的本地或异地的会议，如广播会议、电话会议、电视会议、国际卫星会议）等。

（五）按会议的性质分

有党的会议、行政会议、群众团体会议、各类专业会议等。

此外，按会议不同目的、主持召集者和参加者的不同作用与要求分，还有周知性会议、显示性会议、征询性、交流性会议、决策性、协调会议、行业性会议、专门性会议等。

四、会议的作用

会议是领导机关推行工作的方式之一，也是传达命令、沟通信息、交流感情的一种方式。会议的作用因会议的类型而异。

（一）民主决策作用

我国是社会主义国家，民主集中制是各级组织的基本组织原则。一个重要决策必须在广泛征求群众意见的基础上，经过反复论证，达到集中统一，才能形成。重大的决策涉及方方面面的因素，绝不是只靠少数几个人就能拍板定案的。要按照集体领导和个人分工负责的原则，既发挥领导班子集体的力量，集中大家的智慧，又尊重个人的意见；还要考虑客观外界条件，如人力、物力、财力是否允许，等等。也就是说决策必须要经过民主的、科学的论证过程，会议就是这种过程的主要形式。通过会议，集体领导与个人分工相结合，民主与集中相结合，领导与群众相结合，决策才能建立在科学、坚实的基础之上。

（二）沟通交流作用

为推动各项工作开展，或为保证决策正确并顺利实施，或为适应新形势，解决新问题，一个至关重要的方面就是人们需要不断深化认识，更新观念，拓宽视野，交流情况，通报信息，加强联系。而要达到上述目的，领导与领导之间、领导与下属之间、单位与部门之间、部门与部门之间、单位与所属单位之间以及单位与外界之间必须加强沟通、对话和相互交流。会议正是进行这种沟通和交流的主要方式之一。

（三）组织协调作用

为了实现某项决策或任务，要涉及若干单位和部门的工作安排、力量投入及各自的经济利益。通过会议讨论，可以使方方面面明确认识某项决策或任务的意义、要求、重点和本单位、本部门承担的责任、义务，享有的权利以及同其他单位或部门之间的相互关系，从而沟通思想，统一认识，协调动作，紧密配合，组织动员好各种力量，把某项决策或任务变为现实。

（四）号召动员作用

群众路线是我国一切工作的基本路线，会议是把领导意图变为广大群众自觉行动的一种有效方式。通过会议，使广大群众明白干什么、为什么干、怎样干，对广大群众起到鼓舞、激励的作用，形成氛围和声势，为推进工作奠定良好的基础。

第二节　会前筹备工作

会务组织工作是在一个限定的时间内人员集中、矛盾集中、政务集中、事务集中的独特的系统工程，需要办会的各部门协同动作。会务组织工作，主要、大量的是会前准备工作。准备工作越充分、周密、细致，就越能使组织工作按预定的计划、程序顺利推进。会前准备工作比较繁杂，内容较多，归纳起来，主要有以下几项。

一、安排议题

会议议题，是指会议所要讨论或解决的问题。这项工作由主管领导召开会议确定。参加办会的有关部门，要把领导意图、会议内容、规模、范围以及对会务组织工作的要求，搞清楚、弄明白。

二、制定会议预案

会议预案就是会议筹备方案，也即会议计划。会议预案主要围绕会议的议题，确定下列项目：会议召开的原因、会议名称、会议时间和会期、会议规模以及参会人员和外请人员、会议组织领导、会议议程、经费预算及来源、会议后勤服务、会议保卫保密工作等。

秘书拟好会议预案后须经领导同意，行文向上级请示，附上预案的附件——会议日程表（会议议程和会议期间其他各项活动的时间安排）。确定后的日程表要作为会议文书在会议报到时发放。

会议程序是每一次具体会议按照时间先后依次安排的工作步骤。程序可简可繁，不同性质、不同类型会议程序也有区别。

一般格式是：

×××会议程序

1. 会议正式开始前，由主持人介绍召开这次会议的背景或介绍出席这次会议的有关领导和嘉宾，重要的会议还需要宣布出席会议的人员情况。

2. 宣布×××会议开始

3. 全体起立，奏国歌

4. 请坐下

5. 请×××同志讲话

6. 请×××同志作报告

7. 宣布散会

会议程序不发给与会其他人员。

三、拟定与会人员名单

准确恰当地确定与会人员名单，是一项政策性、业务性很强的工作。哪些人员与会，必须根据会议的性质、任务、内容来定。选定名单时一定要周到全面，要既有利于工作的开展，也有利于降低会议成本。

一般来说会议名单先由秘书提供，最后由领导决定。

四、撰写会议文件

会议文件是指适应会议活动需要、体现会议主要精神的文字材料。它是会议活动使用的公文，用于反映和记录会议情况，传达会议的主旨、目的和任务的。做好会议文件工作是十分重要、繁重和严肃的工作。

（一）会议主旨文件

即提供讨论通过的主题文件，用以阐明会议宗旨、目的、任务和要求。这些文件一般要在会前准备好，按照到会的人员名单装入文件袋里，印的份数要比预计发放的稍多一些。重要的、保密的以及需要会后回收的文稿必须编号、登记，发放时要签收。

会议主旨文件主要有：会议的主题报告；需要审议通过的决议、决定、计划、方案、章程；领导人的开幕词、闭幕词等。

会上领导的报告、讲话等有关文件材料，有的是办公室起草，有的是有关部门起草，这项工作必须提前安排。有的文件初稿要先发下去征求意见，然后再定稿。会议文件总的要求是中心突出、观点明确、简明扼要。要反复研究，再三斟酌。

（二）其他会议文书

除去上述材料，需要大会会务组准备的相关会议文书还有会议交流的材料、重要的发言稿、会议参考材料、选举的背景材料等，会议简报、会议记录则是在会议期间或会后完成的。

五、制发会议通知

会议通知一般有两种形式，一种是文件形式，一种是电报形式。不管用哪种形式，其内容都应包括：召开会议的单位或部门，会议的时间、地点、内容、参会人员范围、报到地点、联系人等要素。会议通知上一般还附有回执。

重要的会议通知要打印分发，领取会议通知要签字。需要邮寄的要挂号并在信封上注明“会议通知”，以免误事。

六、落实后勤保障

（一）安排好食宿

尽可能将与会人员安排在同一宾馆或饭店。住宿、伙食的安排既要照顾会议交流的需要，又要尊重民族习惯。这些要由会务人员会前统一部署，并由后勤保障部门具体落实。

（二）落实交通工具

对会议期间的交通安排，如接送站的车辆、路线等要落实到位。还要备有预备车辆，以防不测。

（三）组织会务班子

要将会议开好，须有专人负责会务工作。一般来说，会务班子可分为大会秘书处和后勤处两部分。前者主要负责大会会务的各种事项，分会务组、资料组、组织组和报道组；后者主要负责会议的后勤服务，分生活组、交通组、保卫组和保健组。

（四）与会人员编组、安排讨论地点

会议内容不同，编组形式也不同。可按行政单位编组、按专业部门编组、按地区编组，也可按职务编组。根据编组情况安排分组讨论的地点。

（五）印制“会议指南”

有些综合性的大型会议可制作“会议指南”，将参会人员应当周知的事项，如会议日程、作息时间、名单、房间号、会务组地点、医务室地点、会场及讨论地点、外出乘坐汽车的车号、餐桌号等内容标示出来，方便与会人员。

七、会场布置

会场布置一般有以下内容：

（一）会标

会标是会议的标志，可烘托气氛，突出主题。大型正式的会议有“抬头标”和“回头标”两种。抬头标在会议主席台的上方，是与会者抬头看到的会标，内容是会议名称；回头标一般在会场一楼与二楼之间的横挡上，是主席

台正前方的会标，内容是本次会议的主题。会标常用红底黄字或红底白字，悬挂端正。

（二）主席台

会议席位座次排列相当重要。一般规则是：主要领导居中，面向会场，依左为上、右为下的原则，分别向两边排。如有地方党政领导参加，座次表需要征求地方党政办公部门的意见。如果只是本单位领导，座次表需要征求主要领导的意见。重要的大型会议主席台要摆放席卡，以便对号入座。席卡的书写一定要准确、美观。主席台上徽记、标记、图像、旗帜以及花卉等的摆放，要按有关规定和因会制宜的原则精心设计和实施。

（三）会场座位排列

与会人员座位的排列要服务会议的性质，又要体现平衡精神。

如常务会、座谈会应排成面对面的会场座位，形成每个人都是会议中心又都不是会议中心的格局，便于消除拘束感，同时也能防止“走神”，促使与会者积极思考。

各种报告会、演讲会等，与会者宜面向主席台。这类会议人数众多，要有绝对的中心。

座位排列效果也会不同：如长方桌座位排列是最普通的方式，主持人宜坐在两端，其他与会者坐两边，便于视线集中于主席位。多边性联席会议，宜用椭圆形或圆形座位排列，以示各方地位平等，不分高低大小。U字形和天桥形座位突出了会议主席或发言人，显得集中、紧凑，适用于布置工作的会议或学术会议。L形和T字形、六角形、方正形座位排列不突出主席或发言人，而使全体与会者之间显得融洽，适用于座谈会、交流会。“而”字形会场给人正规严肃之感受，适宜于召开中小型会议。

八、制发证件

中型以上的会议都要印制证件。如代表证、列席证、记者证、工作人员证等，用不同颜色，以示区别。会议证件有四个作用：一是证明身份；二是为了会议安全；三是为了统计人数；四是为了维持会场秩序。

九、接待安排

会议的报到处通常设在与会者下榻的宾馆或饭店。大会秘书处要做好会议报到的接待工作，介绍住宿安排，发放会议材料和证件要主动热情，登记办理返程车票时要细致耐心。

特别要做好对贵宾的接待工作。要固定人员、包干负责。对座次、照相、安全保卫、随行人员的席位以及食宿、临时休息地点等，都要逐项落实。

十、搞好新闻宣传

重要的、大型的会议要做好新闻发布工作。会议报道组的主要任务是做好会议的报道工作，负责邀请报社、电台、电视台的有关人员，做好对会议和会议代表的采访、录像和新闻宣传工作。组织好新闻发布会，向有关新闻媒介发布会议消息。

十一、会前检查

会前检查是落实会议各项准备工作、保证会议正常开展的重要保障。会前要由秘书或秘书陪同领导到现场检查，主要有三个方面的工作：一是看会议文件是否齐备，是否已校对、分装；二是看会场布置，会标是否符合要求，座位是否排列合理，照明、音响、空调等效果如何；三是看后勤保障的落实情况，做到任何细节都不轻易放过。

第三节　会中的调度工作

会前准备工作完成后，工作重点转向为会议顺利运转服务，主要做好以下几件事：

一、会议签到

签到是与会人员到会时的一道手续，会议秘书处可以通过签到及时了解到会人数。对于一些代表会议来说，人数是关系到能否达到法定人数、选举结果和通过的决议是否有效的大问题。常用的签到方式有四种：

一是秘书人员代签。由于秘书人员根据报名表画记号，但前提是秘书人员对与会者情况较熟悉。

二是簿式签到。与会人员自己签名，由于费时，只适用于小型会议。

三是电子签到。与会人员只要将特制的签到卡放入签到机内，两秒钟之内即可完成。与会者入场完毕，工作主机即能显示出到会人员、人数。

四是卡式签到。事先将印刷好的签到证发给本人，参加会议时交上一张卡片（或交会议通知、请柬）。

签到完毕后秘书处应将情况报告给会议组织者。

二、做好会议记录

会议记录真实地记载了会议的情况，客观反映了会议的内容和进程，为日后分析、研究、整理内容提供了主要依据，因而会议记载成为重要的文书档案，又是形成会议快报、会议简报、会议纪要的原始依据和材料。秘书处要安排专人进行记录。

会议记录的基本要求是快迅、准确、完整、清楚。

三、掌握会议进展情况

控制会议进程。秘书应协助会议组织者按照会议计划的要求落实会议议程。对会议过程中出现的突发性问题，要迅速妥善处理，使会议顺利进行。

安排会议发言。对会议期间的发言，秘书要协助领导安排好发言人和发言秩序，供会议主持人参考。在领导确定之后要提前通知相关人员，使之有所准备。

防止干扰会议的情况发生。如往往有些上访人员利用会议机会上访甚至冲击会议，应安排信访干部接待上访人员。另外要设专人接待兄弟单位来办事的人员，因为他们不知道本单位开会，如果无人接待，就可能到会上找人，影响会议。

四、做好会中的协调工作

会前准备工作需要协调，会中更要注意协调工作，特别要防止会议开始后，有的工作人员脱岗、出现空档等情况的发生。

从会议开幕到会议闭幕，应该把握会议的全过程，注意会议动向，对与会人员的情绪、意见、建议以及突发性事件等，要及时向领导汇报，使领导能够随时掌控会议。与会人员讨论的情况、共同关心的问题、会议的各种信息可通过“会议简报”形式及时反馈，以引导会议健康、顺利地进行。

五、把握会议气氛、做好调度工作

在会议进行过程中，要随时了解会议的内容、方式、时间、环境、气氛对与会人员的心理影响，采取必要的手段，有意识地调节与会人员的心理状态和情绪，创造一种宽松、和谐、生动、活泼的会议氛围，优化与会人员的心态。

会议进行过程中，可能由于种种原因会出现一些新的情况，需要调整议题、变更会议日程、迁移会场、增加列席人员等，秘书应报告、请示领导，随时采取措施，精心做好会议调度工作。

六、编写会议简报

会议简报是沟通分组讨论情况、收集意见建议、互相启发、集思广益、指导会议朝着既定目标顺利进行的重要工具和方法。主要有两种形式：一是报道式，选取会议中有价值的内容编成简短的消息；二是转发式，将重要的、有代表性的言论或观点摘录出来，启发与会人员深入思考。

七、会间的后勤保障

会议期间除了要做好与会人员的食、住、行以外，还要做好会场的茶水、纸张、用车等服务工作，对会议期间的宴请、娱乐、保健等活动的安排也要落实到位。有些会议保密要求比较高，还要注意对会议人员、地点、文件等加以保密。

第四节　会后善后处理工作

一、礼送与会人员

要安排好送站计划，根据与会人员的离会情况安排好送站，做到礼貌、热情。对暂时不走、继续办事的与会人员，要妥善安排食宿，使与会人员感到有始有终，满意而去，谨防前恭后倨，虎头蛇尾。

二、做好善后工作

会议结束后秘书需将布置还原，还清所借物品，协助财务人员搞好会议决算，给加班服务的同志发放加班费或开补休假证明，跟有关方面打招呼、表示感谢。

三、会议文件的定稿

会议结束后，会前或会间起草的会议文件需要根据会议的精神作进一步的调整，经领导审阅后方可定稿。作为会议主旨文件之一的“会议纪要”和“公报”则必须在会议结束后才能起草。

四、会议情况的上报和下达

一个重要的会议结束后，要将会议的总体情况、会议决议等内容，向上一级机关作书面报告，使上级了解下级的动态。

一般来说重要的会议都需要传达，凡有决议需要贯彻执行的会议则必须传达。传达时应注意下列问题：一是明确传达内容，以决定全部还是部分传达；二是明确传达范围，注意保密；三是明确传达的方式与方法。有的按书面文件传达，有的按会议记录作口头传达，有的则采用录音或录像方式传达。

五、落实会议决议

会后要立即对会议决定的事宜，通过催办、督查加以落实，做到件件有回音。催办的方式，常有口头、电话、书面三种。见下表：

×××会议决议催办登记表

会议决议事项	应完成时间	完成时间	办理情况
1.			
2.			
3.			

×××（承办单位）负责人（签章）

××××年××月××日

会议决议传达催办通知单

×××会议决议传达催办通知单
编号：××
×××（单位、部门或人员）： 兹由××××年××月××日会议决议如下： 1. 2. 现要求你们于××月××日前办理上述有关决议，并将办理情况报告至×××（发文单位）。
×××（发文单位）办公室（或秘书处） ××××年××月××日

六、做好文书归档工作

对会议产生的各种文件和文书材料，包括原件和印刷件一并立卷、收集完整，归档入库。重要的会议应单独立卷。

七、总结会务工作

会议结束以后，要由单位领导或办公室主任出面，召集全体办会人员，总结会务工作的成绩、特点，表彰成绩突出的工作人员。对办会中存在的缺点和问题，要加以总结，作为借鉴，在以后会务组织工作中注意克服。

第五节　常用会议文书的写作

一、开幕辞

开幕辞是大型会议开幕式上有关领导对会议所作的开宗明义的短篇讲话，用来宣布大会开幕，简要介召开会议的形势和背景，阐明会议的宗旨、指导思想、目的意义、会议中心和议程，提出开好会议的要求。

开幕辞一般由标题、签注、称谓、正文四部分组成。

（一）标题和题下签注

标题和题下签注有三种形式：一是会议名称加文种，题下签注写明致辞人和时间；二是在会议名称和文种前加致辞人姓名，题下签注只写明时间；三是新闻式双标题，正题突出开幕辞中心，副题说明是什么会议开幕辞，有的还冠以致辞人姓名。正副题下签注写明致辞人和时间，若副题中已有致辞人，则签注只写时间。

（二）称谓

在正文之前顶格书写，如“各位代表”、“同志们”之类，称呼后用冒号。

（三）正文

一般分为三个部分，即开头、主体、结尾等部分。

开头部分：在郑重宣布会议开幕之后，简要说明会议召开的背景、根据和目的，介绍与会人员情况。

主体部分：阐明会议的主要任务即会议的性质、主要议题、议程及要求，提出会议的指导思想，指出会议召开的重要意义即会议将要产生的作用和影响。这部分内容是会议主题、基调所在。

结尾部分：常用鼓舞性语言发出号召，提出希望和开好会议的要求，最后通常用“预祝大会圆满成功”作结。语言要精练，富有鼓动性、感染力，感情要充沛。

二、闭幕辞

闭幕辞是大型会议闭幕式上有关领导对会议所作的总结会议的短篇讲话。着重对会议作出评价，总结大会成果，提出贯彻会议精神的要求和希望，宣布会议胜利结束。

闭幕辞的基本结构与开幕辞大体相似。标题、称谓的写法与开幕辞基本相同，只是标题中的文种写为“闭幕辞”。

（一）开头部分

常用一段简要说明会议在什么条件和情况下开得怎么样，实事求是地对会议作出评价。

（二）主体部分

对会议作出总结，说明会议取得的成绩，完成的议题，讨论研究解决的问题，取得共识的经验，议决的主要工作，贯彻会议精神的部署和要求，尚待进一步探讨的问题等。这部分内容较少可为一段，内容较多可分几段各写一个方面。

（三）结尾部分

用坚定有力的语言对与会者和有关方面发出号召、希望，用热情真挚的语言感谢大家对会议成功召开的支持，对与会者表示真诚的祝愿，最后郑重宣布会议胜利闭幕。

三、会议报告

会议报告是有关领导人代表机关、单位、团体或者领导核心在会议上所作的报告的文稿。主要有工作报告、会议总结报告、领导专题报告等类型。

会议报告的内容或阐述党和国家的路线、方针、政策，或申明领导核心的主张、决策，或分析形势以统一认识，或总结经验教训以鼓舞士气，都有较强的政治色彩。它的作用在于指导工作，宣传教育干部群众，动员大家齐心协力搞好工作，有较强的鼓动性和理论色彩。

会议报告通常由标题、签注、称谓、正文等几个部分组成：

（一）标题

标题通常采用以下几种方式：“事由（或事项）＋文种”，如“关于二〇〇四年国民经济和社会发展计划执行民政部及二〇〇五年计划草案的报告”；或“会议名称（加事项）＋文种”，如“中国人民政治协商会议成都市第九次常务委员会工作报告”；或“新闻式双标题”，正标题突出报告中心，副标题说明会议名称、文种，有的还写明报告人和时间，如“努力工作，狠抓落实，推动我市反腐斗争深入发展——×××同志在市委第四次全会上的报告”。

（二）签注

通常在标题之下注明报告者姓名（必要时加上职务，如政府工作报告）、报告时间。如在标题中已标明了姓名、时间，就不必另外签注。

（三）称谓

在正文之前顶格写称谓，一般多用泛称，如“各位代表”、“同志们”之类。如果有重要来宾到会时，也可以加上专指性称呼，以示礼貌、尊重。

（四）正文

一般由开头、主体、结尾三部分组成。不同类型的会议报告，各部分写法有所不同。通常在开头部分揭示报告的内容范围，或者开门见山揭示报告主旨，或者概述报告的背景和形势，或说明报告的缘起。结尾部分提出希望、要求，或表达祝愿、表明态度。主体部分是正文重头，或分析形势、总结成绩、阐述经验教训，或指明方向、布置任务，或提出工作目标、说明措施办法，或摆事实讲道理、阐述一些大家关注的热点问题。

四、会议记录

会议记录是在开会的过程中由专门记录人员将会议的基本情况、研究和讨论的问题、报告和发言的内容、形成的决议和各方面的意见如实记录下来的书面材料。

会议记录可以作为传达、贯彻会议精神、执行会议决定、研究会议议题的依据，也可作为重要的历史资料保存。

会议记录的基本格式，一般由标题、会议组织情况、会议内容、会议结尾四部分组成。

（一）标题

即记录的名称。标题有三个要素组成：单位名称、会议事由、记录名称。如“××大学教务委员会扩大会议记录”。

（二）会议的组织情况

（1）开会时间：要写清楚××年××月××日××时，也可以写上午或下午。

（2）会议地点：要写清楚具体地点，如××会议室。必要时要注明会议室所在地址。

（3）出席人：出席人少，要写清楚出席者的姓名、职务；出席人多，可以只写出席人数。

（4）缺席人：缺席者不多，要写上姓名，注明缺席原因；缺席人较多，只写缺席人数。

(5) 列席人：要写清楚列席人的姓名、职务。

(6) 主持人：要写清楚主持人的姓名、职务。

(7) 记录人：将记录人的姓名写上，并注明其职务。

以上内容，记录人要在会议主持人宣布开会之前写。

(三) 会议内容

这是会议记录的主体部分。记录的内容包括会议议题、领导的报告、讨论情况、形成的决议和主持人的总结等。

会议主体部分的记录方法：有详细记录、摘要记录和议决记录三种。

(1) 详细记录用于重要会议。这种会议讨论、研究的问题比较复杂，要求尽可能地记下发言者的原话，怎样讲就怎样记，特别重要的发言，不仅要完整无遗地记录发言内容，而且最好记下发言者的语气姿态和与会者的反应(如鼓掌、笑声等)。

(2) 摘要记录用于一般会议。在没有分歧和争议的情况下，只需记录关键和重点，即在会上报告了什么事情，讨论了什么问题，作出了什么决议等。

(3) 决议记录则只记会议议题和议决事项，不记其他内容。这种形式的会议记录，与会议纪要的写法很接近。

(四) 会议记录结尾

会议结束，要另行空两格写“散会”字样。在会议记录的右下方，由会议主持人和记录人签名，以示负责。

第六节　端正会风，提高会议质量

会议本来是各级领导机关解决问题的一种途径，可是长期以来很多机关和部门却将会议当成解决问题本身，甚至借开会之名行腐败之实。会风不正的问题已经严重影响到党和政府机关的威信及工作效率，应当下决心坚决纠正。

一、建立制度

（一）制定会议管理制度

有些单位之所以会议过多，质量不高，一个重要原因就是没有严格的会议管理制度，放任自流，不加约束。因此，必须以会议管理为突破口，结合本单位实际，总结正反两方面的经验教训，建立会议管理办法。管理办法可分为综合性会议和专业性会议两种管理模式，亦可就会议的某个环节制定管理办法，例如会议经费核算制度、提高会议质量制度等。对一些定期召开和模式固定的会议，如党代会、职代会、劳模大会、庆祝会、剪彩会等，可以制定标准程序，从会标、会期、议程、决议等项目拟定标准。一旦确定召开这类会议，就可按照拟定的标准程序，予以实施，达到事半功倍的目的，防止临时谋划、手忙脚乱。

（二）制定会议审批制度，控制专业会议

为了防止会议过多、过滥，需要建立会议审批制度。由业务部门拟订会议计划，半年或一年提报一次，由单位领导办公会议进行审批，控制会议的次数、期限、规模。这对减少会议、提高会议质量，可以起到很好的作用。需要强调的是，会议计划一旦确定，在无特殊原因的情况下，一般不要轻易变动。

二、控制规模

（一）多会合开，长会短开

会多，必然造成时间、人力和资金的浪费。对一些非开不可的会，可以集中起来，多会合开，召开综合性会议。一次会议可以商讨、研究多个议题，而且尽量压缩会期，开短会。对参加会议人员和会议工作人员要严格控制数量。在这方面，日本企业家士光敏夫提出的关于开会的“五个提倡”应当对我们有所启发：“开会要提倡争论，提倡各抒己见，提倡全体发言，提倡不超过一小时，提倡站着开”。

（二）尽量召开电话（电视）会议和广播会议

现代通信设施比较完善，也很方便，利用先进通信设施开会，确实省时、省力、省资金。所以能用电话、电报解决的，就不要开会；能用电话、电视、广播会议解决的，就不要把人员召集来开会。

三、提高质量

会议的质量是会议的灵魂，也是会议效果的“考核表”。要提高质量，必须重视克服影响会议质量的消极因素：

（一）照抄照转上级会议，没有结合本单位实际的内容

上级开什么会，本单位就开什么会；上级怎么要求，本单位就照本宣科；不结合或很少结合本单位的实际情况，没有自己的特点，只是敷衍塞责，搞形式主义。这种会议没有生机、没有活力，效果也就很差。

（二）越级开会，动辄“一竿子插到底”

有些会这样做，确实能节省时间，在短时间内收到很好效果。但是如果绝对化，不管会议的内容、参会的对象，经常“一揽子”开会，实际效果并不好，而且违背逐级负责的原则，使中间组织处于被动地位。

（三）缺乏认真准备，会上临时动议

会前准备不充分，会中临时增加一些与会议主题无关的内容，使与会者毫无思想准备，不知所云，只能盲目应付，影响会议质量。

（四）有会必请领导，领导到会必请讲话

有些会议请有关领导参加，讲讲话，以示重视，本来无可非议，但不管会议内容如何都请“各路诸侯”来参会，而且还要准备冗长的讲话稿，请领导“宣读”，那就大可不必。殊不知，这样做不但会使领导陷入会议的“海洋”，而且并不能提高会议质量。

四、节约开支

按照会议的规模、期限、人数，实行会议成本核算，不仅能有效地控制会议，而且对端正会风、反对腐败具有重要意义。实行会议成本核算，就是会议经费要有严格的预算，少花钱、多办事，严格按预算包干，超支不补，也不能转嫁给下属单位和别的部门。

一是乘法：会议成本 = 会议准备费用 + 参加人数 × 每小时平均工资 × 开会时间 ×3

何以参加会议人数乘上三倍的平均工资？原因是倘若不开会，与会者所创造的价值绝不仅仅够发工资。需要说明的是，以上所说的会议成本，不是指召

开一次会议实际所需的经费。

二是除法。即将一个月、一个季度准备召开的会议次数除以天数，看看会议的频率。一般说来，基层单位的领导会议量以25%为宜，绝不能超过1/3，超过了就说明会议太多了。

五、防止腐败

做到勤俭办会，严格执行有关纠正会议不正之风的规定。政府部门的会议应尽量降低会议住房、用餐、用车标准，不发纪念品，不组织与会人员游览。

思考题

1. 会议的要素有哪些?
2. 会议类型划分的标准有哪些?
3. 简述会议的作用。
4. 如何准备会议的预案?
5. 如何做好会前的准备工作?
6. 会间服务工作的内容主要有哪些?
7. 会议的善后工作包括哪些环节?
8. 改进会风、提高会议效率的途径有哪些?
9. 结合实际写一篇开幕词、闭幕词。
10. 参加一次会议，并作好会议记录。

案例:

一次难忘的记忆

办公室王副主任是个有名的办会专家，大会、小会办过多次，每次都办得很成功。作为部下的秘书小张非常佩服王主任的办会能力。一次办公室王主任外出调查，临走前对小张说:“我走后不久单位就要开一次大型会议，规格很高，不少兄弟单位都派代表来参加，希望你能独立搞好这次会议组织。”

小张秘书想:“由我组织这次重要的会议，这既是王主任对我能力的信任，也是对我独立组织会议能力的一次考验。我应该不负他的期望，尽一切努力办好这次会议。”

于是小张秘书紧急动员起来，从会议组织计划、会议文件准备、会议通知、会议接待、会场布置、会议程序安排、会间高度等方面安排得井井有条，而且颇有新意。只等会议开幕。

没想到，会议一开幕，小张秘书就被当头棒喝。在会议主持人宣布大会开始之后，接着就是“全体起立，奏国歌”。可是等到台上台下全体起立后，喇叭里放出的不是庄严的国歌，而是轻音乐！会场一下子就乱了套。小张秘书立即冲上台去关了机。可国歌的磁带就是找不到，台上台下足足站了几分钟。会议主持人只好用沙哑的声音起了个头，指挥会场合唱国歌。由于没有行家指挥打拍子，雄壮的国歌唱得很糟。主席台上的大小领导都用严厉的目光盯着小张。小张感到十分后怕。这种重大失误要是在“文革”时期，足以被当场打成反革命。现在虽然不上纲上线打棍子，但从“一把手”严峻的脸上他读出了问题的严重性。要不是当着那么多人的面，他真恨不得狠狠地扇自己几个耳光。

事后，“一把手”几次对办公室秘书们说：“你们是单位的门面，稍有不慎，影响很坏！上次错放磁带，不仅干扰了会议，而且影响厂里的声誉，我当时恨不得钻到桌子底下去。人家会怎么看？组织会议的都是单位的尖子，尖子都是马大哈，还谈什么企业素质和管理水平？……”

分析：

这个案例中小张秘书由于会议筹办工作不细致，导致该放国歌的时候放出了轻音乐这样一件令人感到十分难堪的事。不仅使会议在一开始就陷入了混乱，影响了会议秩序和会场气氛，也影响了组织的形象和与会者对会议主办单位的信赖感。同时，这个错误影响了与会代表的情绪，干扰了与会者思考会议内容，进而影响了会议效果。对于会议组织者来说，这一突如其来的情况，也会使会议的主持者陷入被动，影响会议进程。

这件事告诉我们，会议筹办是一个系统工程，必须环环相扣，步步落实，反复检查，不能出漏洞。任何细小的疏漏和失误都可能影响整个会议效果。因此，会议的筹办人员必须认真负责，扎实细致。各项具体工作都要落实到责任人，按时限完成。

第十二章 秘书与信访工作

信访，是群众来信和群众来访的简称。负责处理群众来信来访的工作，就是信访工作。信访工作是沟通党、政府、企事业单位与人民群众联系的桥梁，是接受群众监督的有效途径，是维护安定团结的有力措施，是信息反馈的重要渠道。做好信访工作，是为了保障人民群众当家作主的权利，发扬社会主义民主。1995 年 10 月 28 日，国务院以 185 号令发布了《信访条例》，进一步明确了信访工作的性质、任务、原则和办法，把信访工作纳入了法制的轨道。

第一节 信访工作概述

信访，是指人民来信和来访。信访工作就是负责处理人民来信、接待来访的工作。

信访工作由秘书部门来承担，这是由信访工作和秘书部门的性质决定。信访工作是各级领导机关联系群众的桥梁和纽带，是信息反馈的重要窗口，是掌握群众思想脉搏的重要渠道，是群众行使当家做主权利的重要途径，是领导机关为人民群众办实事的具体体现。信访工作范围几乎是无所不包：申诉、检举、批评建议、要求等，绝不是某一个具体的业务部门能够承担的。而秘书部门是综合机构，是信息的汇聚点，在机关起着承上启下、沟通左右、联系协调的作用，由秘书担当这项工作是很恰当的。

一、信访工作的要素

一般来说信访工作由以下五个基本要素构成：

（一）信访者

信访者是以来信或来访的方式向机构表示意愿的个人或团体。信访者是信访活动的发起者，也是秘书部门信访工作需要服务好的对象。

（二）受理者

受理者是接受处理来信来访活动的个人或组织。在信访活动中受理者的工作状态和水平直接影响信访工作的质量。

（三）信访形式

信访形式是指信访者进行信访活动所采用的形式、方法。主要有来信和来访两种形式，有时也采用电话的形式。

（四）信访内容

信访内容是信访者通过信访形式反映的问题和表达的意愿。根据不同的内容，可将信访内容分为申斥、求助、检举揭发、建议等类型。

（五）信访结果

信访结果是指来信来访活动最后的处理结果，体现着信访活动的目的和意义。信访者对信访结果是否满意，是对来信来访处理工作评价的主要指标。

二、信访活动的特点

（一）广泛性

信访活动的广泛性具体表现在两方面，一是信访发起者身份的多样性，社会各方面人员都可以参与信访活动；二是信访的内容无所不包，涉及社会生活的方方面面。

（二）复杂性

来信来访的问题常常是一些长期得不到解决的“老大难”问题，牵一发而动全身，限于政策、财力、意志、人员等，解决起来往往阻力不小。特别是一些特殊的来访活动，处理起来更是棘手。

（三）政策性

信访工作是一项政策性很强的工作，因为信访中反映的问题会涉及方方面面，都不同程度地体现政策精神，对相关政策不熟悉是难以妥善处理信访中的矛盾的。

（四）长期性

信访活动是社会矛盾的特殊表现形式和反映，社会矛盾存在的长期性决定了信访工作的长期性。社会生活中，只要存在新与旧、正确与错误、先进与落后的矛盾以及深化政策、扩大开放带来的种种不平衡和各种观念的冲击，必然会在信访工作中反映出来，这就决定了信访工作的长期性。

三、信访工作的任务

根据《信访条例》规定，县级以上人民政府应当设立信访工作机构；县级以下人民政府工作部门及乡、镇人民政府应当按照有利于工作、方便信访人的原则，确定负责信访工作的机构或者人员，具体负责信访工作。

信访工作的基本任务是：按照党和国家的方针、政策、法律、法令，根据实事求是的原则，恰当地处理人民来信来访提出的问题，在条件许可的情况下，满足群众的正当要求，保障群众的民主权利，为实现党的政治任务和奋斗目标服务。具体任务有：

（1）受理本地区、本系统的群众来信来访以及上级领导交办的来信来访，负责日常信访事项。这是信访工作的首要职责和任务。由于种种原因，一些群众往往越过本地区、本系统、本单位的领导，直接投信、上访上级领导机关或领导同志反映问题。对这些问题，上级领导要作出指示，信访部门根据领导批示认真办理。

（2）定期分析、综合研究来信来访中提出的问题以及重要的带有倾向性、苗头性、突发性的情况和问题。及时搜集、整理、归纳，并及时向有关领导部门及领导人反映，提出解决的措施、办法。

（3）按照“分级负责、归口办理”的原则，及时向有关地区、部门或单位交办信访任务，负责督促、检查、催办和落实。

（4）协助党政领导机关检查、指导本地区、本系统的信访工作，发现问题、解决问题，并组织经验交流。

（5）组织、配合有关部门和单位联合办案、协调处理“老大难”的问题。信访中有些“老大难”问题涉及几个部门和单位，需要协调关系后才能解决。这种情况下，信访部门应主动出面牵头，积极组织协调疑难问题，定期向有关领导机关报告，取得上级的支持和帮助。

（6）维护正常的信访工作秩序，保护信访者的民主权利。

四、信访工作的基本原则

信访工作内容复杂，头绪繁多，涉及面极宽，是一项政策性、原则性很强的工作。

（一）坚持政策，依法办事

在信访工作中要坚决执行党和国家的各项方针政策，这是衡量来信来访的处理是否合理、正确的标准。一方面要防止对改革开放中的一些界限不清的问题轻易表态，或个别领导人从局部利益出发，凭个人好恶处理群众意见，偏离政策法规；另一方面对一时还不能解决的问题，要向来访者耐心解释、疏导，教育来访者不能靠“闹”来解决问题，防止出现“大闹大解决，小闹小解决，不闹不解决”的错误导向。

（二）调查研究，实事求是

实事求是是正确判断和处理信访问题的前提。实践证明，信访者所反映的问题一般是属实的或基本属实的，但也有失实、片面的情况。由于来访者的利益、看问题的角度、对情况了解的程度等，都可能造成反映情况不够全面或准确，甚至个别来访者为了某种目的会捏造事实。如果秘书人员不加甄别，全听全信，以此作为处理问题的基础，就可能犯下错误。因此处理来信来访，要深入细致地调查研究，搞清问题，明辨真伪。

另一方面，只有通过认真细致的调研，才能实事求是地对信访问题分别作出处理和答复。由于信访问题纷繁复杂，有的有具体政策规定；有的虽有规定，但只是原则精神；有的虽没有规定，但确有实际困难要解决。这就需要对信访问题的处理既要坚持原则，又要灵活处理。但一切都需要建立在调查研究和实事求是的基础上。

（三）动情晓理，说服教育

信访工作是为群众服务的工作，要本着对人民群众高度负责的态度，满腔热情地为他们排忧解难。由于来访者的思想状况比较复杂，秘书人员应区别不同的情况向来信来访者宣传有关方针、政策、法令、法规，做好说服解释工作。信访者的合理要求一时难以解决的，要耐心做好细致的解释，以取得谅解与合作；来访者提出的过高或不尽合理的，要耐心说服教育，使其转变态度；来访者揭发坏人坏事，则要立场鲜明、积极支持并予以鼓励。信访工作所反映的问题属于人民内部矛盾的，决不能采取行政命令的方法进行压制，而要采用民主的、说理的方法，进行疏导教育，帮助他们认识问题、提高觉悟，但对有些无理的要求和错误的观点，也不能迎合、迁就，必须旗帜鲜明地进行批评教育，加以制止。

（四）分级负责，归口办理

按地区、按系统分组负责、归口办理是处理信访问题的工作责任制。“分级”指的是各级党政组织，“归口”指是各主管业务部门。坚持这个原则的作用和意义在于：一是将各级、各部门的处理信访问题制度化；二是将信访工作和部门业务工作结合起来，增进各级领导干部和信访干部的责任心，改进工作作风，提高工作效率，将问题解决在最基层。具体做法是：

（1）明确分工，层层负责。属于哪一级职权范围的问题，就应该由哪一级负责解决；

（2）分工归口，包干到底。根据信访者所属系统和信访问题性质以及各部门的业务范围、权限，分别归口到有关部门处理。

（五）件件落实，事事兑现

《信访条例》第二十二条规定，信访部门应对信访事项予以登记，并区分情况，在15日内分别转送相关部门处理，“有关行政机关收到信访事项后，能够当场答复是否受理的，应当当场书面答复；不能当场答复的，应当自收到信访事项之日起15日内书面告知信访人”。第三十三条规定，“信访事项应当自受理之日起60日内办结；情况复杂的，经本行政机关负责人批准，可以适当延长办理期限，但延长期限不得超过30日，并告知信访人延期理由。”这些规定体现了对信访事项高度负责的精神。

任何一项来信来访，都寄托着人民群众对党和政府的信任和希望。因此，无论来信来访反映问题的大小，最后都必须有结果，给群众一个交代，这样才能使党不失信于民，才能树立党的威信。信访人员应设身处地地理解信访人的心情，认真处理每一件、每一个问题，做到事事有交代、件件有结果，防止在处理信访案件时的“拖”“压”“推”“避”“顶”“化”等低效率情况出现。

（六）立足基层，就地解决

《党政机关信访工作暂行条例（草案）》规定：“县一级党委和政府（包括相当县一级的单位），要就地解决来信来访中的问题。凡是县里能解决的问题，都应当积极主动地就地予以解决。”即做好信访工作，县级是关键。信访反映的问题，大多发生在基层，坚持在基层就地解决问题，有利于方便群众，避免群众往返奔波、劳民伤财；有利于减少越级信访，减轻领导机关的负担；有利于改进领导作风，密切党群、干群关系；有利于及时消除不安定因素，巩固和发展安定团结的政治局面。

第二节　信访工作的制度

信访工作制度，是各级党政领导和信访部门、信访工作人员在受理群众来信来访的过程中，必须共同遵守的、按一定的程序办事的规程。它是实现程序规范化、职责制度化、管理科学化，搞好信访工作的重要保证。

根据中共中央、国务院的有关指示和各地的实践，信访工作制度一般包括：

一、登记制度

对人民群众的来信来访，应建立登记簿和登记卡，单独登记编号。登记的主要项目有：来信来访者的基本情况（包括姓名、单位、职业、住址等）、来信来访反映的主要问题、提出的处理意见、领导的批示、处理结果等。需要呈送领导批示的重要信访，须填写内容摘要。

来信来访登记簿（卡）都应妥善保管，注意保密，不得遗失。

______信访登记簿

收到日期：××××年×月×日　　　　　　　　　　　　　　字号：

<table>
<tr><td>姓名</td><td></td><td>单位</td><td colspan="3"></td></tr>
<tr><td>住址</td><td colspan="2"></td><td>何处转来</td><td colspan="2"></td></tr>
<tr><td>内容
摘要</td><td colspan="2"></td><td>附件</td><td colspan="2"></td></tr>
<tr><td colspan="2">经办运转记录</td><td>处理结果</td><td colspan="2">复信情况</td><td>备注</td></tr>
<tr><td colspan="2"></td><td></td><td colspan="2"></td><td></td></tr>
</table>

二、呈阅制度

对反映政策性、普遍性、倾向性问题的重要来信来访材料，应及时用呈阅笺（或称“要信（访）请示”和“要信（访）呈批表”）“来信（访）摘要”“信访简报”或专题报告等形式，连同原信和上访材料，呈报有关领导和同志阅批。

______信访请示报告单

<table>
<tr><td rowspan="3">提要</td><td rowspan="3"></td><td>姓名</td><td></td><td rowspan="3">领导批示</td></tr>
<tr><td>单位</td><td></td></tr>
<tr><td>时间</td><td></td></tr>
<tr><td>处理意见</td><td colspan="3"></td><td></td></tr>
<tr><td>内容提要</td><td colspan="3"></td><td></td></tr>
</table>

××× 信访办公室 ××××年×月×日

三、交办制度

凡上级机关或领导同志阅批的重要信访问题，信访部门可函交有关主管部门或地方组织调查核实和处理，并限期汇报处理结果。

______信访处理单

收到日期：×××× 年×月×日　　　　字号：

<table>
<tr><td>姓名</td><td colspan="2"></td><td>单位</td><td colspan="4"></td></tr>
<tr><td>住址</td><td colspan="3"></td><td colspan="2">何处转来</td><td colspan="2"></td></tr>
<tr><td>内容
摘要</td><td colspan="3"></td><td>附件</td><td colspan="3"></td></tr>
<tr><td>批示与
拟办</td><td></td><td>处理
结果</td><td></td><td>归卷
日期</td><td></td><td>案卷
编号</td><td></td></tr>
</table>

________交办处理便函

××信字（　　）第　号

________：

________来信（访）________件，关于____________________________________问题，现交由你们处理，希于××××年×月×日前将处理结果告诉我们。

此致

敬礼

××信访办公室章

××××年×月×日

四、转办制度

对于群众信访的问题，要按照“分级负责，归口管理”的原则进行转办。一般信访，可将材料转交有关部门或单位处理，但凡属揭发、控告性质的信访，应转给被揭发、控告者的上级领导机关处理，不能转给被揭发人的所在单位和本人。

转办信件通常有两种形式：一是统转，二是单转。

统转信件转办单

××××单位：

转去人民来信××件，请查收酌情处理。

××××信访办公室

××××年×月×日

单转信件转办单

××××信转（　　）第　号

××××单位：

现将×××同志的来信××件，转去。建议按下列第××项要求处理。

一、立案查处

二、送领导阅批

三、回信复本人

四、回访进行工作

××××信访办公室（公章）

××××年×月×日

五、催办制度

是指信访部门对交办或转办到其他部门或单位的信访件进行督促检查和对检查的时间、方式、要求、方法所作的规定。催办是提高办事效率的重要环节。一般情况下，定期十天、半个月催办一次；重大的疑难信访件可适当延长催办时间。凡是逾期不报告的，一定要催办。不能一转了事，不闻不问。

催办方式：一是发函催办；二是电话催办；三是会议催办。

________信访催办单

收到日期：×××× 年×月×日　　　　　　　　　　　　　　字号：

姓名		单位			
住址		何处转来			
内容摘要		附件			
批示与拟办		归卷日期		案卷编号	
备注					

六、回告制度

对于上级机关或领导同志交办的信访问题，承办单位一般应在三个月内上报处理结果。如到期未能处理或正在处理，不能上报回告的要在限期内主动说明情况。

__________交（转）办回告函

字第　　号

________：

你处××××年×月×日交办的×××来信（访）××件有关的问题，经调查，现作如下处理：

1. ……………………………………

2. ……………………………………

3. ……………………………………

4. ……………………………………

此复。

附：《×××关于×××的处理决定》×件

××部门（盖章）

××××年×月×日

七、审查结案制度

承办单位上报处理结果的回告材料，原交办单位要认真审查，及时结案。上报结论和处理意见，必须有申诉者签署的意见。

审查，是指承办单位将上报的信访问题的处理结果的回告材料，交原受理单位认真审查。

审查的内容包括：

（1）事实是否清楚，即对案件发生的时间、地点、涉及的人物、前因后果、具体情节、经过及处理结果都要弄清楚；

（2）证据是否确凿，即案件调查过程中获得的一切人证、物证都要能说明案情的性质，且得到当事人的承认；

（3）定性是否正确，即具体问题进行具体分析、划清是非界限；

（4）是否符合政策，即以政策为依据，从实际出发解决问题；

（5）手续是否完备，即把自理案件过程中所形成的有关材料、记录、文件等汇编归档；

（6）是否有当事人的意见，即结案报告要和当事人见面，征求当事人的意见，对当事人提出的合理意见要求采纳。

结案，是指信访部门对重要信访案件的终结处理过程，其制度内容包括终结指标、终结条件、终结方式和终结要求。

终结标准即是否通过了审查的几个项目。终结条件是来信来访的问题是否已作了正确处理。终结方式要求写出结案报告，即写出承办信访案件单位向交办案件机关汇报案件自理情况的正式书面工作报告。结案报告是承办单位结案的最后程序，也是交办机关阅览案件的重要依据。结案报告的形式和行政公文类似，一般分三个层次：概述案件、叙述案件、处理决定及落实情况。

八、复信制度

处理结果，应视具体情况，给来信来访者书面复信或口头答复。原则上由承办部门负责办理。复信要签署日期，加盖公章，留存底稿。口头答复，要作记录存档，以备查考。

根据来访来信的不同情况，实行谁处理谁复信制度，复信的类型有：

（一）告知性复信

通常情况下一般问题的信访可以告知处理情况，或告知交办、转办的去向。一时处理不完的，也应告知正在处理之中。

（二）鼓励性复信

对提出批评、意见、建议的信访加以鼓励，并简要说明所提意见、建议的处理情况。

（三）解答性复信

要求写得准确，作有政策法律依据的答复，本机关不能答复的转请有关部门答复或直接向有关部门询问清楚后再答。

（四）说服性复信

针对来信来访人对处理决定不服或其他原因产生悲观情绪，要做好思想教育工作，必要时上门走访，解决信访人员的思想问题。

（五）交代性复信

告诉信访人来信或信中所附物品的下落，让信访人直接与有关部门联系。

（六）询问性复信

有的来信反映的情况不甚全面，需要复信问清楚再处理，但复信时不能把处理意图告诉对方，否则易出现与实情不符的情况。

（七）感谢性复信

针对馈赠礼品的信访人，原则上说应该婉言拒绝，不能退的，则作价退款，但对有影响的知名人士、海外侨胞、国际友人等馈赠的礼品一般不便退还的，要复信致谢。

××××（单位名称）复信笺

信复字（　　）第　　号

________：

来信收悉，信中关于______________________________________问题，

一、已转请××××单位处理。

二、已转至××××参考。

三、正在处理之中，请耐心等待。

此复

××××信访办公室

××××年×月×日

九、信访归档制度

信访中形成的文件、资料、人民来信，均应按性质分类整理，立卷归档，建立信访档案。信访文书一般包括人民来信、来访材料、接谈记录、信访请示、领导批示、转办信函、催办信函、信访摘要（或简报）、调查报告、结案报告、各种统计报表等。根据信访档案的不同价值，其保管期限可分为永久保存、长期保存、短期保存三种。

十、领导接待日制度

信访工作是各级党政机关的一项经常性的政策任务，各级领导都有受理群众来信来访的责任。领导接待日制度便是一种很好的形式。目前我国各地、各部门、各单位都有党政领导同志分管信访工作，已成为一项重要的制度。

领导接待日制度，就是领导干部定期接待来访群众的制度。实践证明，这种由领导亲自处理信访问题的方法是防止和克服官僚主义，密切联系群众的好形式，这种形式对县一级政府部门尤其重要。

第三节　信访工作的程序和基本方法

处理信访问题的基本方法是：综合反映，分别处理。所谓综合反映是指在

特定的时空范围内对群众的来信来访所反映的问题进行加工整理，形成专题报告，供领导决策时参考。所谓分别处理，就是根据有关法律、法规，结合信访工作的实际情况作出有针对性的处理，以解决问题。

处理信访工作的基本方法包括处理来信、接待来访、办理案件和综合研究四个部分。

一、处理来信的工作程序

处理来信的基本要求是：及时拆封、详细阅读、认真登记、准确交办、妥善处理。主要工作程序如下：

（一）拆封

应做到当日来信，当日拆封，加盖收文章。拆封时应先浏览一遍，以便对要信、急信即时处理。同时要注意：

（1）对随信寄来的证件、现金、各种票证和其他贵重物品，逐一清点核对，妥善保管，防止丢失；

（2）保持信封和邮票的完整，以便佐证投信时间和地点；

（3）信封与信纸一并装订；来信如缺张少页，要注明；

（4）私信和公函不能作为人民来信收拆。

（二）阅信

阅信的目的是为了弄清来信的内容。阅信时须注意：

（1）及时阅读，以免耽误有时间性的急信和要信；

（2）信访函件往往较长，要善于提纲挈领；

（3）对于重复的来信，不要先入为主，要注意是不是同名同姓，如是应注次数、日期，如有新情况应视同新信；

（4）不在来信上勾划、圈点、添改、涂抹；

（5）完全弄清来信所反映的问题，涉及的人物、事件以及要求建议，并初步判断来信的重要程度。

（三）登记

登记就是在登记簿、登记单或登记卡上按项目填写来信的基本情况，如来信编号、收信时间、地址、单位以及反映的问题、提出的要求等基本内容。登记要准确无误、重点突出、言简意赅。登记要用钢笔或毛笔填写，不能用铅笔填写。

（四）处理

根据来信的内容，可采用要件呈送领导阅批、直接查处或转有关部门处理等方法分别加以办理。

（1）对一部分比较重要的来信，应按领导的批示意见处理。要信呈批也称要信请示，是指选择重要来信，呈送领导审阅批示。这是向领导汇报重要信访问题，得到领导批示从而提高办信质量，推动信访问题解决的一项重要措施。

呈送形式，一般有原信呈送和摘要呈送两种方法。摘要呈送可采取填写《信访请示报告单》的形式。

（2）遵照“分级负责，归口办理”的原则，根据来信内容的性质，按职责和业务分工转办、交办，并限期回报处理结果。它是上级领导机关和信访部门处理人民来文的一种主要方法。转办信访常用的方法有统转、单转和函转三种。

（3）对于难以归口、内容又并不复杂的来信，由信访部门直接调查处理。

（4）对匿名信的处理要持慎重的态度，区别对待；对揭发、控告信件，要转给被揭发控告单位或人的上一级机关或领导人。问题重大的，一般不要将原件转出，可用摘抄转办方法处理，不要公开来信人的姓名和单位。

（5）对一些重要的问题可立案交办。

（五）立案

受理人民来信的机关和单位及其信访部门认为确有处理价值，或有实际问题需要解决的或反映的问题很重要，应根据立案标准立案。可将立案的来信，面交或发函转交下级机关或部门调查处理，并限期上报处理结果。

（六）回复

凡反映的问题重要、有价值、需要处理；或知名人士、代表性人物的来信，已摘登内部刊物、经领导阅批的来信；或群众申诉，要求解决具体问题的来信等，一般都要给予复信。

对下列情况的人民来信，应予以复信：

（1）反映的问题，按政策不能解决，要直接复信宣传政策，讲明道理，求得谅解；

（2）提出发明创造、合理化建议以及有参考价值的意见等，应复信鼓励，并说明处理情况；

（3）对领导机关及工作人员提出批评意见的可在领导机关作出处理之后，复信表示感谢，告知处理情况；

（4）华侨、外籍华人询问亲友、申诉问题的，应该查明和妥善处理后，通过适当途径，复信告知处理情况；

（5）查询前信所附证件动向的，应复信告知已转何处，并嘱告来信者以后不要再附类似证件；

（6）对来信转交有关地区或部门处理的，复信告知来信人直接同承办单位联系；

（7）来信诉说由于写信揭发检举干部违法乱纪而遭打击报复的，应责成有关部门查处。情况紧急时，可派人直接查处。

二、信访工作的基本要求

（一）热情接待

接待人应端正接待态度和作风，对来访群众提出的问题、意见和要求，不论是否合理、能否解决，都要满腔热情地与之交谈。接待人员对于来访的群众应是来有迎声，问有答声，走有送声。对于由于种种原因言辞激烈、发脾气的来访者，也应该以礼相待，切忌简单急躁，训斥责骂，更不能推脱了事。

（二）认真登记

要记明来访时间、来访目的、来访人数和问题的性质。有文化的来访者，应把登记表发给本人填写，然后由接待人员复核。

与来访人员初步接谈，按照“分级负责，归口处理”的原则，将其介绍到某个地区或部门接谈处理。其中有些信访反映的问题不属于信访部门解决的，应该转办。由信访部门直接处理的问题大致有：

（1）事关党的方针政策和中心工作的重大问题；

（2）反映带有普遍性政策问题和值得注意的倾向性问题；

（3）涉及几个地区或部门，意见不一致、互相推诿的问题；

（4）各级党政领导人亲自指示、责成信访部门直接办理的重要来访；

（5）长期越级上访，多次处理不服的信访“老户”问题；

（6）反映承办单位久拖不决，或顶着不办，长期得不到解决的问题。

群众来访登记卡

分类：

来访者姓名		性别		年龄		初访时间		现工作单位	
上访主要问题及发生单位：									
接谈处理情况									

（32 开纸印刷）　　　　年　月　日　　　　接待员：

（三）细心接谈

接谈是指接待人员与来访者直接交谈，听取陈述，询问情况，解答政策，做思想工作。这是处理群众来访问题的重要环节。

接待人员在接谈时要做到“一听，二问，三记，四分析”。

听，就是集中精力倾听来访者的叙述，对陈述过长没有要点的，要加以引导。

问，就是把来访者没讲清楚的问题问明白，特别是把事情的经过和主要情节，过去上访和解决的情况，这次来访的要求及其理由了解清楚。询问的时候态度要和蔼可亲。

记，就是要把来访者陈述的问题、提出的意见和要求简明扼要地记录在《群众来访登记卡》上，作为分析和处理信访问题的基础材料。记录要全面、准确。要复述记录的主要内容；征求来访者对记录的意见；共同确认来访者反映的问题。

分析，就是对上访者陈述的问题和提出的意见、要求，对照有关政策规定，进行判断，明辨是非。要明确告诉来访者须对反映情况的真实性负责，并向来访者索要书面材料。

群众来访登记卡　　分类：

姓名		性别		年龄	
家庭住址		职务			
工作单位			初访时间		
来访问题摘要：					
处理情况					

接待员：　　年　月　日

（16 开纸印刷）

为了保证接谈所了解的情况真实可靠，接谈人员要善于把握来访者的心理。由于信访者的社会地位、生活经历、文化素养、思想认识等方面的差异，必然导致在信访活动中出现各式各样的心理特征，应当学会给他们“号脉”，对症下药。

1. 紧张怯懦心理

持此心理的信访者，多是初次上访的普通基层群众。上访者出于心目中对政府的敬畏和传统的心理习惯原因而怕见“官”，但事关己身，又不得不见。其行为表现为：拘谨局促，心慌意乱，手足无措，以抱手于胸或其他无意识的单一动作来掩饰和缓解自己的胆怯和紧张心理；语言表达上逻辑混乱，语无伦次，词不达意。如果是检举揭发控告之类，则由于害怕承担责任和遭到打击报复，往往瞻前顾后，顾虑重重。

2. 疑虑、试探心理

这类人一方面很注意察言观色，先看信访工作接待人员接待上是否热情，对他们反映的问题是否重视，注意力是否集中，办事是否认真。另一方面对自己要反映的问题能得到解决没有多大把握，试图通过试探性信访，摸摸“行情”，然后决定对策。当他们的有关问题未能得到明确答复，或虽然得到明确答复，但大大出乎本人意料之外时，也会产生怀疑。因此产生只相信上层领导，不信任低级别负责人和一般工作人员，只相信亲眼看到的“红头”文件，不相信宣传解释的心理倾斜。此种心理类型的信访者，常常重复上访或越级上访，并且多为与切身利益有关的经济方面的问题而来。

3. 幻想，投机心理

这类信访者的个人需要动机过强，他们明知其问题不好解决，为了创造解决问题的条件，总是竭力扩大其心理要求上的优势。一方面沉湎于自我虚构的幻想之中，想入非非，在不可能实现的幻想中寻求满足，结果是需求动机发生恶性膨胀。另一方面，他们往往挖空心思找出种种所谓的理由，采取软磨硬泡的方式，没完没了地纠缠不休，错误地认为“大闹大解决，小闹小解决，不闹不解决”，并通过不明真相的上级领导或其他关系户进行游说，企图迫使各有关部门或领导让步，违心表态。这类信访者心理倾斜的产生，除对有关政策不甚了解外，在思想认识上受社会上的错误价值观念和不良倾向影响较深，且又自我感觉良好，他们所要求解决的问题往往是按政策不能解决或不能完全解决的。接待此类上访者，需十分谨慎，处理不当，对社会的副作用很大。

4. 掩饰、欺骗心理

这类信访者一般是在非分的心理需求得不到满足的前提下，主观上产生不符合客观事实的认识，通过对他人或事物的批判行为来获得些许自我满足感。同时，持此种心理的信访者往往尽量避开那些不愉快的人或事再度出现，便蓄意歪曲或否认那些事实，使自己在信访活动中处于有利的位置。当此类信访者故意一再煞有介事地撒谎时，久而久之，其心理上也会深信自己所说的绝非谎言，陷入了自欺欺人的怪圈。对付此类信访者，唯一的办法就是从调查研究入手，弄清事实的真相。

5. 偏激、激愤心理

持此种心理的信访者一般心灵都曾经受到过程度不同的伤害，遭受过不公正的待遇。其主导性心理需求在于获得尊重和爱，才将事情推向极端。他们所反映的问题和提出的要求，往往是长期未能解决但又含有一定的合理性，或处于政策的“空档”或“边缘”之间，问题确实存在，但现在政策中没有与之相关的具体规定或无松动余地，难以变通的，等等。于是牢骚满腹，因微小的刺激而大发脾气，情绪极不稳定，容易导致不良后果。此类信访者虽为数不多，但处理不当会造成不良后果，故应做好解释安抚工作，平息他们心头的积怨，将其心理需求疏导到尊重和理解的需要上。

6. 社会赞许心理

此类信访者的出发点与社会的规范、社会的要求联系紧密。在信访内容上多以建议、意见为主，所提问题与个人切身利益无关，而是社会普遍关注的热点问题。在信访过程中，这类信访者往往表现出强烈的意志行为。一般说来，他们不像有的信访者那样羞羞答答、遮遮掩掩，而是公开亮出自己的观点，理直气壮，遇到挫折后仍然一如既往。因为他们确信，他们的行为是符合公众利益的。作为信访工作者，应当旗帜鲜明地支持他们的信访活动，解决他们所反映的问题。

总之，信访者的个体情况是千差万别的，他们的需要不同，也就决定了动机和心理特征的不同。在信访工作中，既要做到熟悉上访者的心理类型特点，对症下药，又不能为信访者的各种心理现象所左右，无原则地以感情代替政策。

（四）恰当处理

所谓恰当处理包括两方面的内容：一方面是对来访者反映的问题作出符合政策的处理，满足群众的正当要求；另一方面是对提出不合理要求的群众做好思想教育工作。具体表现在以下几方面：

（1）来访群众提出问题比较简单，能当即答复解决的应予以答复解决。

（2）反映的问题应由来访者所在地领导机关和单位处理的，可通过电话向有关单位进行初步核对，弄清有关部门情况，酌情处理。

（3）来访者反映的比较重要、典型的问题，可及时整理材料或编写《来访简报》，送领导批办。

（4）来访者要求合理，政策允许，应该解决而长期得不到解决的问题，可交办或直接调查，查明情况后，督促有关单位处理。

（5）来访者留下的申诉材料，需要转办的，应及时转办。

（6）对集体串联上访的群众，应做好说服动员工作。

（7）对少数无理取闹、扰乱社会治安和机关办公秩序而且屡教不改的人，经报请领导同意后，由公安，民政部门收容、遣送。

（五）立案查处

对于来访者反映的重要问题，应根据立案标准立案查处。列入查处范围的信访案件，一般包括以下几个方面：

（1）党和国家领导人和上级党政机关主要负责人指示的重要案件；

（2）上级党政机关交办的重大案件；

（3）有关地区、部门或单位反映的问题重大、亟待解决的案件；

（4）有关地区、部门或单位长期推、拖、顶着不办的案件；

（5）几经处理不服，长期越级上访、写信的信访老户案件等。

（六）回访安抚

信访人员对来访者反映的问题，可登门拜访当面答复或进行针对性地疏导。回访一般有以下四种情况：

（1）在调查处理前行回访，进一步听取本人意见，扩大调查线索；

（2）在调查处理过程中进行回访，与来访人核实有关情况；

（3）调查后进行回访，将处理意见告知来访人；

（4）对已筛结案的来访人进行回访，了解情况，做思想工作，巩固结案成果。

回访的重点，一般应放在问题已恰当处理而本人思想不通的人身上。这种方法能体现党关心群众、体察民情的有关政策，有一定的感召力。

第四节　特殊情况的来信、来访的处理

一、特殊来信的处理

办理人民来信，不但要掌握一般的程序和方法，还要掌握办理比较复杂的和特殊情况来信的程序和方法，以提高办信能力，及时妥善处理各种人民来信。

（一）联名信

联名来信是指三人或三人以上共同签署姓名反映同一问题的来信。

联名信一般是反映署名人共同关心或与他们切身利益密切相关的问题。尤以反映群众生产、生活中比较重大的实际问题和困难，请求党和政府帮助解决的更为集中和突出。来信人一般都要求急迫、言辞激烈，渴望尽快给予答复和解决。如果处理不及时或不恰当，往往会引起集体上访的后果。

情况紧急的联名来信，秘书人员在处理时，一方面要及时与有关地区和单位沟通情况，进行初步核实，有的还应作实地调查或考察，并建议做好工作，防止事态扩大。另一方面，要及时口头或书面向领导报告，说明初步核实的情况，并提出处理意见。

以联名来信反映的问题政策规定明确，已经作了妥善处理的，可转有关地区和单位，做好思想稳定工作。

（二）匿名信

匿名信就是不署名或不署真实姓名的群众来信。其内容以揭发检举领导、机关腐败和不正之风问题居多。

从过去匿名信的查证结果和有关部门查实处理的案件情况看，有许多是匿名信提供的线索。这说明匿名信也是党员和群众通过信访反映情况的一种方式。尽管有的匿名信确实有反映问题不实等情况，也确有人为了达到不可告人的目的，采取写匿名信的手段，捏造事实，进行诬陷的情况，但对匿名信不能采取一概否定的态度。如果对匿名反映的问题一律不理不查，这既不符合实际，也会堵塞反映问题的言路。

对待匿名信要坚持实事求是的原则，根据来信内容区别对待。对某一方面工作提出批评、意见或建议的，要做好调查研究或及时采纳有益的内容；对有重要线索或重要内容的揭发检举信件，先要初步核实情况，认为需要查处的，按程序办理；对揭发检举有具体根据、事实清楚的，要及时查处；对反映一般问题，情节轻微的，可通过干部谈话等方式，请被反映人说明情况。对利用来信故意捏造事实、诬告陷害诽谤他人的，一经查实，应视情节轻重，给予批评教育或依纪依法处理。

对以闹事、制造事端要挟和威胁有关领导及信访工作人员的匿名信，应及时通报有关部门做好防范工作，并配合公安部门及时妥善处置；对内容反动、恶意攻击谩骂的匿名信，应视情况交由公安部门处理。

（三）危急来信

危急来信是指在来信中流露危险情况和反映紧急情况的来信。大致有以下几种情况：

一是来信人缺乏克服困难的勇气，对依靠组织解决问题丧失信心，思想消沉，或受意外刺激等原因。产生轻生念头，欲寻死觅活。

二是法制观念不强，想以个人力量寻机报复，欲铤而走险。

三是来信反映问题重大，时间性很强，如不及时处理会产生严重后果。

对危急来信，必须引起高度重视，增强紧迫感。收到危急来信后，要立即向领导报告，如果领导不在，或来不及向领导报告，办信人有权先作处理。要立即用电话、电报将紧急情况通知有关地区和单位，提出具体要求，特别是对有轻生念头和欲铤而走险的，还要与公安部门联系，请他们协助做好防范工作，防止事态发展。

承办单位对危急来信或接到上级通知后，要立即找到写信人，详细了解情况，有针对性地做好工作，宣传政策，进行法制和人生教育，稳定来信人的思想情绪，等待组织的处理。

处理完结，要向上级写出详细报告。

二、特殊来访的处理

（一）集体上访

五人或五人以上为了同类问题一起到党政机关或企事业单位上访，称为集体上访。集体上访是信访活动中一种特殊情况，也是信访矛盾激化的一种表现形式。

对集体上访者首先要热情接待，逐一进行登记。对人数较多的集体上访，应要求他们选出代表，进行接待。一般要有机关或单位领导亲自出面，进行正面教育，疏导矛盾。一般不当面答复问题，更不能轻易许愿。

对集体上访反映的问题，要进行实事求是的分析研究，凡符合政策规定，有利于发展生产和改善群众生活，有利于调动群众积极性的，都要千方百计尽快解决。需要有关地区或部门调查处理的，信访部门要协助领导抓好落实，进行催办，掌握进度，帮助研究处理。对带有普遍性的问题，一时难以解决的，要向群众解释清楚。对要求不合理的，要坚决做好教育工作，宣传党的政策，不姑息迁就，乱开口子。对有越轨行为，冲击机关，扰乱秩序，纠缠领导和工作人员的集体上访群众，要进行批评教育。对屡教不改、蓄意闹事的个别人员，要由公安部门出面处理。

为了防止或减少大批人员越级集体上访，各级信访部门要互通信息，沟通情况，早做工作，把问题解决在萌芽状态。对基层发生的集体上访，必要时，上级可派人去帮助处理，把他们稳定在当地。

（二）危急来访

在上访人员中，有的反映问题紧迫，情绪反常，带有一定的危险性，如不及时妥善处理就可能发生意外，造成不良影响。

如有的上访人员由于所处环境或遇到某种特殊情况，流露出轻生念头。对这类来访人，接待人员要给以温暖，耐心启发其讲出事实真相，引导其相信和依靠组织解决问题，看到光明前途、增强生活信心。同时，与有关地区、单位取得联系，采取有效措施，切实做好工作，妥善处理来访人反映的问题。

有的来访人由于问题未得到解决，对某一组织或个人产生极端不满的情绪，欲用武力或其他手段伤害无辜。遇到这类来访人，先要稳定其情绪，使之冷静下来，问清事情的起因和经过，掌握发生问题的症结，进行法制教育、政策教育和思想教育，使其认识到自己的念头和行为的严重后果和危害。同时，与公安部门取得联系，做好防范工作，并请其所在单位派人共同做好工作。对其反映应该解决的问题，要抓紧处理。

有的来访人，在上访中突然患重病，接待机关要及时联系治疗，精心护理，严防发生意外。

（三）老上访户

所谓“老上访户”，是指上访人提出的问题经多次查处，不能予以解决的，本人仍不服，反复到上级机关上访的人员。老上访户是信访工作中影响机关正常工作秩序和社会稳定的因素，要引起信访部门足够的重视。

解决老上访户的对策：

一是思想疏导，消除对立情绪。寻找与他们感情的共鸣点，以心换心，解开他们心中的疙瘩。

二是实事求是，采用灵活机动的方法。依照国家法律、政策进行认真研究。法律、政策范围内应该解决的就彻底解决；政策范围内可以解决或能变通解决的，要想方设法积极予以解决；凡属个人要求过高无法解决的或无理要求的，要态度明确，摆事实讲道理，做好说服教育和转化工作。同时，尽可能地解决他们的生活和工作方面的实际困难，为其停诉息访创造有利条件。

三是控本治源，加大初信初访的处理力度。处于初信初访阶段的问题，一般来说，情况比较清楚，情节也相对比较简单，处理起来难度较小，因此，要抓住这一平息矛盾的大好时机，处理问题时做到政策用到边，工作做到位，处理要到底，落实要到户，把问题处理在始发阶段，避免老上访户的形成。

四是依法处置。对问题已经得到妥善处理，并经有权威机关鉴定处理终结的老上访户，如一再疏导教育，仍坚持过高要求，不肯停访息诉的，应根据法律法规及时处置。

思考题

1. 什么是信访工作？它有哪些特点？
2. 做好信访工作的意义是什么？
3. 信访工作的制度有哪些？
4. 信访工作必须遵循的原则是什么？
5. 简述信访部门的基本任务。
6. 简述处理人民来信的程序。
7. 简述处理人民来访的基本程序。
8. 秘书如何处理特殊的来信来访？

9. 秘书部门如何做好信访综合反映工作?

案例:

信访人员要慎重“答复”

A市政府信访干部小刘,一日值班接待来访者朱某。朱某反映,其邻居横行霸道,最近在其屋前砌起一堵围墙,挡住其家人去路,经基层干部调解无法解决,要求市政府处理。小刘听罢,豪气勃发,竟然忘记了自己是市政府的干部,冲动地说:“他不讲理,你把他的围墙推倒不行吗?怕什么?”朱某听了小刘如此“答复”,以为得到了市政府的支持,神气百倍,回去后立即组织了一帮亲友将邻居的围墙推倒。对方不服,也拉了一班人马和朱某对峙,最后双方大动干戈两败俱伤。基层干部在处理此事时,朱某一再声称“是市政府叫我推倒的”。小刘方知闯了祸,不得不承认自己的“答复”之不慎。但因矛盾激化所造成的后果一时难以消除,市政府以及信访干部在群众心目中的良好形象受到了损害。

B市信访局的案头上,一摞信堆得半尺多高,都是信访者文某写的,大家都很头疼。谁能想到,文某几年来写几百封重复信并不时到有关部门上访,是因多年前信访局给他的一份书面答复中两个不恰当的字引起的。事情追溯到十年前,在举国上下全面“落实政策”的高潮中,出身于富农家庭的文某,也写信要求“归还”解放初期“被当地政府强占的祖屋”(文某语)。信访局经过调查,查实该房屋在“土改”时已按当时政策“征收”,产权归国家所有,不能退回。但在给文某的书面答复中,却使用“没收”二字。文某经“高人”指点,认为按当时政策,该房屋不属于“没收”之列。于是,文某利用信访局答复中用语不当之欠缺,多次写信给中央领导,大肆攻击B市信访局某人“歪曲政策”。无论怎么样解释,文某都听不进去。几年来信访从不间断,而且多是直接给中央及省市主要领导写信,成为当地有名的信访老户。

G地区行政公署信访办老周,生性耿直,素有“炮筒子”之称。一日老周接待一批自称是为两企业间的房屋产权纠纷问题而集体上访者的人。老周恰好是此事的知情人,对事情的历史渊源及现状一清二楚。老周本应该将事情的来龙去脉耐心地向这群人说清楚,然而当时老周已产生一种逆反心理,冲动代替了理智。未等上访者申诉完毕,他便拍案而起,高声训斥:“谁说那栋房屋是你们的?70年代我就住在那栋楼上,你们懂什么?”带着满腔怨气的上访者立即反唇相讥:“你不是政府的干部,你没有资格接待我们!”双方立即成对峙之状。信访办主任不得不出来打圆场，费了好大的劲才把上访者的情绪缓和下来。过后，这些上访者向地委和行署领导“告状”，说信访办的一些干部态度不好，等等。老周成了新一轮上访的“被告”。

分析：

上述几件事告诉我们，给信访群众作“答复”是信访工作中一个极为重要的环节。“答复”是否妥当，不仅体现信访干部自身的政治思想和政策水平、文化道德修养以及业务熟练程度，而且关系到信访工作的实际结果，即社会矛盾的化解或激化。“答复”得当，群众情绪得以正确疏导，矛盾易于化解；反之，矛盾极可能激化，导致群众重复上访。

在一般群众的眼中，信访干部是党委和政府的代言人。因此，信访干部在接待群众时，必须注意自己的身份和形象，说话需要“斟词酌句”，做到慎之又慎。从上述事例中我们至少可以得到两点启示：其一，信访干部在正式答复群众之前，必须熟悉党和国家有关政策，做到答复得当准确。为避免个人知识的局限所出的漏洞，书面答复的文稿事先应由集体讨论后报主管领导审定。其二，信访干部应具备“任凭风浪起，稳坐钓鱼台”的涵养功夫。在接待群众时，要耐心听取群众的申诉，然后慎重给予答复，不要为群众的情绪所影响。假如把信访接待比作一场文艺晚会，那么，信访干部应是晚会的主持人，而不是观众。紧紧把握这一点，将会成为一个成熟的信访干部，“答复”的漏洞也将减少到最低限度。

第十三章 秘书与接待工作

秘书部门的接待工作面广量大，责任重大。机关单位的每次接待都是一次重要的公关活动，接待人员的礼仪修养将会直接影响到接待活动的成败，进而对单位的发展产生影响。对于个人来说，能否表现出对他人的礼貌，是一个修养问题、道德水准问题；而对于一个组织来说，秘书礼仪应用得是否得当，体现的则是该组织的管理水平。

第一节　接待工作概述

接待工作是秘书的一项经常性的工作，从事办公室工作的秘书人员，都要承担大量的接待任务。秘书通过接待工作，可以联络内外、承上启下、沟通左右，与方方面面的人建立友好合作的关系。从一定意义上讲，接待水平的高低，也是衡量一个秘书综合素质的标准之一。

一、接待工作的基本要素

接待工作是一个系统工程，由一系列要素构成。要做好接待工作必须首先要熟悉这些要素。

（一）来访者

来访者是接待工作的对象，是接待工作的客体。来访者可以是集体，也可以是个人；可以是公务来访，也可以是私人拜访；可以是内宾，也可以是外宾；可以是应邀而来的，也可以是不请自来的；可以是官方的，也可以是民间的；可以是临时的，也可以是长时间的。确定来访者的身份、地位和所在单位及与本单位的关系是确定接待规格的重要前提。这一点接待者必须清楚。在接待活动中，来访者的感受是衡量接待工作质量的重要指标。

（二）来访的目的

来访的目的是来访者此次来访所期望达到的目标。不同的来访者来访的目的肯定不一样，大致可以分为讲学、旅游、参观、访问、开会、联系事宜、洽谈业务。访问还可以分顺访、回访和来访。

来访的目的是接待单位制定接待方案、确定接待规格、安排接待活动的重要依据。

（三）接待者

接待者是接待活动的组织者和实施者，在公务接待中一般是单位秘书部门的秘书人员。接待者是代表单位施行接待工作，接待人员素质的高低、接待态度的好坏，将直接影响接待对象的情绪和单位的形象，决定接待活动的质量。一般来说，单位接待工作由一位领导主管，秘书部门具体承办。前者负责高规格接待，也负责与其级别对等的单位来访者的接待，直接对接待方案把关。后者通常被领导委托出面接待规格较低的来访者。

接待者在接待活动中起着主导作用，要做好接待工作必须选好接待人员。

（四）接待形式

接待形式指接待工作实施的模式、方式。秘书的接待工作有时是自始至终，全程接待，有的是部分环节参与。由于接待对象的不同，接待的任务、规格、程度、方式也要因此而变化，以圆满地完成接待任务。接待形式主要有两种：

（1）不完全式接待。秘书负责将客人介绍给有关部门或有关领导，或只负责迎接和欢送来访者，或直接接待来访者并与对方会谈有关事宜，或与领导一起接待来访者，商洽有关事项，等等。秘书人员除了参加某一项接待环节外，不参与其他环节的接待工作。此类接待一般以短暂的工作会谈居多。

（2）完全式接待。秘书人员在来访者来访期间全程陪同来访者参观、旅游，安排食宿，协办有关事项，直至来访结束。此类接待一般来访时间较长，接待任务较重。

（五）接待的类型

根据不同的对象，不同的来访目的，接待的类型各不相同。大致有以下几类：

（1）按照来宾来访意图的不同可以将接待分为公务接待、会议接待、视察与检查接待、参观接待、经营活动接待和技术考察接待等。

（2）按照接待对象的不同可以把接待分为外宾接待和内宾接待。内宾接待又可分为对上级单位来人的接待、对平行单位来人的接待、对下属单位来人的接待、对新闻单位来人的接待和对本单位来人的接待。

（3）按接待的性质可分为官方接待、民间接待、公务接待和私人接待。其中官方接待、公务接待比较严肃、正规，讲究规格，注重礼仪；民间接待、私人接待相对比较宽松、随意。

（4）按照来访者的有无预约，可分为预约来访者接待和未预约来访者接待。

二、接待工作的原则

要想使每个来访者都能来时高兴，感到满意，走时留恋，走后想来，就必须在接待中坚持以下原则：

（一）热情有礼，周到方便

接待工作贵在热情，重在礼貌。只要是来机关办事的，不论其身份地位如何，态度都应该谦虚、和蔼、诚恳，都要热情相接，以礼相待。要克服待人冷淡、盛气凌人的“衙门”作风，也要抛弃曲意奉迎的庸俗习气，做到情有度，礼有节。

周到方便是指在条件允许的范围内，增加项目，提高服务质量，尽可能减少各种约束和诸多限制，尽可能满足来访者的多方面要求，让客人有宾至如归、温暖如家的感受。

（二）认真负责，实事求是

对来访者提出的任何问题，都要认真听取，弄清问题的实质。属于自己职责范围内的，要尽力办、尽快办，不要拖延和不办；对于解决不了的问题也应将情况说明清楚，取得对方谅解和配合。

（三）遵章守纪，严守制度

接待来访时，秘书人员应首先弄清来访者的身份，询问来访者的意图，并为其引导办事的方向、渠道。或通知有关人员前来接洽，或转交有关部门办理，或提请领导解决。但在未征得领导同意之前，不得擅自允许来访者进入或将来访者带到领导办公室。凡来访者要求办的事情不符合规定的，要耐心讲明政策，做好解释工作，劝其放弃不合理的要求。对一般问事者，只要不涉及机密就应尽量给予答复，不能借口推诿，敷衍了事。有些需要领导研究才能答复的事项，秘书人员不能轻易表态、任意承诺，更不能自行其是。

（四）注意安全，保守机密

接待工作应当贯彻安全第一的指导思想，保护来访者的人身、财物、饮食、交通安全等。没有切实的安全保障，就会影响接待的效果。接待工作无小事，如果因为接待的疏忽大意出了安全问题，特别是人身安全出了问题，就意味着接待工作的失败。一些高规格的接待，接待部门必须制定切实可行的安全措施。

接待工作中的保密工作也特别值得注意，要做到内外有别，热情有度。说话、做事要注意保守国家和单位的机密。

三、新时期接待工作的要求

（一）更新观念，传播文化

在新形势下，秘书应及时更新观念，充分认识到接待工作是单位看似被动、实则主动的一种广义的公关行为，是对外联系的纽带和桥梁。通过接待工作，各级机关、企事业单位可以展示实力，树立形象；可以积累丰富的关系资源，吸引投资、扩大合作，从而推动经济的快速发展。接待人员良好的精神风貌，接待单位浓厚的文化氛围和高水平的服务将会给客人留下终生难忘的印象。

（二）优化流程，规范运作

接待方案制定以后，就要严格按照方案进行程序化运作，使接待工作中的各个环节有序衔接、首尾相连，对接待工作中的各要素进行全面清点，以确保工作进程的有序性、稳定性和连续性。同时，对接待工作中的每一道程序都要事先进行规范，确保整个接待工作有序进行。此外，秘书人员要注意收集和掌握接待工作的相关知识，不断提高自身素养。

（三）精心策划，突出特色

要做好每一项接待工作，首先必须进行方案的策划与制定。只有精心策划、充分准备，接待活动才有可能成为成功的公关活动，否则就可能沦为低层次的迎来送往的应酬活动，甚至反而损害单位的形象。每一项接待活动，都要以实现来访者的目的和单位的公关期望为原则，制订出符合来宾身份的完善的接待工作方案和实施细则，详细安排日程、接站、用车、就餐、住宿、参观等各项活动，充分考虑到各方面的细节，并体现一定的创意与创新。

接接工作同样需要有自己的特色和风格。要通过接待活动的每一个环节着力体现单位的特色。不论是宏观的整体方案的策划还是微观的接站牌的设计、汇报材料的写作甚至接待车辆的停放，都要努力凸显单位与众不同之处，让来宾从接待工作的点点滴滴中感受到接待单位的文化特色。

（四）关注细节，注重实效

细节决定成败。接待工作来不得半点马虎，必须处处留心，周密考虑，谨慎行事。在重大的接待工作中，接待工作负责人在对全局进行总体把握的前提下，要随时根据接待工作的需要对接待方案予以调整。具体接待人员则要主动进行全程模拟思考，从准备会议室到用车，从参观到进餐，对每一个细节都要细致地思索一遍，以便及时弥补可能存在的疏漏。接待工作人员要“眼观六路、耳听八方”，对来宾的一个眼神、一个动作、不经意的一句话，都要留意和体会，以便及时采取应变措施。这就要求秘书人员加强灵活应变能力、临场发挥能力的训练，提高处理突发事件、意外情况的水平，将各种有损单位形象的问题解决在萌芽状态，确保接待工作“零失误”。

秘书还要对接待效果进行科学的评估与监测，及时做好来宾反馈信息的收集和处理工作，不断优化接待流程，力求接待活动效益的最大化。

第二节　接待工作的规格和程序

一、接待的规格

接待规格是从主陪人的角度而言的。接待的规格和礼仪与来宾的身份有很重要的关系。根据来宾的身份，接待规格可分成三种：高规格接待、低规格接待、对等接待。

（一）高规格接待

即陪同客人的人比来客职务要高的接待。大致有这几种情况：上级领导派一般工作人员向下级领导口授意见；兄弟单位派员到本单位商谈重要事宜；下级同志来访要办重要事宜等，这都需要本单位领导出面作陪。

（二）低规格接待

即陪同客人的人比来客的职务低。这在基层单位较为常见。大体有以下几种情况：上级领导部门或主管部门领导来本地进行考察；老干部故地重游；老干部和上级领导路过本地，短暂休息；外地参观团来本地参观等。在这些情况下，接待不必兴师动众，本单位领导出来看望一下即可。

（三）对等接待

即陪同与客人职务、级别大体一样的接待。来客是什么级别，本单位也派什么同志陪同，职称和职务相同的则更好，或按预约由具体部门领导对等接待，本单位较高层次的领导只需在事前看望一下。

二、接待工作的程序

接待工作无小事。小事也能成为大问题。接待工作的程序大致有以下内容：了解来访者情况→确定接待规格→制订接待计划→做好接待准备工作→接待计划的实施→接待工作总结。

（一）接待工作的准备

（1）弄清接待对象的状况及其来访的目的和要求。接待对象的状况包括人数、性别、带队人的姓名、身份、健康状况等。同时，还要了解接待对象的食宿要求、日程安排、抵离时间，机、船、车的班次、型号、车号等。

（2）确定接待规格。采用哪一种规格接待，除了客人的身份因素外，还有其他因素的影响。如当对方的来访事关重大和我方希望发展与对方的关系的，往往采用高格接待；如领导临时有事，只能让他人代替；客人如果曾经来过，那么接待最好按上次规格。不论采用哪一种接待规格，都要由秘书拟定方案后，由领导决定。一旦定下来，秘书应当把主要陪同人的情况和日程安排告知对方，征求意见，加以确认。

（3）制订接待计划。接待来访者，制订接待计划很有必要，一方面可以合理地安排各项接待工作，使之有条不紊地开展；另一方面可以使有关人员提前安排好自己的时间，保证接待工作顺利开展。

接待工作的计划一般包括三个方面的内容：确定接待规格、拟定日程安排和预算接待经费。具体内容有：

一是来宾的单位、来访的目的与要求、人数、性别、身份、生活习惯、抵离的日期。

二是工作日程的安排。包括负责接待的高级管理人员和专职陪同及接待人员的安排；来宾的住宿地点、标准、房间数量；会见、会谈的时间、地点和参加的人员、人数，主谈判人员以及其他谈判人员、翻译、后勤服务人员名单；宴请的时间、地点、规格、人数、次数；参观游览和娱乐等活动的时间、地点、人数、次数及陪同人员；接待期间的交通工具的安排；接待期间的安全保卫工作，包括饮食卫生、人身、财产安全等。

三是接待经费。包括住宿费、餐饮费、劳务费、交通费、工作经费、参观考察娱乐费、纪念品费、其他费用等。

若来宾的住宿费、交通费等一切费用由来宾自己承担的，就必须把所需费用数目与日程安排提前通知对方（用电话或信函等）。若由两个或两个以上单位联合接待的，则双方要明确经费的承担问题。接待计划制定好后，送交领导批准，一经批准，按照方案组织人力、物力、财力做好接待准备工作。同时，制定并填写表格，印发给各有关人员，使有关人员明确自己在此次接待工作中的任务和责任，提前安排好工作，确保接待工作圆满成功。

接待计划一般应在客人到达前三五天内制订出来，比较重要的接待任务的接待计划还要报上级审批。计划确定后，要及时送交本单位负责人审阅。领导同意后，将接待日程安排表单独打印出来。

（二）接待工作的实施

为了保证接待工作的顺利完成，客人来前检查接待工作所需的文件、资料、场所、交通工具是否落实到位，同时要及时提醒或联系有关接待人员，做好充分准备。客人一到就要实施具体的接待工作内容。

1. 迎接来宾

核实班机、车、船抵达的具体时间，若要到机场、车站、码头接的，要根据来宾人数准备车辆提前到达。若双方是第一次见面的，要准备接站牌。必要时，准备仪仗队或迎宾鲜花。当客人下飞机或车、船后，应立刻上前迎接，双方互相介绍。若是外宾，我方人员（或翻译）要按照身份高低向来宾介绍，按来宾习惯致见面问候礼，行礼后献花。接下来把来宾送到宾馆，送上日程安排表，约好下一项活动的时间，就可离开，切不可在来宾的房间停留时间过长。

2. 具体介绍接待计划

一般将活动安排日程表发给每位客人，使客人心中有数，同时还可以询问客人有无新的打算和增加新的活动内容，应尽一切力量安排好客人的生活。

3. 会见的安排

按大体对等的礼仪原则，根据本单位领导的意见通知有关领导人去客人下榻处看望客人，接待秘书要安排好会见地点和陪同人员。会见之前，要向领导者介绍来访者的有关情况，会见时要向客人介绍领导。会见是一种礼貌性应酬，礼节性的会晤，时间较短，通常是半个小时左右。

4. 会谈的接待

会谈也称谈判，内容比较正式，而且专题性较强，是指双方或多方就某些实质性问题交流情况、交换意见及达成协议等。

（1）在会见、会谈前，秘书要做好信息资料工作。了解对方的背景，若是外宾，要了解对方国家的政治、经济、地理、历史情况、对外政策、领导人情况等，设想对方可能提出的问题，同时要掌握外宾的礼仪特征和习俗禁忌，并将它形成书面文字呈送领导或其他人员作参考。

接待参观学习的来访者，应约定参观的时间，通知有关单位做好参观的各项准备工作。同时通知有关业务主管部门的负责人提前准备好汇报提纲、交流材料，如期向客人汇报或交流。

（2）来宾抵达时，接待人员在大楼门口或大厅迎候，并引导来宾到会客室。若是重要来宾，则由主见人在门口迎接。

（3）会见会谈时安排好座次。会见时，宾客在右，主人在左，相对而坐。会见会谈时，秘书人员要做好记录。认真细致地将双方的谈话记录下来，以备查考。

（4）安排合影留念。合影留念时一般主人居正中，遵循“前高后低”、“以右为尊”“主客相间”原则进行排列。

（5）会见会谈结束后，在会客室门口与来宾握手告别，对重要来宾则送至大厅或大门口再握手告别。有领导一起送的时候，秘书应走在领导的后面。

5. 宴请接待

要根据来宾的情况确定宴请环境、菜单和席次。若是外宾，还要考虑外宾饮食特点及宗教信仰方面的禁忌。要事先通知来宾宴请的时间、地点和与宴人员。如果要接送的应提前安排好交通工具。宴请时，接待人员应到门口迎接来宾，引导来宾进入宴会厅并入座。

6. 组织参观游览、娱乐活动

组织来宾参观游览，有利于增进友谊和加深相互了解。在具体安排参观游览时，一定要根据来宾来访的目的、性质和来宾的意愿、兴趣，结合当地实际情况，有针对性地选择游览项目。在接待计划中要事先安排好，包括参观游览的日期、路线与内容、交通工具等。参观游览前要预先通知接待的单位和人员做好准备。

娱乐活动包括观赏歌舞演出、戏剧、文艺演出、听音乐会等，观看时应有人陪同。

7. 送客

确认来宾返程的具体时间、飞机（或车、船）班次等，提前安排好车辆，并通知有关人员，如有必要可安排领导送行。送客的规格一般与迎接的规格一样，在来宾乘坐的交通工具启动后才可以离开。

（三）接待工作的总结

来宾接待工作的记录，是重要的档案资料之一，一定要收集齐全，及时整理，按照档案管理规定的要求整理归档。另外在送走来宾后，应结算接待经费，做好会谈善后事情的处理，力求事事落实到位。还要写好接待工作小结，如有必要，可编印简报。

第三节　接待工作的类型

一、接待上级单位的来访者

接待好上级工作组，给工作组留下良好的第一印象，对全面反映本单位工作实绩、加深工作组对本单位的了解具有重要意义。因此，它是机关人员最常见最基本的工作，必须重视它、做好它。要接待好上级工作组，主要应做好以下几项工作。

（一）了解情况，充分准备，迎接工作组的到来

一般情况下，上级工作组到来之前，会通知接待人员工作组的带队人、人数、任务、出发时间、地点、所乘交通工具等。承办接待的人员要根据通知的内容，精心做好各项准备工作。重点要把握以下五点：

一是成立陪同小组。陪同小组的组成，一般应根据工作组的任务和工作组成员额度级别来确定。陪同小组要有单位领导，也要有熟悉该项工作并具有一定写作水平的机关人员。

二是根据工作组的任务和大致活动范围，提前通知有关单位，以便他们做好准备。

三是落实好迎接事宜。如果工作组乘坐的是公共交通工具，要弄清所乘车（船）次及到达的准确时间，根据人数安排好接站车辆，并向司机交代好出发时间和地点，一般应预计在工作组所乘车（船）到站前二十分钟左右到达车站、码头等候为宜。如果工作组自带车辆，接待人员应提前到门口或预定的地点迎接。参加迎接的领导一般在室内等候，接待人员应到便于观察的地点迎

接。接到工作组车辆后，应及时告知领导到外面迎接。

四是安排好住宿。事先根据工作组的人员数量和职务状况，联系、安排住宿地。如果工作组人员较多，应提前在每个房间的门上写好住宿者的姓名，以免工作组到后另行安排而耽误时间。在工作组到达之前，还要进行认真细致的检查，看脸盆、拖鞋、衣帽（架）是否齐全，茶杯、茶叶、开水是否已经准备好，门窗、地板是否干净，电话是否接通等。工作组人数、就餐时间及伙食标准，要提前通知住宿处安排膳食的人员。如果工作组有特殊膳食要求，应做好必要的准备。

五是准备好汇报材料。在工作组到来之前，应根据工作组的任务准备好汇报材料。汇报材料的内容主要是：本单位的历史沿革、环境情况、工作概况；某一项工作的进展情况、主要成绩，有哪些经验，存在什么问题，本单位对该项工作的总体构想以及下一步的打算；还应提出让上级指导帮助的内容。汇报内容要真实具体，讲成绩谈经验要留有余地，谈问题要深透，分析问题要深刻。

（二）主动配合，积极协助工作组开展工作

工作组到达后，应重点做好以下几项工作：

1. 要安排好工作日程

根据工作组的意见，在弄清楚其活动时间多长，活动地点有哪些，涉及哪些人员，研究、汇报哪些方面问题，检查、考核哪些工作和项目等情况的基础上，拟制一份工作组活动安排日程表，包括活动内容、时间、涉及单位、人员、具体要求、注意事项等，并复印分发给有关领导、业务部门和接待单位。

2. 积极配合开展工作

每项活动开展之前，要积极督促、检查各项准备工作。如会议准备、场地设置、车辆保障等，并通知有关人员提前到达活动地点迎接工作组。在各种活动期间，接待人员要始终与之保持联系，及时、周到地处理和解决他们提出的、遇到的一些问题。如当工作组需要某一方面的资料时，应积极主动地给予查找，如果一时查找不全，要讲明原因，以求谅解；当工作组需要向某些人员了解情况时，应主动召集，提供场所，在人员挑选上要听从工作组的安排，同时在他们交谈时应主动回避，也可征得工作组同意列席；工作组如果提出要见见某位领导或专家时，接待人员应提前与有关部门和人员打好招呼。在安排好主要工作的同时，也要注意安排好他们的业余活动。总之，在工作组整个活动期间，接待人员要始终沟通工作组与本部领导之间的联系，安排好一切事宜，力求让他们对工作和生活都满意。

3. 做好汇报工作

工作组到达之后，一般情况下要先听取汇报，接待人员要根据事先准备好的材料，有针对性地汇报。汇报时语气要诚恳，力争上级多给指导意见。

4. 认真听取工作组提出的意见

工作组完成任务返回之前，应主动配合工作组写好总结和调查报告，同时恳请工作组把本单位存在的问题及改进意见留下来。对于工作组提出的问题和意见，要迅速贯彻执行，一时解决不了的问题要说明情况，事后把处理结果报告给上级有关领导。对于工作组在本单位工作期间部署的工作，要坚决落实，不能置之不理或阳奉阴违。

（三）善始善终地做好收尾工作

当工作组任务已经完成要离开时，接待人员要组织好送行。如果乘坐公共交通工具，要提前买好车船票，安排好车辆送站。若乘自带车辆离开，接待人员要到工作组所住之处送行。同时将离开的时间、地点告诉领导，以便他们亲自送行。工作组离开后，要打电话给上级机关或工作组要去的单位，以便其安排接站。

工作组走后，要认真做好总结工作，并把工作组成员对本级单位的工作意见、对某一问题的处理结果报告领导，做到有始有终。

二、接待平级单位来访者

接待平级单位或与本单位有业务来往的单位来访者，也应主动热情。如果来访者是单位的领导同志，一般也应由本单位的领导出面接待。如果本单位领导外出或有事不能脱身，经领导委托，秘书人员也可接待。如果来访者是来联系业务的，可请有关业务部门负责人一同接待；如来访者是提出业务协作事项的，可与对方洽谈条件，但要汇报领导批准后，方可与对方签定协议；如果来访者是了解情况的，应实事求是地予以介绍。

接待平级单位的来访者，要达到互相交流的目的。不仅要向来访者准确、有效地传递自己的信息，也要主动地了解、搜集对方的情况。通过接待掌握和熟悉各兄弟单位、业务单位的工作情况、发展趋势，可以使领导及时调整本单位的计划、活动，促进各项工作的发展。

三、接待下级单位的来访者

接待下级单位的来访者，同样应该以礼相待，尊重对方。下级单位的来访的目的，一是汇报工作，二是请示问题。除对方指明要见领导人外，一般都由秘书来接待。如果是来汇报工作的，秘书应作详细记录，有疑问一定要当面询问清楚，如对方汇报的情况参考价值较大，可请来访者回去后整理成文件报来。如果是研究工作，请示问题的，应请有关部门同志参加，对于重要问题，除有明确规定外，要请对方写成书面请示，经领导批示后方可答复。对隶属本系统的各单位的来访者，不论是汇报情况，还是请示问题，秘书人员都要认真接待，将其视为反馈信息的重要渠道。

四、接待新闻单位来访者

对报社、电台、电视台、刊物编辑部记者的采访活动，秘书人员要同样做好接待工作。来访者除非指明要见领导者外，一般应由秘书接待。对记者所要采访的情况，必须实事求是地反映，不任意夸大或缩小，不文过饰非，只讲过“五关”，不讲走“麦城”。如记者要会见本单位的普通群众，秘书应努力协助，选择合适的人员、时间、地点；如记者要到有关部门进行现场采访，秘书人员也应予以积极联系，妥善安排；对记者决定报道的本单位的人和事，应请他们将稿件呈送本单位领导审阅。

第四节　接待礼仪

礼仪，是人们与他人交往的程序、方式以及实施交往行为时的外在表象方面的规范，包括语言、仪容、仪态、风度等。

礼仪行为是一种信息性很强的行为，每种礼仪都可以表达一种甚至多种信息。根据礼仪表现的方式，可以把礼仪分成三类，一是言语礼仪，指通过口头或书面语言方式表达的礼仪。二是行为礼仪，指通过人的身体语言来传情达意的礼仪行为，有时也称“态势语”、“体态语”。三是饰物礼仪，指通过服饰、物品等表达思想的礼仪，它往往能起到“此时无声胜有声”的效果。

一、见面的礼仪

迎接来访者是接待活动的开始。秘书人员应在客人所乘交通工具抵达前到达迎接地点，等客人下机（车）时及时上前表示欢迎。接到客人后，应首先问候“一路辛苦了”、“欢迎您来到我们这个美丽的城市”、“欢迎您来到我们公司”等。

迎接礼仪最常见的是握手礼。

握手的礼仪规范：一般情况下，握手要用右手。由主人、年长者、身份地位高者、女性先伸手。握手时不要用力过猛，也不要松松垮垮，以示对对方的不尊重。握手时间的长短因人而异，初次见面握手时间不宜过长，熟人可适当放宽。在多人同时握手时千万不要交叉握手，应等别人握完再握。不要戴手套与人握手，当手不洁或有污渍时，应事先向对方声明并致歉意。

握手必须有正确的姿势：双目注视对方，切不可斜视或低着头；上身稍稍向前倾斜，两足立正，伸出右手，距离受礼者约一步，四指并拢，距离太远或太近都是不雅观的；握手时应上下摆动，而不能左右摇动。当遇到知交时，为达到传递某种情感的效果，可以伸出双手行握手礼。

见面时正确的称呼，既表示了对他人的尊重，也显示了自己的修养。国内的称呼主要有职务称，如杨局长、张经理；姓名称，如王芳小姐、约翰先生；一般称，如张先生、王夫人；职业称，如老师、解放军同志。国际交往中，一般将男子统称为“先生”，未婚女子统称为“小姐”，已婚女子统称为“女士”、“夫人”、“太太”。如果一时弄不清婚否可称“小姐”。

二、问候和介绍礼仪

问候又称打招呼，是指向别人问好，表示自己的慰问。问候礼仪是社交应酬中最具交际意味的一种礼仪。

打招呼的礼节约定俗成的规定是，男性先向女性打招呼；年轻男性先向年长男性打招呼；年轻女性先向年长女性或年长许多的男性打招呼；下级先向上级打招呼。

打招呼的方式有两种：一种是语言问候，一种是动作问候。一般熟人相见，最通常的问候语是“你好”、“早安”、“晚安”、“好久未见，近来可好?”、“你的气色真好”、“你真漂亮”，等等，这些问候语并没有特定的含义，但却是交往中不可缺少的寒暄语。动作问候是点头、微笑、招呼、握手等。如果双方关系一般，仅仅是面熟而已，而且相距甚远，那么只需点头示意或笑一笑就算打了招呼。

介绍是社交的重要环节，它是彼此不熟悉的人们开始交往的起点。介绍的方法主要有自我介绍法、介绍他人法。自我介绍的内容可以简单些，介绍自己的姓名便可，或者顺便介绍自己供职的单位。如“我是李红，认识你很高兴”。

在介绍他人之前，最好先了解一下双方是否有结识的愿望，切不可冒昧引见。在介绍时应注意：

(1) 将男性介绍给女性；

(2) 将年轻者介绍给年长者；

(3) 将职位低者介绍给职位高者；

(4) 将迟到者介绍给早到者；

(5) 将未婚者介绍给已婚者。

这些介绍顺序已为国际公认，颠倒和错乱的后果是令人不愉快的。此外，介绍时不能背对任何一位。被人介绍时，被介绍者应立即互相问候，可以用一些礼貌用语，如“久仰大名”、“张先生，你好”、“认识您非常高兴”，这样就显得真切自然。如果被介绍人坐着，应该起立（妇女和长者除外），或点头、或握手、或微笑，表示礼貌。

三、名片使用的礼节

名片是人们交往结识的工具。它的作用在于向对方介绍说明自己的身份，便于今后联络，建立交往的关系。递交名片的时机有三：一是交谈开始之前；二是交谈融洽时；三是握手告别时。递名片时应注意：

首先，要把自己的名片准备好。名片要放在易于掏出的口袋里或包里。不要把自己的名片和他人的名片或与其他杂物混在一起，以免用时手忙脚乱或掏错名片。

其次，递交名片时，要用双手或右手，名片的正面要向接受者。递交时目光要正视对方，微笑致意，可顺带一句“请多关照”。

接名片时要注意：接受名片时要恭敬和面带微笑。双手接过名片，一定要认真地看一下，记住对方的名字，并郑重地放在自己的口袋或名片夹内。千万不要连一眼都不看，就随便放在桌子上。如果是交换名片，自己未准备时，可向对方致歉意，并主动介绍自己。如果对方没有递送或交换名片的意思，就不要去索取。

四、交谈的礼仪

有这样一个故事：有一天主人请客，已备好一桌饭菜。一会儿来了两个客人，还有一个，左等右等也没来，主人说：“该来的还不来。”这两个客人心想“我们不该来的倒来了”，于是其中一个客人起身告辞说：“对不起，我还有点事，失陪了。”那人刚走，主人又说：“不该走的走了。”剩下的那个客人听了多心，以为主人是说自己该走的却赖着不走。于是说了声“我有事，先走一步"，拂袖而去。

在现实生活中，这样的情况确实不少。说者无心，听者有意，往往会在无意中得罪朋友。故在社交活动中，应重视说话的技巧，讲究说话礼节，根据听者的具体情况，说得体的话。

（一）话语的选择

在对外交往中，语言的选择是有讲究的。正式的官方活动必须使用本国的国语，以体现国家主权的尊严。非官方的商务活动，可以使用国际通用的语言或是双方都懂的语言，或者配备翻译。话题的选择，不仅仅是技巧问题、礼仪问题，有时甚至可以成为政治问题，话题不当就有可能造成外交方面的纠纷，所以务必要小心。如政治话题、个人隐私问题、非议他人、庸俗下流的话题等是应该避开的。

对内交往中，语言的使用和话题的选择同样十分重要。

（二）谈话的态度

在交往中，我们总会发现双方的观点、处理问题的方法有许多不同之处。因此无论对谁，谈话态度一定要诚恳坦率、明确直率、坚持原则，求同存异。

（三）声音与语气

与人交谈时秘书特别要注意控制自己的音量。中国人说话的声音一般比较大，但在正式交往的礼仪中，以说话声音适度为有修养。所谓的"适度"是以能让参加者听清而不影响其他人为适宜。

说话的语气也很重要。一方面语气要体现礼貌，多用谦词敬语；另一方面，不论对方单位规模多大、多么著名，己方也要不卑不亢，不能曲意奉承、委曲求全，以至于丢失了自己的人格和国格。

（四）说（听）话艺术

（1）看对象说话。对象有性别差异、年龄差异、文化背景差异、心境的差异、制度和国家的差异。因此同样一句话，对象不同，产生的效果和反应也就不同。

（2）看场合说话。同样的话在不同的场合说，所产生的效果是不同的。场合有正式和非正式、喜庆和悲哀、庄重和随便、公开和私下之分。一般来说，自己人居多的场合相对随便些，而外人居多的场合相对严肃些。

（3）注意体态语，创造愉快的说话气氛。说话时目光应热情地注视对方，千万不要仰视或俯视。否则，均易造成对方心理紧张。为加强自己说话的效果，可适当追加些手势，但均不宜采用幅度过大、过于快捷的手势，否则给人造成张牙舞爪不稳重之感。无论站与坐，都要将自己的身体面向对方。

（4）注重互动。作为倾听者，要和说话者有眼光上的交流和语言上的呼应，让对方觉得你对对方说的话表现出极大的兴趣。听话时不要东张西望，或抬手看表，或只顾做自己的事，这样会使对方产生误会，以为你不尊重他或戒备他。不要中途打断对方，应让对方把话说完。

总之，听别人的话，不要只用耳朵听，而要用心去听，这样才能听出对方的弦外之音。对有疑问、错误或有兴趣的问题可以核实、纠正。

五、陪车、陪行、引导礼仪

陪车时应请客人坐在主人的右侧。

小车的座次也有讲究：有司机时，后排右为上，左次之，中为三，司机旁为四。若有两位客人，陪客应坐在司机旁边。车主当司机时，司机旁边的为首，后排次序如上；车主为司机并有太太同坐时，太太坐在车主司机的旁边，后排次序如上。

陪车时，秘书人员应主动为客人打开右车门，并用手护住车门的上端，以防客人进车时碰头。陪客则由左车门上车。女士上车不要一只脚先踏入车内，也不要爬进车里。需先站在座位边上，把身体降低，让臀部坐到位子上，再将双腿一起收进车里，双膝一定保持合并的姿势。

陪客人走路的顺序一般是，前右为上，应让客人走在自己的右侧，接待人员走在客人左前方二三步，配合步调，以表示尊重。若是三人行，中为上，如自己是主陪，应并排走在客人的左侧，不能落后，如果自己是陪访随同人员，应走在主人或主陪后面，不能并排或走在前面。随同领导外出，一般应走在领导两侧偏后一点或后面。

引导客人上楼时，应该让客人走在前面，接待人员走在后面；下楼时应该由接待人员走在前面，客人在后面。上下楼梯还要注意客人的安全。

若行走距离较远，可在客人允许的情况下帮助拿包或其他东西，并说一些比较得体的话。转弯时，应一边说明，一边用手指示。

乘有人管理的电梯时，应让客人先进、先出；乘无人管理的电梯时，应自己先进，后出来。

到会议室时，应告诉客人，并说“请进”。为客人开门，若门是向外开的，应站在外面拉好门，让客人先进；若门是向里开的，则应自己先进，站在里面按住门。

六、拜访礼仪

（一）预约

在现代社会，拜访以前先预约，已是约定俗成的规矩，应尽量不做不速之客。

（二）拜访前的准备

“有备而来”的成功率比随意而访的成功率会大得多。准备得越充分，拜访和商谈就会越顺利。在活动进行前秘书要做好如下准备：首先要做好背景材料以及相关文件的准备工作；其次，要做好心理准备；再次，要做好服饰准备。

（三）赴约

遵时守约。遵守时间是秘书人员最基本的素质之一。尤其是在涉外交往中，秘书要多了解拜访对象的风俗习惯，以免拜访时产生沟通障碍。

约束自己的言行。不论是公务拜访，还是私人拜访，都要注意自己的言行举止，做到举止得体而不拘谨，目光专注而不游移，声调适度而不过高，话题明确而不犯忌。

公务拜访时，要先向对方负责接待的人员打招呼，报上自己一行人的单位、姓名以及拜访对象的姓名，然后安静耐心地等待接见。

在会客室等待接见时，不可大声谈笑，也不要对会客室的布置指指点点，要按照接待人员的安排就座，安静等待。

（四）及时告辞

要想做受欢迎的客人，及时告辞是要点之一。这一举动能表现出对主人的理解和尊重，也能表明自身的工作效率和修养。

七、馈赠与受礼礼仪

古语说：“礼尚往来，往而不来非礼也，来而不往亦非礼也。”通过互赠礼品来传递各自的感情，是社交中经常出现的事。一件礼品体现了送礼人的智慧、才干，如何挑选合适的礼品及如何送礼其实是一门学问。送礼应该是带给他人快乐，并最终以他人快乐而乐为最高目的。下面介绍送礼与受礼的礼仪。

（一）送礼的礼仪

（1）礼轻情意重。送礼未必要太贵重，太贵重的礼物往往欠妥当，有“重礼之下必有所求”之嫌。中国人向来重视“君子之交淡如水，小人之交甘若醴”，以薄礼淳朴为本。

（2）把握时机。一般应在活动之前把礼送到，事后补礼是不礼貌的。送礼宜公开大方，千万不要不声不响地把礼品放下就悄然离去，这会使对方不知所措。

（3）因人送礼。送礼之前，应了解受礼人的爱好、习惯、文化层次、修养等基本情况，千百万不要不知对象就盲目送礼，否则达不到让对方快乐的目的。

（4）选择具有纪念意义的、有一定艺术性和趣味性的礼品。如给喜欢集邮的人送上一套精美的邮票，给喜欢音乐的朋友送上几张 CD 唱片，这都是富有情趣和纪念意义的。

（5）在商场购买的礼品应包装好，去掉价格标签。

（6）给外宾送礼，千百万别说“礼不好，请笑纳”，这对西方人而言就是遭贬之意。

（二）受礼的礼仪

受礼指收受他人钱物。受礼的礼仪在世界各国不尽相同。

（1）在我国，习惯收下礼后不当着客人的面打开，而是等客人走了后再打开。而西方人接到礼品后，常是当客人的面打开，在客人面前赞美礼物才是最礼貌的，相反，就被认为无礼。

（2）受礼后，一般要回礼。如不相应回礼，那么起码也应对送礼者表示感谢。可以去信、去电表示感谢。

（3）受礼应持谨慎的态度。如对一些自己不想受的礼物，最好当场请送礼者带回；对一些具有很明显的请托目的的礼品，应坚决拒收。退礼也要讲究策略，千万不要太不给送礼者面子，可寻找一些对方能够接受的理由，让对方下得了台。

（4）受礼时不能问对方礼品的价格，这是不礼貌的。

八、宴请的礼仪

宴请，已经成为公共关系活动中一种常见的方式。合乎礼仪的宴请就是一次成功的公关活动，能够为本单位带来良好的社会效应和经济效应。

（一）宴请的组织礼仪

宴请的规格应根据宴请的目的和参加人员的身份来确定，规格过低显得失礼，规格过高也无必要。宴请的方式则主要以接待活动的性质和内容来确定：以礼节性为主题的接待活动采用宴会的形式比较合适；而庆典性、纪念性主题的接待活动采用冷餐会、酒会的形式更显气氛；以谈论某项特定工作为主题的接待活动采用工作进餐的形式最为恰当。

宴请的日期和时间的确定：一般不要选择对方的重大节日、假日、有重要活动的日子，更要注意避免对方有禁忌的日子。如安排在圣诞夜宴请西方人是不会受到欢迎的。

正式宴会要发请柬，通常在一至两周前发出。有时为周到起见，在宴请前夕，最好以电话形式对对方能否出席予以确认。

（二）桌席排次礼仪

宴会桌次的安排最为讲究。

中国人习惯用圆桌。两桌和两桌以上用横、竖、花三种方式。长方形餐厅采用直排或横排利用率较高，而正方形餐厅则采用花排更美观。

桌次排定以后，更重要的是排定每桌上的就餐人员的座次，这项工作礼仪要求十分严格。

中式席次安排一般图 1 所示：

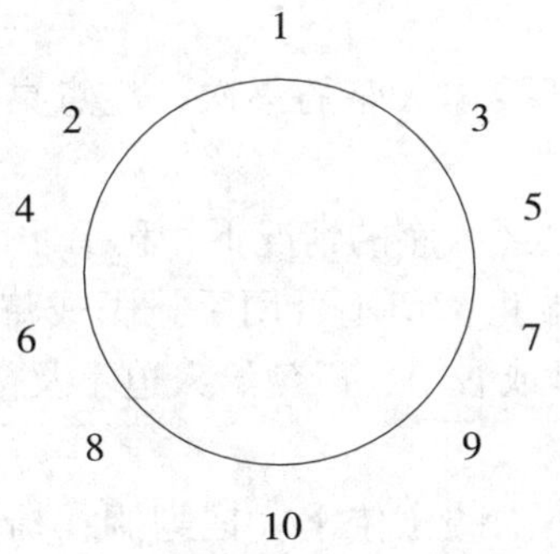

1 第一主人　2 主宾　3 夫人或副主宾　4 第二主人
5 副主宾　6、7、8、9 一般客人或陪客　10 秘书（买单）

图 1　中式席次安排图

西式宴会一般采用长方桌。桌次排定大致原则基本相同：即主桌排定后，其余桌次的高低以离主桌位的远近而定，离主桌越近的桌次越高，离主桌越远的桌次越低；平行桌以右桌为高，左桌为低。

席次的高低与桌次的高低基本原则相同，即右高左低，先右后左。主宾应安排在第一主人的右侧，副主宾应安排在第二主人的右侧，以此类推。如果有夫人同桌就座，按国际惯例，应将男女穿插安排第一主人的右侧和左侧安排主宾夫妇，第二主人的右侧和左侧安排副主宾夫妇。如果主宾身份高于主人，为表示对他的敬重，可以把主宾安排在第一主人的位置，而主人则坐在主宾的位置上，第二主人则坐在主宾的左侧。（如图2）

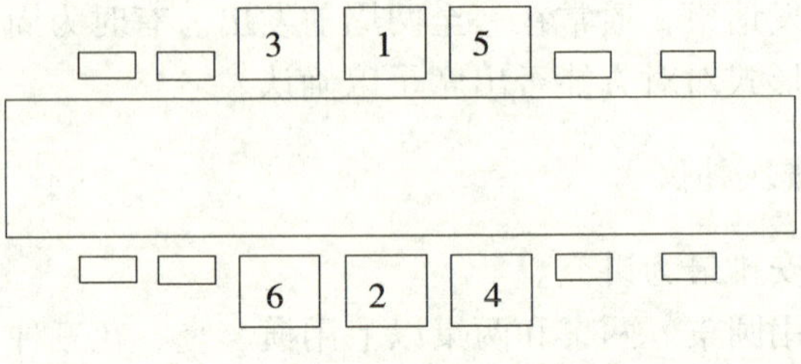

1 第一主人　2 主宾　3、4 夫人或副主宾　5 第二主人　6 第二副主宾

图2　西式宴会席次安排图

（三）进餐礼仪

1. 中餐礼节

（1）到宴请场所后找要你入座的桌次，注意桌上是否有写着自己名字的席位卡，不可随意乱坐。

（2）在主人或主宾已经入座的情况下，秘书才可以从椅子左方入座。

（3）入座后姿势要端正，切不可用手托腮或将双肘放在桌子上，也不要随意翻动菜单，摆弄餐具或餐巾，以免给人迫不及待的坏印象。最好将手放在自己的大腿上。

（4）双脚应平放在本人的座位下。把脚搁在椅档上或伸出去踢着别人都会使旁人与你同样尴尬。

（5）坐定后，服务人员会递上湿毛巾，应该礼貌地接下并轻轻地擦拭自己的双手和嘴角。记住，绝不能用来擦脸、擦脖子和手臂。

（6）中餐最为重要的礼节是使用筷子的礼节。有六个方面的禁忌应当注意：第一忌讳把筷子插在饭碗里；第二忌讳用筷子敲打餐具；第三忌讳吮吮筷子后再去夹菜；第四忌讳使用自己的筷子为客人夹菜；第五忌讳夹菜时在盘中翻检；第六忌讳连续夹菜而不用饭。

建议在宴请外宾时，不要为他们夹菜，哪怕是使用公筷。为了表示热情友好的礼节，可以向其介绍各种菜肴的做法、口味，随其选择。

(7) 饮酒礼节。中餐餐桌上可以同时上啤酒、白酒、葡萄酒。中餐的礼节之一是向客人劝酒敬菜，客人喝得多，主人会觉得有面子。但劝酒时要注意不可大声喧哗、强迫别人喝酒。

(8) 饮茶礼仪。茶是中国人最喜爱的一种饮料，饮茶体现的是一种文化。待客以茶，不能马虎大意。茶具以陶瓷制品为好。茶叶的品种可多一些，如绿茶、花茶、乌龙茶等，以备宾客挑选。

在宴会上不应大口喝茶，而应当慢慢地一小口一小口地品尝。遇到水面上漂浮的茶叶，可轻轻吹开，或用茶杯盖轻轻拂去，不可用手去杯里捞出茶叶来扔在桌上或地上，也不要吃茶叶。

(9) 一般在众人面前不宜使用牙签，必须使用时应将手捂住嘴轻轻地剔。边说话边剔牙或边走路边剔牙都是十分难看的，一定要避免。用过的牙签应置于盘内，勿随便扔在桌布上。

2. 西餐礼节

西餐宴会有“4M 原则”。Menu，精美的菜单；Mood，迷人的气氛；Music，动人的音乐；Manners，优雅的礼节。

“优雅的礼节”体现在餐桌上的每个环节之中：

(1) 入席：赴西式宴会应首先向女主人招呼握手，然后再转向男主人，这是西方的习俗，颠倒了次序是失礼的。女主人的右边是男主宾，男主人的右边则是女主宾。男宾入席时如发现左边有女宾时，应替女宾拉开椅子，待其就座后，方可自己坐下。女宾此时也应表示感谢。

西式宴会上一切以女主人的行动为准。女主人如起立迎客，或举杯祝酒，大家都应陪同起立、举杯，以示礼节。

(2) 餐巾的使用：餐巾打开后对折，放于大腿上，用来保护服装，不能围在脖子上或塞在衣扣里。入座后摊开餐巾或离座前收起餐巾，都要以女主人为先。干杯、致辞，或中途要临时离席，可将餐巾放在桌子上。宴会结束离席时，应将餐巾大致折叠一下放在盘子的右上方，表示不想再吃了。

可用餐巾轻轻擦去嘴边和手上的油渍和脏物，但不能用餐巾来擦餐具和桌子。

(3) 刀叉的使用：西餐的餐具是刀、叉。左手持叉，右手持刀或者勺。左手用叉按住食物，右手将食指按在刀背上，用刀把食物切成小块，再用左手握的叉子叉住切下的小块食物送入口中，切下一小块吃一小块。

刀叉取用的顺序，按上菜的顺序由外向内取用，吃一道菜，用一副刀叉，用完后将刀叉并排放在盘中央，刀右叉左，叉面向上，汤匙把向着自己，表示用餐完毕。如有事暂离餐桌，可将汤匙斜放，刀叉交叉摆放在盘中或摆成八字形搁在盘边，刀叉头均朝外，表示还没有吃完。千万不要把刀叉一起横放在盘子上，头向左前方，刀刃对着自己或他人，这是西餐桌上的禁忌。

（4）就餐秩序：西餐的菜肴由左边上，饮料由右边上。西餐的上菜依次为面包、汤、各类菜肴、甜点、水果、咖啡或红茶。

西餐的第一道莱往往是汤。在主人拿起汤匙以前，客人不得先动手食用。汤上来时，应用右手持汤匙，先斜斜地沉人汤碗，再由身边往前向上舀出，而不是由外向内舀汤的中式吃法。汤匙接触碟子时，尽量不要发出声响。喝完汤，汤匙应搁在汤盘上或托汤杯的碟子上，汤匙应指向自己。

一般西餐中，面包在宴会开始前5分钟先摆上餐桌。但在正式宴会上，面包是等喝完汤后才开始吃的。吃面包时，不能用刀切割面包，也不可用口咬，而应用手撕成小块吃，吃一块撕一块。如果要涂牛油或果酱，不可先涂整块，再撕下来吃；而是先撕下小块放在餐碟上，再用刀把牛油或果酱涂在小块上，送入嘴中一口吃下去。

（5）饮酒礼节。西餐是分餐制，主宾互相敬酒，但不劝酒。主人认为客人喝多少酒是客人自己的事情，应该尊重客人的选择。

（6）吃水果礼仪。正式宴会上，吃水果要讲究礼仪。通常水果应预备几种，以便使客人有一个选择的余地。洗净后的水果装在盘内端上来时，应备好清洁的水果刀或成套的水果餐具。不要主动为客人剥水果，也不要拿着削好、剥好的水果硬送给客人吃，这样做既不卫生，又不礼貌。

西餐在吃水果前，通常要送上洗手钵供洗手用，水面上常撒有花瓣。但要注意，千万不能把整个手伸进去洗，只能洗手指尖。洗毕，用餐巾擦干手，再吃水果。

（7）喝咖啡礼仪。欧美人都有喝咖啡的习惯，喝咖啡体现的是一种文化。通常西餐最后一道程序是喝红茶或咖啡。如果是喝咖啡，应当知道，盛放咖啡的杯碟都是特制的，杯耳应朝向饮用者的右方。咖啡匙是专门用来搅咖啡的。如果在咖啡中加方糖，应当用专用的夹子，而不能用咖啡匙去取。

喝咖啡时应当先把咖啡匙取出来放回咖啡碟上，千万不要用它来舀咖啡喝，这是不符合礼仪规范的。喝咖啡时，应用右手食指和拇指拿咖啡杯的杯耳，左手轻轻托着咖啡碟，慢慢移向嘴边轻轻地喝，不要发出响声。添加咖啡时，也不要单单把咖啡杯从碟中拿起来，应连碟一起拿。

（8）意外的处理。如果不小心碰洒了酒水、菜汤之类，当事人不要慌，先用餐巾吸干酒水，或叫服务员帮忙。坐在旁边的人可拿自己的餐巾给他擦拭，如果对方是女性，则不宜帮着擦，而应递上干净的餐巾或手帕，由她自己擦。坐在远处的人最好装作没看见，以减少当事人的不安和尴尬。如果餐具等掉在地上不必捡起来，请服务员再拿一副即可。

思考题

1. 何为接待工作？接待活动由哪些要素组成？
2. 接待工作应遵循哪些原则？
3. 接待工作的程序如何？
4. 一般来说接待的规格如何确定？
5. 小张是办公室新来的秘书，对接待工作中礼仪不太熟悉，请你告诉他接待工作中涉及哪些礼仪？各有什么内容？
6. 秘书接待应做好哪几方面的准备工作？

案例：

一丑掩百美

某厂张厂长到东方公司洽谈了一笔业务，后来又寄去了样本和权威部门的化验单，东方公司来电回复，称决定派人来公司实地考察，若对生产技术设备管理和人员素质均满意的话，再签订订货合同。张厂长为此专门召开了三次会，要求全厂动员，迎接东方公司要员的考察。一定要使对方满意，在订货合同上签字。张厂长还说，这份合同关系到公司的产品能否进入南方市场，关系到全公司职工的切身利益，必须认真对待。

不巧的是，东方公司来考察的要员还没有来，张厂长又要外出。他很不放心，亲自对各项准备工作检查了几遍，直到颇为满意才出发。

张厂长刚刚出发两天，办公室秘书小张接待了一个衣着一般、一口乡音的客人。“同志，请问厂长在哪儿？”那人问道。

“不在。”小张说，一脸不高兴。

“到哪儿去了？”那人又问。

“不知道。”小张想，你又不是我们厂长的上级，他到哪里去了要你管吗？

"我是来参观的。该找哪一位?"那人又问。

"参观?"小张把那人上下打量了一下，心想，肯定又是乡镇企业来"取经"学技术的，讨厌!"上班时间，不能参观!"

"不能参观?不是早已联系好的吗?"那客人吃惊地问。

"你和谁联系的?"

"我和你们张厂长呀!"那人说。

"得了吧，刚才我说过张厂长不在家，你就说是和张厂长联系的，跟我玩这一套!走吧!走吧!"小张说着很不客气地把那客人赶走。

"同志，这是我的名片。我真是和张厂长联系好的。"那客人又转回来，把名片递给小张说，"我还有公司的介绍信。"

小张连名片看也没看一眼就扔在一边说："不行就是不行!你怎么这么啰唆!"说着，把那人推出门外。

"你怎么这样?"那人站在办公室门口不肯走。

"不这样还能怎么样?厂里有技术秘密能随便让你去看?再不走，我叫厂保卫来!"小张想，这乡巴佬真讨厌，绝不能给他好脸色看。

"那好!我走。"那人头也没有回就走了。

小张下班时清理办公桌，发现那客人留下的名片上写着"东方公司副总经理"小张大惊，马上又镇定下来，看那人的样子，绝不是副总经理，一定是个"冒牌货"!

可是，"货真价实"的东方公司考察要员一直未来。张厂长回来后一问情况，大惊失色说："糟啦!那人就是东方公司的副总!"张厂长连忙拨通长途电话，向对方道歉，并再三强调厂里在生产技术、设备、管理方面下了很大的工夫；张厂长还说，他立即上门道歉，专门接副总来厂指导。

可东方公司回话说，副总已与另外一个厂家订了货，我们相信贵厂各方面都好，但人员素质太差，从你们办公室秘书身上就可以看出这一点……

"这真是一丑遮百美啊!"张厂长放下电话，气恼地说："没想到坏事坏在你身上，你这个小子坏了我的大事，还是给我回乡下种地去!"小张自知理亏，只好回乡下去了。

分析:

这个案例告诉我们，在办公室接待工作中，秘书人员的一举一动都关系到企业的形象，与企业的经营管理和事业的发展密切相关。稍有不慎就可能导致文中小张秘书所犯错误的情况出现，这对一个企业来说可能就意味着丧失一次创业的机会，其代价不可谓不巨大，教训不可谓不深刻。

办公室是单位的“窗口”和“门面”，秘书一定要时刻牢记自己的责任，不以貌取人，而要做到一律以礼相待，热情服务，接待客人时先向来客问明来意，并根据情况向主管部门的领导请示处理办法。

第十四章

秘书与协调工作

协调是领导工作的一项重要任务。由于秘书部门具有“不管部”的性质，是一个比较超脱的综合部门，它代表的是整体的利益而不是局部的利益，同时由于它又全面掌握着各方面的情况信息，因此是最适合协助领导做好综合协调工作的部门。事实上，当领导人遇到需要协调的工作时，总是首先会要求秘书部门或秘书人员协助进行，有时甚至会授权秘书主持或参与协调的全过程。所以，协调工作是秘书日常工作中相当重要的一部分。

第一节 协调工作概述

一、协调的涵义

“协调”一词从字面上分析，“协”指“众之同和”（《说文解字》），“调”指配合得均匀恰当。如果说“众之同和”是目的，那么“调配、调节”就是实现“众之同和”的手段和方法。

从现代管理学的角度看，协调是使一个系统内部与其相关的组织和个人的活动趋于同步化、和谐化的一种控制。美国学者迪克·卡尔森在其《现代管理》中说：“协调的职能在于使一个组织中的所有单位的活动同步化与和谐化，以便达到共同的最终成果。”

就一般意义而言，协调是主客体之间为了实现一个共同的目的而相互沟通，寻找共同点从而实现某种平衡，达到某种默契的一种行为方式。通常也可将协调工作理解为指两个或两个以上的部门或单位，经过某种程序的协商、调解，在关系上达到融洽和谐，在工作上达到互相协作配合，在利益上达到互相补偿的过程。

协调活动有三层意思：一是协调必须是双方或多方的，只有一方就无所谓协调；二是协调必须通过主客体之间的内力作用才能进行，如果双方或多方不发生关联，则没有协调的必要；三是协调的目的是使双方或多方的意见尽量达成某种统一，构成合力，朝着共同的目标努力奋进。

日常生活中处处可见协调的影子。如民间传统的比赛项目“赛龙舟”中，每条龙舟上均有一位“鼓手”，目的就是用鼓声协调众人划水的节奏和频率；大型音乐会中的乐队演奏，各种不同的乐器通过指挥而相互协调配合，达到完美的和谐境界；球队的比赛，场上队员必须按照教练的部署、指挥，才能形成默契配合，步调一致的进攻或防守。可以说，没有协调就没有统一的行动和良好的秩序。

秘书部门是系统内部的综合办事机构，是直接辅助领导工作的部门，是领导者与系统内、外部进行联系的中介，是联系群众、承上启下、沟通内外的桥梁和纽带。秘书部门在处理公务中，按既定的全局工作目标，运用行政的或非行政的方式方法，对有关方进行协商调节，调动人员和资源的力量，合理地安排各项活动，使其在统一意志下，围绕同一目标，采取一致的行动，这个过程就是协调工作。秘书部门的“协调”主要有两种情况：一种是受命协调，即领导授权和委托的特定的协调任务；一种是日常协调，即在部门日常活动中遇到的大量协调工作。而秘书的“协调”，是指秘书人员在其职责范围内，或在领导授权下，调整和改善组织之间、工作之间、人际之间的关系，促使各项活动趋向同步化与和谐化，以实现组织共同目标的过程。

二、协调活动的要素

协调作为一种管理手段、管理职能，普遍存在于各项管理活动中，并贯穿整个管理进程的始终，成为组织活力的激发剂，组织功能的润滑剂、组织关系的黏合剂。协调工作往往跟协调的要素相关，因此，要做好协调工作，就必须了解协调要素的基本构成。

（一）协调者

即协调活动的主体。这是参加并控制协调过程的人员。协调者往往是某个或某些秘书。协调者是协调活动的主导因素，其智力、能力、经验和资格如何，关系到协调的成功与否。因此，要增强协调的有效性，首先必须选择和配备好协调者。

（二）协调对象

即协调客体。这是协调活动中受控制的当事人或组织。协调对象至少是两个以上的组织、工作、当事人。协调对象的多少取决于管理幅度和协调内容，一般来说，管理幅度越大，协调内容越繁，协调对象也越多。协调对象的确定，要分清主与次，以便在制订和执行协调方案时突出重点。

协调对象是协调活动的制约因素，它不仅规定着协调的难易，而且影响着协调的结果。因此，熟悉协调对象，并获得协调对象的配合，是协调活动成功的关键。

（三）协调意图

即领导者对协调活动的指示、意见、要求和用意等。这是秘书协调的主观依据，也是协调能够成功的重要保证。秘书人员在协调的过程中，必须如实而富有创造性地执行协调意图。如果在协调中出现新情况，或发生与协调意图相抵触的情况，秘书人员应及时请示，再根据新的协调意图行事。

领会和执行协调意图，是秘书协调有别于其他协调活动的显著特点。任何忽视或否定协调意图的想法和做法都是有害的。

（四）协调目标

即协调要达到的目的与成果。一般来说，协调目标有直接目标和最终目标。直接目标，就是统一认识，融洽关系，消除或减少矛盾；最终目标，就是统一行动，齐心协力，保障组织目标的顺利实现。协调目标能否实现及其实现的程度如何，是评价协调质量与效率的主要标准。

协调目标在协调过程中，始终具有指向和激励作用。秘书人员应坚持以协调目标为中心，引导协调对象积极参与协调活动，主动配合协调活动。

（五）协调环境

即协调活动的内外部空间，也就是协调活动的背景。协调环境包括大环境和小环境。大环境是指开展协调的社会气候，小环境是指协调对象的组织气候。

协调环境是开展协调活动的客观条件，对协调活动具有一定的制约作用。如果不熟悉协调对象，不了解内外部条件的变化，协调工作就会脱离实际。

三、协调的作用

协调在办公室工作中有着重要的地位和作用，主要表现在以下几方面：

（一）辅助决策的重要方式

协调是秘书部门参政、办事、服务的具体形式之一。秘书部门是联结上下左右的枢纽和信息网络中心，这种特殊的地位使得秘书部门易于用宏观、全局的意识去化解具体部门工作中存在的不和谐现象，对领导决策前、决策中和决策后进行的一系列工作进行协调，发挥辅助决策的功能。

（二）发挥整体优势的途径

系统内部的组织和成员的分工不同，职责不同，所处的位置以及由此带来的利益关系也会不同，这一方面有利于个体、局部发挥自己的积极性、创造性，完成预定的工作目标，形成个体优势，但另一方面也会带来过于强调局部而忽视整体工作和利益的弊病，个体优势往往很难形成整体优势。有效的协调工作使各部门人员在目标一致的前提下，既分工又合作，使个体的努力成为集体的努力，使整体与局部、个体与个体之间不断地处于平衡状态，从而把个体优势凝聚起来，转化为整体优势。

（三）工作正常运转的保障

从管理体系的横向来看，有各专业的职能部门，只有对它们的具体工作目标、行动步骤和措施进行统一协调，才能使它们的活动统一到总体目标上来。从管理体系的纵向来看，各级机关都在某一固定区域行使管理职能，要使其管理活动与上下级机关总体目标保持一致，也要进行协调。只有这样，才能保证机关各项活动顺利进行，并且获得尽可能高的工作效率。

（四）融洽部门关系的渠道

和谐的工作关系和人际关系是工作机器正常运转的润滑剂。缺乏信任和了解，往往造成部门和成员之间的相互猜疑，遇到具体任务或困难，就难免出现互相推诿、扯皮甚至指责对方的现象，需要协作办理的工作往往变成协而不办，严重的还会产生各种矛盾。秘书部门可以通过积极的协调，促进部门和成员之间的了解，增强相互理解的信任感，化解矛盾，消除障碍，从而变分歧为共识，化消极为积极，使分力变成合力，使全系统形成凝聚力，达到浑然一体的和谐境界。

第二节　协调工作的原则与方式

一、协调工作的原则

秘书协调工作是在领导授权之下，根据领导者的意图开展的，因此必须遵循一定的原则。这些原则主要有：

（一）从属原则

从属是指办公室在协调中的地位，是辅助领导进行协调，应做到“既要主动，又不越位”。即在领导确定协调事项后，不等不靠，积极主动地做好前期工作；协调过程中及时研究动向，提供各种资料；协调后主动搞好督促检查。同时在协调中又能严格按照领导的意图办事，对协调中出现的新情况，不自作主张、越俎代庖。秘书部门在协调工作中应时刻注意自己的角色定位。秘书是领导者的助手，秘书做协调工作实际上是协助领导者做工作，处于从属的地位。

（二）调查研究原则

对任何问题的协调，都必须建立在了解情况的基础之上。坚持从实际出发，实事求是，是协调工作的能正确开展的前提。这就要求秘书部门在协调工作中认真开展调查研究，查清事情的来龙去脉，研究和判断矛盾的性质、矛盾各方面的意见和要求、矛盾对全局工作的影响等，在此基础上向领导提出协调的建议与意见。秘书人员在协调工作中切忌偏听偏信，主观武断，这样不仅无法找到问题的症结，也会导致协调客体对协调方案的抵触，达不到协调的目的。

（三）按政策办事原则

政策法规是协调工作的依据和尺度。任何协调都必须以政策为依据，不可偏离轨道。在协调工作中，要依照国家的政策和有关规定，掌握统一的尺度，处理矛盾，防止出现大幅度的偏差。用政策法规去疏导、说服协调对象，把大家的意见统一到政策法规上来，绝不允许拿原则作交易，将个人感情掺杂到协调工作中。一次丧失原则的协调会使协调者在今后的工作中步步被动，失去公正办事的信誉，影响到领导者的权威。

（四）平等协调原则

协调工作中平等是核心。采用相互尊重、平等协调、耐心说服的协调容易使矛盾在平和的气氛中化解，从而增进团结，统一认识和行动。秘书部门在协调工作中与协调对象不是领导者和被领导者的关系，应该以平等待人、平等协商的态度与当事各方进行商量和沟通，营造良好的合作共事的气氛，与当事各方建立起融洽的人际关系，达到相互理解，相互配合的程度。即使在协调工作中是上下级关系，也应当是平等的、同志式的关系。要勤于沟通，善于协商，通过沟通达到交流思想、互通情况、统一认识、明确目标、统一步调的目的。为此，要体察和度量协调对象的困难，多进行思考，互相尊重，以诚待人，切不可摆出“二首长”的架势，做强加于人的事情。

（五）分级负责原则

按照管理科学的原则，哪一级的协调，就应由哪一级负责，上级组织不得越级处理下级组织职权范围内的问题；同样，下级组织也不得将自己职权范围内的问题交给上级组织处理。可是在实际工作中，却存在着矛盾上交的情况，许多本应由职能部门协调解决的问题，经常概不负责地推给上级组织。其结果不仅加重了秘书部门的协调负担，而且助长了“扯皮”、推诿的不良风气。

（六）整体性原则

发挥系统的整体功能，这是所有管理者追求的最终目的。可是在实际管理中，由于职能部门是相对独立的，又都有各自的目标和利益，因此难免发生总体目标与局部目标、整体利益与局部利益之间的矛盾与冲突。秘书人员在协调局部利益与整体利益的矛盾时，应说服有关方面从全局着想，从长远着想，做到小道理服从大道理，局部服从全局，充分发挥组织系统的整体功能，努力实现组织的总体目标，实现整体效益的最优化。同时，也要照顾不同单位部门以及集体、个人的利益，尽可能寻找各方面利益的最佳结合点。

二、协调的方式

秘书的协调是一项科学性和艺术性都很强的工作。现代社会机关组织的结构和运转方式越来越复杂，相关因素和可变因素越来越多，失调现象也是千差万别，秘书人员应根据不同情况，采用相应的协调方式，才能取得有针对性的结果。

（一）会议协调

会议是协调工作最为常用的方式。工作会议、座谈会、情况交流会、现场会都可以成为协调工作的有效形式，通过会议可以交流信息，研究问题，增进了解，取得共识，达成一致。以此方式进行协调时，秘书人员可将需要协调的事项、要求、办法等提出方案，交会议审定，并按会议作出决定，协调落实各方面工作。接受领导委托召开的协调会议，其目的是为了统一思想认识，如需作出决定，仍应提出方案交由领导审定。

（二）公文协调

公文是协调工作普遍采用的手段。在本机关、单位内部，常常通过撰写工作计划和活动部署、制定制度、集体审修文件等形式统一各方面的认识，协调各部门的行动。专函征询意见也是可靠的办法，与同级部门，可以以征求文稿意见的方式进行。会签文件既是各业务主管部门行使职权的程序，也是一种工作协调方式。总之，公文协调是以公文作为载体协调双方或多方之间的关系，解决工作中出现的问题和矛盾，形成对某一问题的共识，达到解决问题的目的。

（三）对话协调

对话协调往往是通过非正式的途径，采取一方多边式的个别交谈进行的。对话协调可作为会议或公文协调的补充或辅助，事先了解对方对需协调事项的见解、主张及立场，为最后协调提供准备。对话协调更多适用于对一些不便在正式场合表达或无需经大庭广众表决事项的协调。通过对话、打电话等方式，征求意见，释疑解惑，达成共识，达到协调的目的。这种方式机动灵活，且一般都在小范围内面对面的进行，无须左右顾虑，感情色彩浓厚，易见效果。

（四）建议式协调

建议式协调是指协调者以建议的态度、谦逊的语言，将自己的意见转告对方，提请对方考虑选择，以达到协调目的。对于平行单位、没有隶属关系的单位，秘书人员不能要求对方一定要做什么或不做什么，而只能以探讨的口气发表自己的意见，这时宜采用建议式协调。通过向协调对象提出建议，既尊重各方的自主权，又可根据实际情况，灵活运用协调手段实施协调，起到良好的作用。

（五）商榷式协调

商榷式协调是指对一些不确定的问题，协调者以平等的身份、商量的态度、探讨的口气发表自己的意见，征询各方的看法，共同寻求解决问题的最佳办法，以达到协调的目的。由于秘书人员处于从属地位，采用商榷式协调更易于达到较好的协调效果。秘书人员可以权力机关的名义，约请协调各方会同商讨，并尽可能兼顾协调各方的情况、利益，探讨使各方意见一致的办法和具体步骤，寻找各方均能接受的协调方案。秘书部门在协调下级基层部门之间的矛盾时常采用这种方式，它有利于协调对象各方互相理解、相互体谅，既能消除隔阂，又能强化整体意识。与商榷方式相反的是把自己的观点强加于人，或以上级压下级、用多数压少数，其结果只能适得其反。

第三节　协调的类型与内容

一、秘书协调的类型

（一）对上协调

是指协调者对其上级领导人和领导机关的协调。秘书部门因机关某些事务或本部门问题向本单位领导协调，也属于对上协调。由于协调者处于下级地位，协调事项又大都是亟须解决的问题，因此这种协调一定要重视。出面协调的往往是单位和部门的领导，秘书人员以助手身份出现。没有翔实的材料、充分的根据、充足的理由，不足以说服上级机关。秘书部门一定要预想多种方案，必要时先与有关部门内部协调，使之更加周密。同时认真准备，随时回答协调对象的询问。

（二）对下协调

是上级机关通过秘书部门对下级机关或基层单位进行的某些意向性的商讨，也有下级机关或基层单位在贯彻落实上级机关决定时出现的碰撞、磨擦和扯皮而进行的协调。对下协调要注意把握“通气、解难、代转”等要点。“通气”是指帮助下级机关或基层单位理解上级的意图，了解协调事项的内容，达到协调一致；“解难”是指帮助下级机关或基层单位克服困难，解决问题；“代转”是指为下级机关或基层单位转达意见和建议，为上级机关调整部署、改进工作提供依据。对下协调在秘书协调工作中占多数，而且难度较小。秘书人员应按照组织之间的隶属关系，正确对待上级和下级，谨慎处理各种矛盾。

（三）同级协调

是指平行机关或部门之间的协调。这种协调分三类：一是同级机关办公室对本机关与相关机关的事项进行协调，达成统一意见后，再将文件联名呈送上级机关或经联名机关批准后下发。二是同级机关为了实现某种目标或者需要采取某个行动之前，由双方或多方秘书部门先行协商，制订预案，以便这些机关在执行中默契配合，顺利实施预定方案。三是同一机关内各部门事项的协调，如本系统的业务工作与党团工作的协调等。

（四）横向协调

是指同级组织或不相隶属组织之间各种关系的协调。随着商品经济的发展，横向协调在秘书协调中日益增多，而且日趋重要。由于这类协调具有较强的开放性和动态性，秘书人员应通过良好的信息交流和公关艺术，去处理本组织与兄弟组织之间的矛盾，以建立相互信赖的合作关系。

二、秘书协调的内容

（一）计划协调

这里的计划，不是指专门计划部门撰写的计划，而是指各项行政工作计划，如年度工作计划、中心工作计划和决策实施计划等。这类计划具有明显的综合性，在其制订和实施过程中，需要秘书部门统筹兼顾，综合平衡，以调理各方面的关系。

计划协调，就是协调编制和执行工作计划过程中的各种关系。工作计划特别是综合性工作计划的协调工作，集中表现在两个方面：一是计划制订的协调。计划的制订在一个单位里往往意味着人才、物资、资金的重新分配，对这些资源占有的状况往往反映着一个部门在整个系统中的地位。在制订计划时，各职能部门或下属单位，常常从部门角度出发，追求局部、眼前的利益，容易滋生本位主义和小团体意识。因此，秘书人员在各部门提交的计划送交领导之前，应会同有关部门对其中需要协商的问题逐一协调，提供领导审阅。二是计划执行的协调。在执行计划时，由于主客观条件的变化以及计划本身存在的问题，常常会产生计划与现实、整体与局部、上级与下级的错综复杂的矛盾或冲突。对此，秘书人员要及时进行协调，以确保工作计划的顺利实施。

（二）办文协调

一是起草文件的协调。文件的起草既要符合党和国家的方针政策，又要切合本系统的工作实际，还要照顾到有关方面的具体情况。因此，文件的起草离不开协调。要通过协调综合各方面的意见，找出共同点，以形成统一的意图。

二是发文中的协调。以本系统名义发出的各种文件，并不完全是由秘书部门起草的。一些内容比较专业的文稿，常常由系统内主管某项工作的职能部门代拟。由于这些文稿要以本系统的名义发出，秘书部门必须协调。核查文件有没有必要以本系统的名义发出；与本系统已有的规定是否重复或有矛盾之处；联合行文有无会签手续等，秘书部门在这些问题协调处理完毕后，才能将文稿呈送主管领导审阅批示。

三是拟办事项的协调。秘书部门常收到系统内部各部门向领导者请示工作的公文，对这些请示公文中所提出的拟办事项，秘书部门的责任不仅仅起到中转站的作用，而应主动进行梳理，发现问题及时协调。

四是文件运转中的协调。作好文件运转中的协调，是为了提高办文的效率，使文件在运转过程中不“卡壳”、不滞留，顺畅、准确地得以及时办理。秘书部门在自身做到办文不拖拉的基础上，要认真协调好文件的各个运转环节。如果承办部门在办文中遇到困难，秘书部门应主动协助其与有关部门协调解决，或将处理意见报告有关领导，以便采取措施加以解决。

（三）办事协调

秘书部门办事方面的协调主要有以下几种：

一是日常工作的协调。日常工作的协调内容十分广泛，办事过程中的协商意见、消除误解、组织安排等，都要进行协调，协调得好，事情就会办得顺利流畅。

二是重大活动的协调。如庆典、大型选举、联谊等活动。这些重大活动的参与人员、单位较多，分工较细，活动的组织由单个部门是难以承担的。秘书部门要协同有关部门事先作出周密的计划和安排，活动过程中发现问题还要及时调整。由于这类活动往往直接显示本系统的管理水平，关系到本系统的社会知名度，所以对秘书部门的组织协调能力是直接的考验。

三是督办工作的协调。主要是指在执行决策和工作部署的过程中，对有碍于决策和部署落实的各种因素和矛盾通过协商和调整，加以克服，以利于工作目标的实现。

四是对外工作的协调。开放的社会，每个系统都和它外部的社会处于相互依存的关系中，对外协调必须本着相互尊重、互惠互利的原则，积极主动地推动友好协作关系的建立。对于与外系统产生的矛盾，也应在坚持原则的前提下，互谅互让，求同存异，以保护良好的外部环境。

（四）办会协调

领导者研究问题、讨论决策、指挥部署、组织安排等一系列工作，大多通过会议的形式。召开会议要达到预期的目的，秘书部门的精心筹划与细致安排是十分重要的前提。办会的协调主要有三个环节：

一是审批的协调。秘书部门要科学安排领导者的日常工作，严格控制会议的数量。在审批会议要求时，坚持做到可以不开的会坚决不开，对于必须召开的会议，要对会议的规模、规格、时间等方面严格把关。

二是议题的协调。要根据不同阶段本系统的中心工作、重点工作以及相应的工作部署，区别各项工作问题的轻重缓急，对确属急需研究解决的议题优先安排会议，对一般性的议题则根据实际工作的情况统筹安排。

三是会务工作的协调。会务工作主要是指会议召开前后的各项事务性工作。这些工作单靠秘书部门是难以完成的，需要相关部门的协同完成，这就需要做好协调工作。

（五）领导之间关系协调

协调领导者关系的难度是比较大的。但是为了对领导者的权威、实绩和形象负责，秘书人员应在尽可能的条件下，积极而慎重地协调领导者之间的关系。

领导之间关系的协调有两种情况：一种是同一单位的领导班子，由于各成员分管工作的局限和认识上的差异，不可能在任何问题上观点都一致，往往对同一问题有不同看法。秘书部门应从全局出发，主动做好领导成员之间的通气协调工作，使意见统一。另一种是同一单位党政工团领导之间的协调。各级组织的秘书部门要互相通气，通过各自的秘书部门做好本组织领导的协调工作。领导之间对某个问题产生不同的看法是正常的，秘书发现问题后要学会巧妙沟通，在领导之间架起一座桥梁，及时消除彼此之间的分歧，增进领导班子的团结。这种协调因领导的地位特殊，协调方式以委婉、间接、私下的形式为妥。

第四节　协调工作的程序与艺术

一、协调工作的程序

协调过程一般包括接受委托、调查研究、提拟方案、具体协商、督促检查、反馈效果六大环节。每一个环节不能漏掉，也不能颠倒。

（一）接受委托

接受委托，就是秘书部门接受他人委托的协调任务。受托行为一般是上级组织或领导人的指示，本级组织或领导人的交办，同级组织或不相隶属组织的要求，下级组织的请求，突发事件的发生等。

秘书部门要对受托项目进行审理，以决定是否受理，其目的在于限制协调范围，控制协调数量，以防止“协调升级”和“协调扩大化”。为此，秘书部门应制定协调的职责和受理标准，从制度上规定秘书协调的范围和任务。

（二）调查研究

对已受理的协调事项，应进行调查研究，弄清基本事实。为了达到思想与行动的统一，调查应先针对有分歧的观点或有争议的问题进行，找出问题的症结。所谓“症结”就是指“牵一发而动全身”的关节点。在回答诸如“事情卡在什么地方?”“问题出在哪里?”“什么是最主要的原因?”等问题时，协调者要善于透过含糊的言词、暧昧的态度、模棱两可的意见，抓住问题的本质。善于区别情绪性意见和客观性意见，弄清需要协调的实际困难。同时找出相互间协作、配合的条件、基础或要求，这样协调才能有正确有效的保障。

（三）提拟方案

在对调查材料整理归纳的基础上，查阅有关政策规定，听取主管部门的意见和要求，拟定协调方案。通常重大矛盾的协调由领导班子集体讨论，一般问题的协调通常由秘书部门提拟初步方案，由领导决定，经领导同意后实施。一般来说协调方案应包括以下内容：

（1）协调事项的性质、协调对象的范围；

（2）协调活动所要达到的目的及具体途径；

（3）协调活动的组织者的选定；

（4）协调活动的时间、地点安排；

（5）具体的协商方式；

（6）特殊情况下的处理方案（备案）。

（四）具体协商

这是协调的具体实施、操作过程。协调者依据领导的意图，将协调活动各方组织在一起，对方案内容进行接洽、商谈，从而缓和矛盾、达成共识、采取共同行动以推动问题的解决。这是整个协调活动能否成功的关键。在具体协商过程中秘书人员要做到：

首先，要心诚。“精诚所至，金石为开”，这个“诚”字，一指真诚，即讲老实话，反对隐瞒和欺骗。二指态度诚恳，既不偏袒一方，也不利用协调损人利己。要以积极的态度，耐心细致地进行讨论、商量，不盛气凌人，专横跋扈。

其次，要强调动机与效果的统一。要考虑谁去协调较为合适，以什么名义较为恰当，措辞如何表达才合情合理。要设身处地地为各方着想，以求得协调的实施。任何简单化、生硬的态度都是协调的大忌。

再次，要在思想上做好反复协商的准备。不能碰了一次钉子就灰心丧气，要有耐心，有一种不达目的不罢休的韧劲。特别对一些没有明确规定和依据可循的问题，协调时更要谨慎，要与有关方面反复协商，力求对问题进行妥善的、富有创造性的解决，从而达到协调的目的。碰到实在争执不下的问题，只能向领导者请示后再作出最后的结论或裁决，强制执行。

（五）督促检查

这是指保证协调所产生的协议兑现，变协调的意见、设想为实际行动和具体步骤。

协调方案付诸实施前，通常以书面形式记载或公布。如果是形成文件，应按公文处理程序办，由被协调各方会签；如果是会议协调，一般形成会议纪要。秘书部门要按照已形成的文字材料中的要求，检查督促执行情况。

督促检查，首先要密切注视工作进展情况，收集实施信息。对于协调措施实行后遇到的新问题、新矛盾，应及时加以跟踪协调，以防协调方案半途而废，错失机遇，增加工作难度。其次，分头负责的工作，要规定期限要求，以避免工作中的拖沓、延误。再次，在督促检查的方式方法上可以灵活多样，既可以请上来汇报，也可以走下去召开现场会，及时进行评比、检查、交流，以此促进各项协调措施的落实和完成。

（六）反馈效果

在一件协调工作完成后，协调者要对本次协调活动的效果进行评价。绩效评估的依据是领导人的协调意图有没有在协调工作中充分体现，协调目标完成的情况怎样。反馈效果的目的是总结协调的经验和教训，既可以检查协调的协议落实情况，发现协调效果与原协调目标之间的差距，也可以在发现偏差的基础上，及时调整协调方向、方法，以纠正工作中的失误。

协调的结果是多种多样的，如果通过协调改变了过去不协调的现象，称之为“协调到位”，这时就要总结之所以成功的经验；如果通过协调，仍然存在不协调，就是“协调受挫”，就要反省自己的协调过程，检查协调目的、方法中的问题，挖一挖根源，归纳出有益的教训；如果通过协调，解决了表面的不协调，却还没有从根本上协调起来，就是“协调不到位”，就需要仔细分析，深加探讨，找出工作中的薄弱环节，予以必要的补救，进行再协调，直到“协调到位”为止。

二、协调艺术

协调方法是协调工作的手段与渠道，协调艺术是创造性地运用协调方法的技能与技巧。前者具有规范性和稳定性，后者具有非规范性和多变性。

（一）设身处地，换位思考

由于协调的双方或多方所处的位置不同，看问题的角度不一样，有可能会导致意见分歧，僵持不下，或者发生严重的冲突。遇到这种情况，协调者不要简单地重申或强调自己的意见，不要强行“灌输”领导的意图，而要积极理解对方，平静下来，将自己置于对方的位置，以对方的处境、情感及观点来考虑和解释共同面临的问题，以期求同存异。设身处地有两种情形：一种是假设自己处于对方的位置，是不是会有和对方相同的态度、立场、意见和要求；另一种是假设对方处于自己现有的位置，他又该怎么办。通过换位思考，求得互相谅解，达到协调目的。

（二）察言观色，巧妙沟通

在协调过程中，尤其是在协商阶段，各方的利益需要常常通过各自的言谈、举止表露出来。秘书人员要勤于观察，善于倾听，从语言的和非语言的信息传递中，加以判断，进行分析，确定协调各方的态度和倾向。如谁赞成什么和为何赞成，谁反对什么和为何反对，谁保持中立和为何中立以及协调各方必保的目标、争取的目标和让步的目标等，都可以通过观察找到根据。在协调进入关键阶段，协调气氛会呈现紧张状态。这时，协调者可以使用一些幽默语言如双关语、俏皮话、轶事、故事等调节协调气氛，给协调对象带来欢乐和喜悦，以冲淡或消除彼此之间的对立、僵持、争执等消极情绪。

此外，协调者与被协调者在非正式场合下进行接触，如拜访、游玩、娱乐、宴请、探病等，也可以增进友谊，建立感情，消除隔阂，起到正式沟通所起不到的作用。

（三）因势利导，从容驾驭

有效的协调必然伴随着有效的控制，控制是协调不可分割的组成部分。所谓驾驭之术，就是协调中的控制之术，如捕捉时机、把握环境和留有余地等。

协调是一种动态的管理过程，也同样存在着时机。由于时机因人、因地、因事而异，秘书人员要驾驭有利时机，就必须有强烈的时机意识，敏锐的判断能力和见机行事的应变本领。

秘书应充分运用协调环境对协调活动的影响，促进协调活动的开展。要熟悉背景，如熟悉协调对象的组织概况、协调活动的社会动向和协调中可能发生的变化；要创造气氛，如强化信息沟通、增加感情投资和运用舆论导向等；要因地制宜，根据不同的对象，采取不同的办法，等等。

对以往未曾出现，无现成经验也无章可循的偶发性事项的协调，要注意留有余地。协调者在确定协调目标，拟定协调方案，实施协调计划和商定处理意见等方面，要作多种打算，甚至作最坏的打算。这种“留一手”的协调艺术，可以增加协调工作的主动性，使协调者常立于不败之地。

（四）刚柔相济，软硬兼施

所谓“硬”协调，指的是在协调活动中运用行政机关的权力，通过行政手段规范和约束协调各方的行为，使他们按照组织的要求，统一思想和行动。这种协调具有权威性、强制性，见效明显。所谓“软”协调，是指运用舆论导向、思想工作的威力和协商处理的方式，说服各方，顾全大局，发扬风格，团结一致。这种方式能否见效关键是看协调对象的自觉程度。

一般情况下，在单位内部具有隶属关系的部门之间，对于影响重大的紧急事项或是非清楚、矛盾简单的问题的协调，多采用“硬”协调；而对那些互不隶属单位之间、时效性要求不高、矛盾症结尚不清楚的复杂事项的协调宜采用“软”协调。

协调工作要坚持原则，维护政策、法律的严肃性，维护大局利益，贯彻领导意图。如果离开这些，协调就失去了依托。但原则性不等于死板，必要的灵活性是协调成功的钥匙。否则，不但协调达不到目的，原则也无从体现。这就要求协调者：一要勇于负责，有高度的责任心；二要充分发挥主观能动性，充分正确地利用授予的协调权；三是具有合作精神，尊重他人，积极采纳合理，不要自以为是，武断专行，同时要善于感化直至说服对方；四是灵活善变，权宜通达，积极进取；五要敢于创新，对新事物和新环境有敏锐的观察能力，对新思想和新见解有准确的判断力，不墨守成规，不故步自封；六要敢于承担风险，具有坚定不移的意志。

（五）调和矛盾，灵活处理

调和是缓和矛盾、化解矛盾的常规方法，也是一种协调艺术。有效的调和不仅能淡化和平和对立情绪，为协调创造和谐的气氛，而且能够促进协调各方作出一定的妥协或让步，进而消除对立，重归于好。

在消极协调中，对于被协调者因矛盾而产生的争议、纠纷或冲突，秘书的首要任务是防止矛盾的扩大和激化。劝说是实现这一任务的妙法。劝说的核心是以理服人，使人听从。这就要求秘书运用劝说的技巧，如说长不说短，重提旧交情和寻找共同点等。

在协调过程中，对无关大局的是是非非，协调者宜采取模棱两可的策略，既不说甲方的对与错，也不说乙方的对与错。在语言的使用上，可多用模糊度较大的语言，如会说圆场话，引用双关语，转变话题，佯装不知。运用这种技巧，并非回避矛盾，而是避免纠缠枝节问题，以便解决主要矛盾。

在协调中有条件地运用中庸的做法，有时也能收到理想的效果。如在协调各方固执己见、相持不下的时候，适当运用中庸的做法，可以打破僵局，给协调带来转机。运用这种技巧，秘书人员要学会居中行事，折中处理；善于诱导各方相互让步，有舍有取；拿出妥协方案，劝说各方接受，等等。

（六）体察“冷”“热”，随机应变

协调是一个动态而多变的过程，协调者必须根据变化了的情况，密切关注“冷”“热”变化，对协调的内容、协调的程序、协调的目标和协调的方式等作出相应的调整。

某些协调活动，由于协调内容比较单一，或者被协调者怀有诚意，或者协调者富有经验，常常比较顺利。面对这种局面，秘书人员应“趁热打铁”，迅速地作出处理，以防久拖生变。

当协调遇到难题而出现僵局时，秘书要学会运用“冷处理”的办法，避重就轻，待双方头脑冷静或条件改善后，再行处理，从而实现迂回前进的战略目标。

在协调活动中，还会出现按照现有政策或既定方针行事，矛盾难以解决、协调无法进行的情况。这就需要协调者从实际出发，作出非原则性的变通，以促进协调的成功。变通的方法有比照办理、折中行事、破例行事等。

思考题

1. 什么是协调工作？协调活动的主要因素有哪些？
2. 秘书的协调工作有什么作用？
3. 简述秘书部门协调工作的主要内容。
4. 协调工作必须遵循哪些原则？
5. 协调工作的方式主要有哪些？运用时应注意些什么？
6. 协调艺术有哪些内容？
7. 协调工作的程序主要有哪些环节？

案例：

协调要留有余地

一天早晨，F县罗县长要赶到行署参加一个会议，但他平时乘坐的汽车因机械故障无法开动。罗县长立即找县政府办公室调另一辆车。县政府办公室杨副主任情急之下将常务副县长方某乘坐的丰田轿车临时调给罗县长使用，他想：方副县长最近也不外出，先给县长用几天吧。没想到，这次调车竟捅了马蜂窝。杨副主任送走罗县长，刚回到办公室，正与冯主任研究当天的工作，就听到楼下院子里传来一阵斥责声："为什么用我的车！是谁决定的？"

杨副主任一听，是方副县长的声音。

"这车我不坐，我不去了！"方副县长在大声嚷嚷。

冯、杨二位主任正欲下楼了解是怎么回事，秘书小沈匆匆跑来报告。

原来方副县长正巧今天也要到省城开扶贫工作会。头天晚上他没有告诉办公室，今早一到政府小车班，听说他乘坐的车临时调给了县长，很不高兴，发了脾气，并拒绝乘坐给他改派的汽车，说省城的扶贫会他不参加了。

冯主任一听，感到问题严重，立即起身要去找方副县长解释，杨副主任拦住了他说："要去我先去，你是办公室的第一把手，不宜首先出面，我先去向他解释，你随后晚一点来。"说完他先走了。

约过十分钟，冯主任慢慢走到方副县长的办公室，听到杨副主任正与方副县长解释。

"我们头天晚上不知道您要去省城开会，今早上罗县长要车又很急，所以……"

冯主任推门而入，看到坐在椅子上的方副县长的脸部表情已缓和了许多，知道杨副主任的工作已经奏效，就趁势再加一把火，来了一番自我批评："方副县长，是我们工作的失误，影响了领导的工作，首先是我这个主任要受批评，这个教训我们一定要认真吸取。刚才临时调换的车如果您觉得不合适，我们再想办法调，还可以到别的部门去借，直到领导满意为止，您看……"

这么一来，方副县长倒有些不好意思了。

"行了，就坐这辆车去吧，这件事也不能全部怪你们。"听了方副县长这句话，冯、杨二人才松了一口气。

结果，方副县长还是坐着政府办公室给他调换的车到省城开会去了。

分析：

在这个案例中，方副县长因专车被换乘而大发雷霆，并因此扬言不去开会，的确是令办公室负责人非常头疼的事情，是一种精神压力。此类事件在办公室工作中时有所闻，而且协调起来难度很大，这是由办公室所处的地位决定的。各级党政机关的办公室都是作为领导同志的下级服务部门和综合协调部门运转的，在领导面前不能发号施令，总是处于被动状态。F县政府办公室的冯、杨二位主任深知自身工作的性质。他们面对正在气头上而蛮不讲理的上司，采用的是冷静处理的方法，而且注意留有回旋余地，不一竿子插到底。先由副主任出面，以防一开始就由冯主任介入，万一碰壁后失去继续做工作的空间。冯主任的话也较含蓄，没有直接劝方副县长去开会，只是婉转地说一定要调换到领导满意的车为止，言下之意是：车，由办公室解决，会议你是一定要参加的。这样，既照顾了上级的面子，也达到了协调的目的。

第十五章

秘书职业技能鉴定与岗位应聘

我国已经开始实行学历证书和职业资格证书并重的制度。开展秘书职业资格认证既是法律的规定和现实的需要，也是我国秘书职业与国际接轨的必然要求。目前，我国已经有多种形式的秘书职业资格认证考试，既有国家推行的，也有行业开展的，还有国外引进的。秘书职业资格证书制度正在逐步完善，这为应聘秘书工作相关人员的从业素质提出了相应的要求。

第一节　秘书职业技能鉴定类型

秘书是一份受人尊重的职业。秘书的职业要求有沟通、协调、预见和判断力，还要具备商务沟通、办公管理、文书写作、会议协调等种种专业技能。国家劳动部早在1997年就开始实行秘书职业资格全国统一认证，文秘人员的国家职业资格证书已经成为用人单位选拔人才的事实标准。

目前社会上有多种类型的秘书职业资格鉴定，这里重点介绍其中的六种。

一、国家秘书职业资格证书

该证书是1997年国家劳动保障部推出的第一个全国统考秘书职业资格证书，也是秘书行业的入门标准证书。

（一）证书等级

国家职业资格五级、四级、三级和二级。

（二）申报条件

1. 国家职业资格五级秘书（具备以下条件之一者）

（1）经五级秘书正规培训达规定标准学时数，并取得结业证书。

（2）在本职业连续见习工作两年以上。

2. 国家职业资格四级秘书（具备以下条件之一者）

（1）取得五级秘书职业资格证书，连续从事本职业工作两年以上，经四级秘书正规培训达规定标准学时数，并取得结业证书。

（2）取得五级秘书职业资格证书，连续从事本职业工作三年以上。

（3）连续从事本职业工作四年以上。

（4）取得经劳动和社会保障行政部门审核认定、以四级秘书技能为培养目标的中等以上职业学校本职业（专业）毕业证书。

3. 国家职业资格三级秘书（具备以下条件之一者）

（1）取得四级秘书职业资格证书，连续从事本职业工作四年以上，经三级秘书正规培训达规定标准学时数，并取得结业证书。

(2) 取得四级秘书职业资格证书，连续从事本职业工作五年以上。

(3) 取得大学本科毕业证书，并连续从事本职业工作两年以上。

4. 国家职业资格二级秘书（具备以下条件之一者）

(1) 取得三级秘书职业资格证书，连续从事本职业工作四年以上，经二级秘书正规培训达规定标准学时数，并取得结业书。

(2) 取得三级秘书职业资格证书，连续从事本职业工作六年以上。

(3) 取得大学本科毕业证书，并连续从事本职业工作四年以上。

（三）考核内容

主要考核完成秘书职业功能和工作内容所必备的技能和知识要求，其中包括专业外语考核。

(1) 秘书职业考核的内容以《秘书国家职业标准》和《秘书国家职业资格培训教程》为依据。

(2) 秘书职业考核的内容包括职业道德、基础业务素质、案例分析、工作实务等四个基本内容。

(3) 涉外秘书增加外语考核部分，秘书职业资格二级增加业绩评估部分。

（四）考核方式

(1) 书面应答：考生对标准化书面试卷上的问题在答题卡上作答，题型分为单选题、多选题两种题型。

(2) 情景模拟：考生根据所观看的情景录像，就书面问题进行笔答；均有两段录像，每段录像考 15 个知识点。

(3) 任务解决：考生对书面提出的工作任务进行书面回答。

(4) 综合测试：涉外秘书的英语考试包括听力题、选择题、写作题。

(5) 业绩评估：专家对考生提供的个人工作业绩记录进行综合评审。

（五）颁证机构

国家劳动和社会保障部。

（六）评价

国家秘书职业资格证书具有普遍认可性，是含金量较高的秘书资格认证，是国内从事秘书职业的资格准入证明，目前，国内企事业单位的文秘招聘大都以此证书为基本标准。

二、剑桥办公室管理国际证书（剑桥秘书）

该证书由国家教育部考试中心中英教育测量学术中心从英国剑桥大学考试委员会引进，是按国际标准开发的秘书技术和职业培训课程，目前全球 160 个国家认可该资格证书。

（一）证书等级

设初级、中级、高级。

（二）申报条件

中专以上学历在校生及办公室工作人员，具有一定的英语基础。

（三）考试内容

核心模块的考试《办公室管理》、《沟通和项目管理》为笔答闭卷考试。考试时间为 90 分钟；《文字处理》为上机闭卷考试，考试时间为 105 分钟。

选修模块的考试《速记》、《客户服务》、《人际商务技巧》、《组织会议与活动》、《信息与沟通技术》为大作业形式，开卷考试。即学员根据授课教师发布的任务单，自己选择大作业的内容进行准备。由授课教师审核签字后，交到接受培训的单位，再由他们交到各地的剑桥办公管理国际证书考试中心。学员也可以自已交到各地剑桥办公管理国际证书的考试中心。考生可以根据考试级别任选考试模块。

（四）颁证机构

中国教育部考试中心、英国剑桥大学考试委员。

（五）评价

此证书为国际、国内双认证证书，除了满足考生的就业需要，也满足从业人员提高技能的需要，具有实用性、通用性和开放性的特点，是较高层次的秘书资格认证项目。

三、伦敦工商会（LCCIEB）秘书证书

LCCIEB（London Chamber of Commerce and Industry Examinations Board，“英国伦敦工商会考试局”的缩写）是一家国际性的考试机构，是世界上最大的职业技能鉴定和证书颁发机构之一。它创办于 1890 年，目前已在全球 125

个国家和地区设立了8500多个考试中心。目前该机构的秘书资格考试已经于1995年引进中国。目前LCCIEB已在北京、上海、重庆、江苏、浙江、广东等18个省、市设立考试中心。

（一）考试等级

考试等级分为三级，国内目前开考的是二级和三级。

（二）申报条件

具有一定英语能力的人士均可报名参加考试。

（三）考试内容

二级考试包括商务英语（二级）、商务管理和文本产生三门；三级考试包括商务英语（可自选二级或三级）、商务实践、商务管理（三级）和文本产生（三级）。每科考试50分及格，考生通过单科考试可获得单科目证书，首次报考后24个月内通过所有考试，可获得LCCIEB英文证书。

（四）课程设置

在考试题目设置方面，会更多地侧重商业秘书需要。

商务英语（English for Business）：学习如何使用正确及流利英语撰写各类商务书信公函，如何进行商务交流和谈判。

商务行政管理（Business Administration）：主要介绍公司行政管理体系和设备，有效的商务沟通，如何计划会议和活动等方面的知识。

商务实践（Business Practice）：全面介绍商务活动及其运作，探讨企业本身以外的团体或机构如消费者和政府部门对企业的影响，以及银行和保险公司等机构对企业有何帮助。

文本产生（Text Production）：学习如何以适当的、正确的商业格式生动地呈现商务公函，并掌握标准商务公函版面安排的技能和技巧。

（五）考试时间

LCCIEB文秘课程的全球性统考为每年三月、四月、六月和十二月。以英语为考试语言，全球实行统一时间考试，统一评卷，统一颁发证书。

为了使学生更好地进行考前复习，增加考试灵活性，增强学生通过考试的信心，LCCIEB从2001年起实施新的考试延考政策。其具体内容如下：

（1）每期考试，考生只有一次延考机会。

（2）考生延考必须在即期考试（OnDemand）或每期考试（Series）的第一科考试日期前至少三周（21 天）填妥申请表格，并交与 AEC 或 LCCIEB 办公室的考试负责人。

（3）考生将会自动被延考至接下来最近一期的考试（不适用于即期考试）。如果考生在规定的期限内提出了延考申请，而未参加顺延的延期考试，考试费用不会返还，并将作“无故缺席”论。

如果考生未在规定的期限内提出延考申请，该延考申请将不予受理。

（六）颁证机构

英国伦敦工商总会考试局。

证书形式：LCCIEB 证书分单科证书和群体证书。每科考试 50 分及格，考生通过单科考试可获得单科目证书，首次报考后 24 个月内通过所有考试，可获得 LCCIEB 英文证书。学员必须在连续的两年时间以内通过所要求的单科证书，才能获得群体证书。

伦敦工商会考试局（LCCIEB）还从已经获得任何一级的至少一门资格证书并希望继续学习 LCCIEB 课程的申请者中选拔合格者提供奖学金。奖学金额由商业教育托拉斯奖、助学金委员会决定，但一般是提供 LCCIEB 的课程学费和购买教材的费用。另外，奖学金也可以提供给 LCCIEB 考试合格的学生攻读学位或学习合适的专业。

（七）评价

伦敦工商会秘书证书是目前世界上最高级秘书从业资格证书之一。LCCIEB证书素有“秘书工作绿卡”之称，能帮助持证者获得更多的就业机会，尤其获得英联邦国家和东南亚国家企业的青睐。国外一些大学也将 LCCIEB 证书作为入学条件之一。

四、国际商务秘书职业资格证书

该认证颁发机构是国家商务部中国对外贸易经济合作企业协会，是新推出的一个认证项目。

（一）证书等级

分为国际商务秘书与高级国际商务秘书两个等级。

（二）申报条件

（1）国际商务秘书：高中及以上学历；相关专业中专、技校、职校及以上学历；有意从事相关工作者。

（2）高级国际商务秘书：大专、高职及以上学历者；高中学历并具备2年以上国际贸易业务相关工作经验者；持有国际商务秘书认证证书者。

（三）考试内容

国际贸易理论基础、国际商务秘书实务（或高级国际商务秘书实务）。

（四）颁证机构

商务部中国对外贸易经济合作企业协会、全国外经贸经理人职业资格认证办公室。

五、全国商务秘书（CBSC）资格证书

该证书是中国商业技师协会职业教育专业委员会根据国家相关文件设立的考试项目，旨在培养复合型、多功能、具有策划能力的商务秘书人才。

（一）证书等级

分为初级商务秘书、商务秘书、高级商务秘书。

（二）申报条件

（1）初级商务秘书：中专以上学历。

（2）商务秘书：本科或大专毕业，或取得初级证书后从事相关工作两年以上。

（3）高级商务秘书：本科毕业取得商务秘书证书后从事相关工作2年以上；大专毕业取得商务秘书证书后从事相关工作3年以上；中专毕业取得商务秘书证书后从事相关工作6年以上。

（三）考试内容

分理论和技能两部分。根据各科目内容采用不同考试形式。专业理论含商务秘书理论与实务、商务电脑实务理论部分和商务英语，为闭卷笔试考试；商务电脑技能部分为上机考核。

（四）颁证机构

中国商业技师协会。

（五）评价

该资格证书重视商务技能的培养与考核，帮助考生提升文档管理、信息收集、整理、分析及商务活动策划等综合业务能力。

六、IAAP秘书资格证书

IAAP是国际职业秘书协会的英文简称，是全球著名的跨国性职业组织，在27个国家和地区设立分支机构。目前，IAAP在北京和上海等大城市已设立了培训点和考点。

（一）申报条件

高中以上学历，且具有6年秘书工龄。

（二）考试内容

包括企业法、企业行为科学、企业管理、人际学、秘书会计学、秘书技能、办公室秘书工作程序等。

（三）颁证机构

国际职业秘书协会。

（四）评价

作为一个全球闻名的秘书协会组织，其组织的考试影响力不可小觑，在业内被称为“博士级”的资格证书。

第二节　秘书职业资格鉴定标准

一、全国秘书职业资格标准

（一）鉴定方式

项目	时　间	考核内容	题型与考核方式
（1）	8：30—9：00	职业道德	标准化试卷
（2）	9：00—9：40	秘书专业	标准化试卷
	10：10—11：10		情景录像笔答
	11：10—12：00		工作实务笔答
（3）	14：00—15：30	秘书英语（涉外秘书）	听力、选择、写作等

（二）基本要求

本标准对国家职业资格五级秘书、四级秘书、三级秘书和二级秘书的能力要求依次递进，高级别涵盖低级别的要求。下面是四级秘书职业资格的基本要求：

第一章　文书基础

（一）鉴定要求

要求秘书了解公文的格式。

（二）鉴定要点

1．公文用纸及印装格式

（1）公文用纸采用 A4 型；

（2）公文印装要规范。

2. 公文眉首格式

（1）发文机关标识（公文版头）；

（2）公文份数序号（印刷顺序号）；

（3）发文字号；

（4）签发（会签）人；

（5）秘密等级和保密期限；

（6）紧急程度；

（7）红色反线（间隔横线）。

3. 公文主体格式

（1）公文标题；

（2）主送机关；

（3）公文的主体（正文）格式；

（4）附件及附件说明；

（5）印章（发文机关名称）；

（6）签署；

（7）成文日期；

（8）附注。

4. 版记（文尾）格式

（1）主题词；

（2）抄送机关；

（3）印发机关和印发日期；

（4）版记中的反线和版记的位置。

5. 公文的特定格式

（1）信函式格式：信函式格式的公文主要用于处理日常事务的平行文。

（2）会议纪要格式。

6. 通告与通知

（1）相同点：都是用来传达上级机关的意图与要求，并要求下级机关或有关人员遵守、了解并配合执行的文种。

（2）不同点：告知范围不同；格式不同；行文渠道不同。

（3）通知的写作。

通知的适用范围：通知“适用于批转下级机关的公文，转发上级机关和不相隶属机关的公文，传达要求下级机关办理和需要有关单位周知或者执行的事项，任免人员”。

通知的分类：指示型通知；发布型通知；批转型通知；转发型通知；任免

型通知。

7. 通知与通报

(1) 相同点：都属告知性文种；都要求有关单位和人员了解公文内容或配合行动；都是下行文。

(2) 不同点：发文目的不同；内容不同；发送对象不同。

(3) 通报的写作。

通报的适用范围：适用于表彰先进，批评错误，传达重要精神或者情况。

通报的主要目的在于传播信息，沟通情况，交流经验，一般情况下，通报不具有指挥性。

通报的分类：根据通报的内容，可分为三种，即表扬性通报，用于表扬好人好事；批评性通报，用于通报对违法乱纪人员的处理情况；情况通报，侧重于告知，一般不涉及表扬或批评。

根据通报的表述方法，可分为两种，即直述式和转述式。

通报正文的拟写：通报正文的写作以表扬和批评性通报为例，有四个要素，即：倾向性导语、通报的事实（事件）、对事实（事件）的认定和分析、处理意见等。

8. 请示与报告

(1) 相同点：都是上行文种；行文对象一般都是直接上级机关。

(2) 不同点：行文目的不同；写作结构不同；结束语不同；处理方式不同；内容宽窄不同；发文时机不同；报送制度不同；失误后责任划分不同。

(3) 报告的写作。

报告的适用范围：适用于向上级机关汇报工作，反映情况，答复上级机关的询问。

报告的分类：工作报告；情况报告；调查报告；报送报告。

报告的拟写：报告正文由报告导语、报告主体、报告结束语三部分构成。

(4) 请示的写作。

请示的适用范围：请示是下级机关向上级机关请求指示或批准时使用的文件。

请示的分类：请求指示的请示；请求批准的请示；请求审批的请示。

请示正文的拟写：请示正文由请示原因、请求事项、结束语三部分组成。

9. 函

(1) 函的适用范围。

函是平行文，适用于不相隶属机关之间相互商洽工作，询问和答复问题，请求批准和答复审批事项。

(2) 函的分类

(3) 函的拟写：问复函要做到问得清楚，答得明白。请准（审批）函的结构安排有点类似于请示（批复）。

10. 文章要素

公文与其他文体一样，也是由一定的要素构成的，这就是人们常说的文章“三要素”：材料；主题（主旨、发文意图）；结构。

(4) 公务文书专用词语。

11. 公文的表达方式

(1) 叙述：完整的叙述有六要素，即：时间、地点、人物、事件、原因、结果。

叙述的人称有两种，即第一人称（我、我们）和第三人称（他、她、它、他们）。

叙述方式主要是顺叙。

(2) 议论：通过事实材料和逻辑推理，来阐明观点，表明赞成什么或反对什么的表达方式，叫议论。

议论有三要素：论点、论据、论证。

可以分为两大类：立论与反驳。

论证的方法有例证法、分析法、引证法、对比法、因果法等。

(3) 说明：说明，是对事物的性质、成因、功能等进行解释、介绍的、一种表达方式。

说明的方法主要有：定义说明、分类说明、比较说明、数字说明和图表说明等。

第二章　办公自动化

(一) 鉴定要求

要求秘书了解计算机网络的知识。

(二) 鉴定要点

1. 计算机网络的概念

所谓计算机网络，就是把分散布置的多台计算机及专用外部设备，用通信线路互连，并配以相应的网络软件所构成的系统。它是信息传输和信息处理功能的结合，提供远程用户共享网络资源的服务。从而提高网络资源的利用率、可靠性和信息处理能力。计算机网络是计算技术、通信技术和微电子技术相结合的产物。

2. 计算机网络的组成

网络大体上由两部分组成，一是通信子网，二是资源子网。

(1) 通信子网：负担全网数据传输和通信处理工作。通信子网中的数据传输介质经过通信接口装置与资源子网中的各种数据处理设备相连。通信子网通信接口装置处于连接的“结点”位置。数据传输介质（亦称通信媒体）主要有两类：一类是有形的，如双绞线、同轴电缆、光缆等；另一类是无形的，如短波、微波、卫星信道等。

(2) 资源子网：包括网络的数据处理资源和数据存储资源，负责全网数据处理和向网络用户提供资源及网络服务。资源子网中的各种数据处理设备有计算机、智能终端、磁盘存储器、监控设备等。

3. 计算机网络的主要特征

计算机网络具有以下主要特征：

(1) 它是计算机及相关外部设备组成的一个群体，计算机是网络中信息处理的主体。

(2) 这些计算机及相关设备通过通信媒体互连在一起，彼此之间交换信息。

(3) 网络系统中的每台计算机都是独立的，任何两台计算机之间都不存在主从关系。

(4) 在计算机网络系统中，有各种类型的计算机，不同类型计算机之间进行通信必须有共同的约定，这些约定就是通信双方必须遵守的协议。因此说，计算机之间的通信是通过通信协议实现的。

4. 计算机网络的主要功能

计算机网络通常具有以下几方面功能：

(1) 数据通信：用于实现计算机与终端、计算机与计算机、数据传输，这是计算机网络最基本的功能，也是实现其他功能的基础。

(2) 资源共享：计算机网络系统中的资源可分成三大类，即数据资源、软件资源和硬件资源。相应地，资源共享也分为数据共享、软件共享和硬件共享。

(3) 负荷均衡：负荷均衡是网络中的负荷被均匀地分配给网络中的各计算机系统。当某系统的负荷过重时，网络能自动地将该系统中的一部分负荷转移至负荷较轻的系统去处理。

(4) 提高可靠性。

5 计算机网络的分类

计算机网络有多种分类方法：

(1) 按照传送数据所用的结构和技术分类：

交换网：包括电路交换网、分组交换网；

广播网：包括分组无线网、分组交换网；

(2) 按照网络覆盖的范围分类：

局域网（LAN—Local Area Network）：是指那些联结近距离计算机的网，包括办公室或实验室的网（十米级网）、建筑物的网（百米级网）、校园网（千米级网）。广域网（WAN—Wide Area Network）：是指实现计算机远距离联结的网，广域网有城域网（MAN—Metropolitan Area Network，十公里级）、地区网或行业网（百公里级）、国家网（千公里级）、甚至洲际网（万公里级）。

(3) 按照网络的拓扑结构分类，可分为星型网、总线型网、环型网和树型网等。

(4) 按照通信传输介质分类，可分为双绞线网、同轴电缆网、光纤网和卫星网等。

(5) 按照信号频带占用的方式分类，可分为基带网和宽带网。

6. 网络系统设备与构成

(1) 网络工作站点。

在网络上使用的计算机称为网络工作站点。

(2) 网络通信介质。

(3) 网络互联设备。

7. 网络的使用

(1) 网络可提供的服务。

(2) 网络的使用。

第三章　速记基础

（一）鉴定要求

了解速记的特点，速记与文字的关系；掌握双式速记的原理及汉字速记略写规则；熟练地运用汉字速记的语词、语句的略写法。

（二）鉴定要点

1. 速记的特点

速记的特点就是快，速度是速记的灵魂。速记能把语言完整无误地记录下来。用速记代替文字记录语言，可以大大减轻人们书写过程中的劳动强度。

2. 速记与文字的关系

速记和文字一样，都是以记录语言的意义为目的的书写符号。但就其功能来说，两者具有很大的区别。文字作为交际、交流思想的辅助工具，把语言从时间上保留下来，传达到远方，克服了语言在时间和空间上的局限性。而速记是为补救文字形体繁芜、书写缓慢的缺陷被创造出来、被利用起来的，它是文字的辅助工具。

3. 双式速记原理

(1) 汉字速记原理。

汉字速记是采用汉字草书的快写。

汉字草书是有规律、有系统的“草率”化，可以说它是一种表意的、记录汉语的符号。

汉字速记是对汉语中字、词、句、段的合理精简和缩略的快写。

汉字速记要运用简化汉字，更要运用好汉语中语词、语句、语段的各种略写方法。这些略写法是根据汉语结构规律，即词的结构、词组的结构、句子的结构以至语段的结构而制成的，是合乎规律的汉字浓缩体。

汉字速记是灵活运用借代的快写

汉字速记可应用同音字、汉语拼音字母、各学科符号、象形、会意符号等替代，有助于提高书写速度。

(2) 拼音速记原理。

拼音速记是依据《汉语拼音方案》的原理，选用一些简单而有系统的符号和创制各种有规则的略写方法，通过“记音”达到“记意”的目的。

4. 汉字速记略写规则

为提高快速书写速度，不仅要正确掌握草字快写及快速连写的方法，同时，还应掌握各种略写法。略写方法是把字、词、句、段的繁琐复杂的形式变化为简单好写的省略形式。

5. 熟练运用汉字速记的语词、语句略写法

(1) 词组略写法：并列式结构词组；常用复音词组成的词组；成语略写法。

(2) 同义词和近义词略写法。

(3) 合体字替代法：双音节词合体字；三音节词合体字；词组合体字。

(4) 语句略写法。

第四章 法律与法规

(一) 鉴定要求

要求秘书熟悉公司法、中外合资经营企业法、中外合作经营企业法、外资企业法等有关知识。

（二）鉴定要点

1. 公司法

公司法是调整在国家协调经济运行过程中发生的关于公司的经济关系的法律规范的总称。

2. 有限责任公司

有限责任公司是指依照公司法的有关规定设立的，股东以其出资额为限对公司承担责任，公司以其全部资产对公司的债务承担责任的企业法人。

掌握有限责任公司的设立条件、股东的出资方式、公司的设立登记；掌握有限责任公司的股东会、董事会、监事会的组成和职能；了解有限责任公司的股权制度。国有独资公司是指国家授权的投资机构或国家授权的部门单独投资设立的有限责任公司，掌握我国公司法关于国有独资公司的规定。

3. 股份有限公司

股份有限公司是指公司全部资本平均分成等额股份，股东以其所持股份为限对公司承担责任，公司以其全部资产对公司债务承担责任的企业法人。掌握股份有限公司的设立条件、设立方式；掌握股份有限公司的股东会、董事会、监事会的构成和职能；了解股份有限公司的股份发行和转让制度。

4. 公司的合并、分立、终止和清算

了解公司的合并与分立的方式；掌握公司终止原因的内容，即宣告破产、自愿解散和强制解散。

5. 中外合资经营企业法

中外合资经营企业是指中国合营者与外国合营者依照中华人民共和国法律的规定，在中国境内共同投资、共同经营，并按照投资比例分享利润、分担风险及亏损的企业。中外合资经营企业属于股权式的合营企业。掌握中外合资经营企业及其设立条件；掌握中外合资经营企业的组织形式和中外合资企业的注册资本的有关法律规定；掌握中外合资经营企业的权力机构和经营管理机构的内容。

6. 中外合作经营企业法

中外合作经营企业是指中国合作者与外国合作者依照中国法律的规定，在中国境内设立的，按合作企业合同的约定分配收益或者产品，分担风险和亏损的企业。掌握中外合作经营企业及其设立条件；掌握中外合作经营企业的组织形式及中外合作经营企业注册资本的有关法律规定；掌握中外合作经营企业的组织机构的内容。

7. 外资企业法

外商独资企业简称外资企业，是指依照中国法律的规定，在中国境内设立的，全部资本由外国投资者投资的企业。了解外商独资企业及其设立；掌握外商独资企业的组织形式与注册资本的法律规定。

第五章 企业管理基础

（一）鉴定要求

了解企业管理的知识以及财务基本常识。

（二）鉴定要点

1. 企业管理

企业管理，一般地说，是对企业所从事的生产经营活动进行计划、组织、指挥、监督和调节，有效地利用人力、物力、资金、信息、时间和技术等现代企业资源，实现利润最大化的企业经营目标。

2. 现代企业制度

(1) 现代企业制度的内涵。

(2) 现代企业制度的特征：以盈利为目的；实行独立核算；具有法人资格；从事生产经营活动或劳务的经济单位。

(3) 现代企业制度的主要内容。

3. 会计的涵义

会计是经济管理的重要组成部分，它以货币为主要计量单位，运用一系列专门方法，连续、系统、全面地对企事业单位的经济活动进行核算和监督，并在此基础上进行分析、预测和决策，以提高经济效益的一种管理活动。

4. 会计的两个基本职能是核算和监督

会计核算职能，主要体现在从数量上反映企事业单位已发生或已完成的各项经济活动。

核算是会计最基础的工作。记账、算账、报账是会计核算的主要形式。

会计监督职能，主要是利用会计资料对经济活动加以控制和指导。

（三）工作要求

本标准对国家职业资格五级秘书、四级秘书、三级秘书和二级秘书的能力要求依次递进，高级别涵盖低级别的要求。下面是四级秘书职业资格的工作要求：

第一章　商务沟通

（一）鉴定要求

要求秘书能够区分接待对象，确认接待规格，拟订接待计划。

要求秘书能够了解横向沟通与纵向沟通的一般知识，并且在工作中选择合适的方式，应对沟通中的冲突。

（二）鉴定要点

1. 横向沟通

（1）概念：横向沟通一般体现为部门间员工的沟通，在横向沟通中不存在直接的上下级关系。横向沟通的目的是为了增强部门间的合作，减少磨擦。横向沟通在组织中的表现形式通常为：会议、面谈、备忘录、报告等。

（2）横向沟通中可能遇到的障碍：部门“本位主义”和员工短视倾向；“一叶障目”，对公司组织结构的偏见；性格冲突；猜疑、威胁和恐惧等。

2. 纵向沟通

（1）纵向沟通

纵向沟通包括自上而下、自下而上两种沟通。纵向沟通中，从上至下进行。下行沟通是纵向沟通的主体，而自下而上的上行沟通是纵向沟通的关键。

下行沟通和上行沟通：下行沟通是管理沟通的主体。公司管理层所涉及的种种活动，如计划实施、控制。授权和激励基本上依赖下行沟通去实现。下行沟通在组织中的表现形式通常为：公司政策、报告、信函、备忘录、谈话、口头指示、会议、传真、电子信箱等。上行沟通则开辟了一条管理人员听取员工意见、想法和建议的通路，提供员工参与管理的机会，从而减少了员工因不能理解下达的信息而造成的损失。

（2）纵向沟通可能遇到的障碍：接收者沟通技能上的障碍；沟通各方心理活动引起的障碍；不善聆听；草率评判；语义表达和理解方面的歧义。

3. 冲突产生的原因

（1）信息传达不够精确或不够完整；

（2）目标不合，难以合作；

（3）责任不明，缺乏效率；

（4）敌对或其他负面的感觉。

4. 冲突处理策略

（1）按兵不动；

（2）粉饰太平；

（3）铁令如山；

（4）制定规则；
（5）和平共存；
（6）讨价还价；
（7）弃子投降；
（8）全力支持；
（9）携手合作。

第二章　办公室事务与管理

（一）鉴定要求

要求秘书能够改进办公环境，做好保密工作，并且能够处理日常办公事务，如安排值班，履行报销及零用现金的管理，以及印章及介绍信的管理。

（二）鉴定要点

1. 进行安全检查，改进工作环境

能定期对办公环境和办公设备进行安全检查，及时发现和排除隐患，做好风险防范。

2. 做好保密工作

信息的保密是所有员工基本的和重要的职责之一，是保证国家、组织利益的起码要求。

从载体上分信息的安全及保密工作通常包括：

（1）口头信息的安全及保密工作；
（2）纸面信息的安全及保密工作；
（3）电子信息的安全及保密工作。

3. 值班工作的主要内容

值班工作是保证组织及时获得准确的信息，进行正确决策以及出于安全防范的需要而开展的常规性工作。各个组织值班工作内容具有不同的特点。总的来说，值班人员应做好三项记录：

（1）记好值班电话记录：主要包括来电时间、来电单位、来电人员姓名、来电内容。

（2）记好值班接待记录：主要记录来访人员的姓名、单位、来访事由、联系方法等内容。

（3）记好值班日记：主要对外来的信函、电报、反映情况、外来的电话等，都要认真登记，使接班人员保持工作的连续性。

4. 零用现金管理

由于用支票来支付小额费用难于实行，一些企业办公室中常设立有一笔零用现金或称作备用金，以支付本市交通费、邮资、接待用茶点费、停车费和添置少量的办公用品。它通常是由企业领导和财务负责人批准后由秘书保管和支出的现金，也是一笔周转使用的现金。它的数额根据企业的规模和平时小额支出的次数多少来确定，秘书取得现金后，应将现金锁在保险箱内，并担负起保管和支付备用的责任。

5. 商务费用报销手续

(1) 申请人提交费用申请报告或填写费用申请表。

(2) 该报告或该表必须经过组织确定的授权人审核同意，并签字批准。

(3) 一种情况是将获得批准的费用申请报告或费用申请表提交财务部门，领取支票或现金借款；一种情况是先由申请人垫付，完成商务工作。

(4) 在进行商务工作中，无论是使用支票，还是使用现金，都要向对方获取相应的发票。

(5) 商务工作结束，申请者应将发票附在组织印好的“出差报销单”（附样例）后面. 并亲自签字提交出纳部门，由出纳部门把先前领取的现金数额和支出情况进行结算。如果是先由申请人垫付的，在提交票据和“报销凭单”后，方可返还现金。

(6) 如果实施商务工作时，计划的费用不够，需要超出时，应提前向有关领导报告，在得到许可和批准后，超出的部分才可得到报销。

6. 办公设备和办公用品的进出手续

在收到货物以后，能够熟练、准确地办理办公设备和办公用品的进货手续，保证办公设备和办公用品准确无误地入库、登记、检验、核对，衔接好办公设备和耗材采购、进货、发货和使用的中间环节，建立一套办公用品和耗材的管理程序。

(1) 办公设备及办公用品接收的程序：

①先用订货单和通知单核对对方交付货物时出具的交货单及货物。

②发现数量不对，应立即通知采购部门联系供应商。

③接收数量的出入也应通知采购部门，以按真实数量支付货款。

④接收的每一类货物的详情，应输入记录到办公用品库存卡的接收项中。

⑤接收后，就要及时更新库存余额，按新收到的货物数量相应增加。

⑥将接收的货物按照办公用品存储规定存放好。

⑦制定物品发放制度，确定物品发放人。

(2) 能够进行库存管理。

库存保管中应采取措施：

储藏间或物品柜要上锁，保证安全，减少丢失，储藏需要的面积取决于单位的大小。

各类物品要清楚地贴标签，标明类别和存放地，以迅速找到物品。

新物品置于旧物品的下面或后面，先来的物品先发出去，这保证物品不会因过期而不得不销毁。

体积大、分量重的放置在最下面，以减少从架子上取物时发生事故的危险。

小的物品、常用的物品，如订书钉盒，应放在前面，以防止被较大的物品挡住，不易于见到和领取。

储藏间要有良好的通风，房间保持干燥。若库房在潮湿环境中，将导致纸张不能正常的送入打印机或复印机中。

7. 能够编制时间表

时间表是管理时间的一种手段。它是将某一时间段中已经明确的工作任务清晰的记载和标明的表格，是提醒使用人和相关人按照时间表的进程行动，有效管理时间、保证完成任务的简单方法。通常时间表的编制方法是：

(1) 根据需求确定编制时间的周期。

(2) 收集并列出该阶段所有工作、活动或任务。

(3) 发现活动有矛盾，主动与负责人协商，及时调整。

(4) 按照时间顺序将任务排列清晰。

(5) 绘制表格，标明日期、时间和适合的行、列项目。

(6) 用简明的文字将信息填入表格，包括内容、地点。

8. 管理上司的工作日志

(1) 提前了解上司工作和活动的信息，并在2份日志上填入，并于当日一早再次确定和补充。

(2) 提前在自己的日志上也清楚标出自己当日应完成的工作。

(3) 输入或填写的信息要清楚、方便阅读，保持日志整洁，最好先用铅笔填写，确认后，再用水笔正式标明，还可以使用不同色彩。

(4) 输入或填写的信息要完整，标明各项活动的时间、地点、姓名、联络方式等必要信息。

(5) 输入或填写的信息要准确，当日出现情况变化，应立即更新日志，并告知上司出现的变化。

(6) 在上司日志变化的同时，应更改自己的日志，并做好变更的善后工作。

(7) 在自己的日志上要清楚标出为上司的有关活动所作的准备，并逐项予以落实。

9. 公文立卷

立卷的工作程序：

检查与整理归卷的文件→鉴定区分保管期限→具体组卷→拆除装订障碍→修补不合规范的文件→编写页号→登记《卷内目录》和《备考表》→拟定案卷标题→装订成卷→填写案卷封面→案卷排列与编号→编制《案卷目录》→编写归档号。

10. 公文销毁

(1) 销毁的范围；

(2) 销毁的程序；

(3) 销毁的方式。

11. 印章及介绍信的管理要求

(1) 印章的管理。

印章的内涵和种类；

印章的作用；

使用印章的注意事项。

(2) 介绍信及其管理。

介绍信的作用：介绍信是用来介绍被派遣人员的姓名、年龄、身份、接洽事项等情况的一种专用书信，具有介绍和证明双重作用。

介绍信的管理。

介绍信的种类：介绍信有多种。秘书部门掌握的主要是工作介绍信，这是统一印制的，用时只要填写、盖章即可，有存根备查。

第三章　常用事务文书的拟写

(一) 鉴定要求

掌握会议记录、意向书、订货单及产品说明书的拟写方法。

(二) 鉴定要点

1. 会议记录

(1) 概念：会议记录是开会时当场将会议基本情况和会议报告、发言、讨论、决议等内容如实记录下来的文书。

(2) 特点：真实性；资料性。

(3) 会议记录的结构与写法。

会议记录的结构是：标题＋正文＋尾部。

2. 意向书

(1) 意向书的概念与特点。

意向书是当事人双方或多方之间，在对某项事务正式签订条约、达成协议之前，表达初步设想的经济意图和目的的意向性文书。

特点：协商性、灵活性、简略性。

(2) 意向书的类型。

按合作关系的不同可分为：加工承揽意向书；建设工程承包意向书；货物运输意向书；财产保险意向书；科技协作意向书等。

(3) 意向书的结构与写法。

意向书的结构是：标题＋正文＋尾部。

3. 订货单

(1) 概念：订货单是订购产品和货物的单据。

(2) 特点：协约性；严肃性。

(3) 订货单的结构与写法。

订货单的结构是：标题＋正文＋尾部。

4. 产品说明书

(1) 概念：产品说明书是生产商或者销售商向消费者介绍其生产、销售的产品性能、特点、规格、型号、技术参数、维修方法、使用方法的说明性文书。

(2) 特点：指导性；科学性；通俗性。

(3) 产品说明书的结构与写法。

产品说明书的结构是：标题十正文＋尾部。

5. 简报

(1) 概念：简报是国家机关、企事业单位、社会团体为汇报工作、交流经验、反映情况、沟通信息、报道动态而编发的内部常用事务文书，也叫“动态”、“简讯”、“摘报”、“工作通讯”、“情况反映”、“情况交流”、“内部参考”等。

(2) 特点：简，即简明扼要；快，即报道迅速快捷；新，即内容新鲜；实，即真实准确。

(3) 简报的结构：报头＋报核＋报尾。

第四章　会议与商务活动

（一）鉴定要求

要求能够拟定会议议程、日程，正确选择会议地点。做好会议记录，保证会议中的信息沟通，安排好值班与保卫工作。并且在会中能够做好文件资料的收集整理以及经费的结算工作。要求能够制订开放参观活动的方案，掌握安排宴请活动的技巧与常识。

要求秘书能够为上司拟订旅行计划，并具备出国旅行的常识。

（二）鉴定要点

1. 完成会议议程的安排，包括确定会议的时间、地点及与会人员范围。

（1）会议议程表的设计要点和样式以及会议日程表的设计要点和样式。

（2）时间、地点、与会人员的确定：

时间的安排要适时、高效。

综合考虑各种因素选择恰当的外部会议地点。尽量考虑全面、有备无患；本着统筹节约、经济适用的原则；距离上司和与会者工作地点均较近的地方；交通便利；会场大小应与会议规模相符；设备良好；会中安静，经济实用。

根据议题综合考虑与会人员的范围。

（3）会场选择与布置的基本要求。

2. 会议中的服务

（1）做好会议记录等文书工作；

（2）做好会议期间的信息沟通；

（3）会议值班与保密工作的要求；

（4）会议期间通讯与交通安排的要求。

3. 会议的善后工作

（1）做好会议资料的归档工作；

（2）完成会议费用的结算。

4. 安排参观活动

（1）确定开放参观活动的主题；

（2）安排开放参观的内容；

（3）选择开放参观的时机；

（4）确定邀请对象；

（5）选择参观路线；

（6）策划宣传工作；

（7）做好解说及接待准备；

(8) 掌握开放参观活动的注意事项。

5. 能够安排宴请活动

(1) 列出宾客名单，发出正式请柬。

要根据宴请的目的和宾客的社会地位、职务身份等，列出被邀请的宾客名单，确定宴会的规格。

正式宴会宴请大都需要向宾客发出正式请柬；事先口头约定的或电话通知的，也要补发。

(2) 确定宴请时间，选好宴请场所。

(3) 订制菜谱菜单。

要根据宴请规格、宾客身份、宴请范围等确定菜谱。

(4) 座次排定。

宴会一般都要先安排好桌次和座次。席位的安排也能体现出对客人的尊重。

(5) 宴请程序。

包括迎客、入席、敬酒、交谈、散席等几步骤。

6. 能够完成上司商务设身处地计划及一般性事务工作

(1) 制订商务旅行计划。

在制订商务旅行计划前首先要对公司差旅费用、交通、食宿等级标准范围的有关规定及程序等清楚明了。一份商务旅行计划至少应包括以下内容：

①出差的时间、启程及返回日期和接站安排；

②出差的路线、终点及途经地点和住宿安排；

③会晤计划（人员、地点、日期和时间）；

④交通工具的选择，飞机、火车、大巴或轿车；

⑤需要携带的文件、合同、样品及其他资料；

⑥上司或接待人的特别要求；

⑦上司旅行区域的天气状况；

⑧行程安排，约会、会议计划，会晤人员的名单背景，会晤主题；

⑨差旅费用、现金、兑换外币、办理旅行支票。

(2) 出国商务旅行的准备工作。

出国旅行的手续及准备；

了解护照、签证、“黄皮书”等相关知识；

注意不同国家的风俗及商务活动常识。

第五章　信息与档案

（一）鉴定要求

能对信息进行整理、传递、存储。

能对档案进行分类、检索，并根据档案价值划分保管期限。

（二）鉴定要点

1. 信息管理

（1）对信息进行系统整理。

信息分类是根据信息所反映的内容性质和其他特征的异同，将信息分门别类地组织起来的一种科学方法。常用的信息分类方法包括：字母分类法、主题分类法、地区分类法、数码分类法和时间分类法。

信息筛选是对信息的再选择，表现为对收集到的大量信息进行鉴别和选择，去粗取精，去伪存真，摒弃虚假和无效的信息，提取真实、有价值的信息。常用的筛选方法包括：比较法、时序法、咨询法和调查法。

信息校核是对经过初步甄别的信息作进一步的校验核实。常用的校核方法包括：溯源法、比较法、核对法、逻辑法、调查法和数理统计法。

（2）对信息进行有效传递。

信息传递的方向有外向传递和内向传递两种。

信息的外向传递：是指秘书在日常工作中有效地利用各种媒介传递信息。

信息的内向传递：是指为了进行协调和合作，企业内部之间进行信息交流。

信息内向传递的形式有：备忘录，信件，通知和告示，传阅单，企业内部刊物，复印并发送文件，电子邮件，会议。

信息传递的方法包括：语言传递；文字传递；电讯传递；影像传递。

（3）信息存储。

信息存储是一个不断积累和规范化、科学化的过程，主要由登记、编码、存放排列、保管等工作环节构成。信息存储通常分为登记、编码、存放排列和保管4个步骤。

信息存储的方式：

手工存储。所有单位都有纸面记录，需要排序和存储，通常是手工保存在办公室的文件夹或文件柜中。

计算机存储。随着计算机技术的广泛应用，秘书可将信息资料制成软件，存储在软盘、光盘或其他电子介质中。

电子化存储。这是新的存储系统领域，称为电子文档管理系。所有文档存储在CD－ROM（光盘一次写入，多次读出）盘上。

缩微胶片存储。缩微胶片是用照相方法记录保存信息资料。

2. 档案管理

(1) 常用的档案分类方法：职能分类法；问题分类法；组织机构分类法；年度分类法；型号分类法；课题分类法；工程项目分类法；专业性质分类法；档案形式分类法。

(2) 常用的档案检索工具。

按照编制方式分有：目录、索引、指南类检索工具；

按照功能分有：查找性、报道性、馆藏性检索工具；

按照载体分有：卡片式、活页式、缩微式、机读式检索工具。

(3) 分析档案价值的方法。

分析和判定档案的价值应以反映单位基本职能活动为出发点，以分析档案内容为中心，结合考虑档案的来源、时间、形式等其他因素。

分析档案的内容应着重内容的重要性、独特性和时效性。

分析档案的来源应从考察档案的形成者和文件的责任者入手来分析档案的价值。

分析档案时间，一般情况下，档案形成的时间越早，保存下来的越少，也就越显得珍贵。

分析档案名称，档案的名称表示档案不同的作用，其价值不同。

分析档案的技术因素，影响和规定档案价值量的技术因素，主要是档案内容的技术水平或其所反映的对象的技术价值。

分析档案的功能因素，档案所具有不同的功能作用对它的价值大小和保管期限长短具有一定的影响和制约作用。

(4) 档案的保管期限。

根据有关规定，我国现行的档案保管期限规定为永久、长期和短期三种。永久保存，就是将档案无限期地永远保存下去；长期保存，一般指保存16年至50年左右；短期保存，一般指保存15年（含15年）以下。

保管期限的计算，通常是从文件产生和形成后的第二年算起。

(5) 档案的安全保管。

档案库房管理：合理安排库房布局；排列柜架。

档案日常管理：建立库房管理制度；调节温度湿度；档案流动中的保护；安全检查；库房卫生。

（四）比重表

1. 理论知识

项目		五级秘书（%）	四级秘书（%）	三级秘书（%）	二级秘书（%）
基本要求	职业道德	20	20	20	20
	基础知识	30	30	15	15
商务沟通	商务礼仪	5	—	6	—
	商务谈判	—	—	—	7
	接待	5	4	3	—
	沟通	4	4	5	5
办公室和事务管理	办公环境的维护和管理	5	4	—	—
	办公环境的管理	—	—	6	—
	办公模式与安全运营	—	—	—	6
	团队管理	—	—	—	5
	日常办公室事务	3	4	—	—
	办公室事务管理	—	—	4	—
	办公用品的发放和管理	4	5	—	—
	办公用品的采购与管理	—	—	5	—
	办公资源管理	—	—	—	5
	办公效率和时间管理	4	3	5	—
	办公效率和项目管理	—	—	—	6
常用事务文书拟写	常用事务文书的拟写	5	5	5	5
会议与商务活动	会议筹备	2	4	5	6
	会议中的服务	—	3	—	—
	会议协调	—	—	5	—
	会议中的管理	—	—	—	5
	会议的善后工作	2	4	3	4

（续上表）

项目		五级秘书（%）	四级秘书（%）	三级秘书（%）	二级秘书（%）
	商务活动	3	3	4	4
	商务旅行	3	3	2	—
信息与档案	信息管理	4	3	5	5
	档案收集	1	—	—	—
	档案管理	—	1	2	2
合计		100	100	100	100

2. 专业能力

项目		五级秘书（%）	四级秘书（%）	三级秘书（%）	二级秘书（%）
商务沟通	商务礼仪	9	—	5	—
	商务谈判	—	—	—	6
	接待	9	5	6	—
	沟通	8	5	6	8
办公室和事务管理	办公环境的维护和管理	7	—	—	—
	办公环境的管理	—	7	8	—
	办公模式与安全运营	—	—	—	9
	团队管理	—	—	—	7
	日常办公室事务	9	9	—	—
	办公室事务管理	—	—	6	—
	办公用品的发放和管理	7	8	—	—
	办公用品的采购与管理	—	—	7	—
	办公资源管理	—	—	—	9
	办公效率和时间管理	7	7	7	—
	办公效率和项目管理	—	—	—	7
常用事务文书拟写	常用事务文书的拟写	9	12	12	12

（续上表）

项目		五级秘书（%）	四级秘书（%）	三级秘书（%）	二级秘书（%）
会议与商务活动	会议筹备	8	9	8	8
	会议中的服务	—	5	—	—
	会议协调	—	—	7	—
	会议中的管理	—	—	—	8
	会议的善后工作	4	6	4	6
	商务活动	6	7	7	6
	商务旅行	7	8	6	—
信息与档案	信息管理	6	7	6	8
	档案收集	4	—	—	—
	档案管理	—	5	5	6
合计		100	100	100	100

注：以上材料转引自海潮出版社《秘书职业培训鉴定指导》。

二、剑桥秘书资格标准

教育部考试中心和英国剑桥大学考试委员会（UCLES）联合在我国推出的社会化职业证书考试项目——剑桥秘书证书考试是办公室管理及秘书从业人员的培训、考试系统。引入剑桥秘书证书考试，是根据党的十六大提出的要加强职业教育和培训，贯彻落实“发展继续教育，构建终身教育体系”的精神。适应我国加入 WTO 后的国际环境，培养具有现代办公室管理和秘书意识与技能的专门人才的需要。

（一）剑桥秘书证书考试项目的由来及特点

面对不断变化的劳动力市场，每个人都有不断提高个人行政管理能力和秘书技能的需要。“剑桥秘书证书考试”的推出，旨在提高从事各行各业学员的秘书实际操作能力，同时加强学员对秘书理论知识的理解。这项考试将使学员更深入地了解各种秘书技能，同时掌握各种工作环境下、不同层次秘书工作所需要掌握的各种技能。

“剑桥秘书证书考试”具有先进的教育理念、新颖的教学方式和科学的教育测评模式。它重视办公室管理及秘书职业意识和技能的培养，适应各行业秘书工作的岗位要求，是具有国际领先水平的办公室管理及秘书培训考试系统。它既可以满足学员就业的需要，也可以满足从业人员提高技能的需要。

"剑桥秘书证书考试"注重秘书职业不断变化的职能和实际工作环境所要求的各种技能，以及现代办公环境中不可或缺的信息技术的使用和高效的沟通能力的培养，该项考试涵盖了众多领域的知识，包括信息技术与办公软件的使用、客户服务、组织技能和实践管理等。

"剑桥秘书证书考试"采用模块化的学习方式，将现代各种办公环境中的工作技能设计在不同模块之中，供学员学习。"剑桥秘书证书考试"的模块由不同级别的核心模块和选修模块组成，学员根据自身情况既可选择单模块学习，也可选择按级别学习。每个模块都有严格、科学的测评标准，用以测评学员理解和掌握理论及实践操作能力的程度。

剑桥大学考试委员会设计的职业证书考试已在世界上160多个国家开展，每年有600多万学员参加考试。

（二）剑桥秘书证书考试项目的管理

教育部考试中心中英教育测量学术中心（SDC）具体负责项目在中国内地的全面管理和推广。采取两种管理模式，一种是授权管理模式，直接对全国部分省（自治区，直辖市）的各个考点、培训点进行管理。另一种是两级管理模式，由部分省（自治区、直辖市）和行业系统的承办机构根据有关规定负责本地区、本系统剑桥秘书证书考试项目的管理和实施。

（三）剑桥秘书证书考试的级别划分及培训目标

"剑桥秘书证书考试"分为初级（一级）、中级（二级）和高级（三级）三个级别。

学员应该参加所选考模块的培训，培训是剑桥秘书证书考试的重要环节，学员实际应用能力的培养贯穿于模块培训的始终。

初级（一级）：初级资格能满足就业准备的需要。它提供了各类职业的基本介绍、就业前的各种技能准备，也提供了进一步学习、培训和提高的平台。

初级（一级）考试注重测评学员在不同工作环境下完成常规工作的知识和技能，要求学员在完成本职工作的同时，具备完成指定任务的能力。

中级（二级）：中级资格能满足直接就业和继续深造的需要，使学员可以独立工作并能够处理各种变化的和非常规的任务。

中级（二级）考试要求学员在完成本职工作的同时，具备一定的自主决策能力。

中级（二级）考试要求学员达到：

（1）理解并掌握秘书主要技能；

（2）实际工作中的各种应用技能；

（3）独立工作和思考能力；自主学习和提高的能力。

高级（三级）：高级资格具有安排、指导工作的能力，能够履行初级管理工作，满足更高水平深造需要。

高级（三级）考试注重测评学员在各种工作环境下完成不同变化的、非常规的和复杂的任务所需要的知识和技能，要求学员具备充分自主权时的工作能力，并能够领导和指导他人工作。

高级（三级）考试要求学员达到：

（1）较高水平的专业知识和技能；

（2）管理复杂和不熟悉工作的能力；

（3）掌握实际工作中解决问题的方式、方法。

（四）课程设置，学习时间及考试形式

剑桥秘书证书考试的课程采用模块形式设置，各个模块的考试全部采用中文笔试及作业形式。学习时间一般是 35～50 学时，各培训中心也可以根据考生的实际情况而定。

每个级别的核心课程是《文字处理》、《沟通和项目管理》、《办公室管理》，其中一级从《速记》、《客户服务》、《信息与沟通技术》、《人际商务技巧》、《组织会议和活动》五门课中选修两门。一级、二级和三级的核心课程名称一样，但考试内容和要求不一样。核心课程全部采用闭卷笔试的形式，选修课程除《速记》、《信息与沟通技术》用闭卷笔试外，其余采用作业考试形式。

剑桥秘书证书考试课程表

模块名称	级别	模块类型	学习时间	考试形式	考试时间
《文字处理》	初、中、高	核心课	35～50 学时	闭卷考试	1.75 小时
《沟通和项目管理》	初、中、高	核心课	35～50 学时	闭卷考试	1.5 小时
《办公室管理》	初、中、高	核心课	35～50 学时	闭卷考试	1.5 小时
《速记》	初、中、高	选修课	35～50 学时	闭卷考试	1.25 小时
《信息与沟通技术》	待定	待定	35～50 学时	待定	待定

（续上表）

模块名称	级别	模块类型	学习时间	考试形式	考试时间
《客户服务》	初、中、高	选修课	35～50 学时	作业考试	规定日期交
《人际商务技巧》	中、高	选修课	35～50 学时	作业考试	规定日期交
《组织会议和活动》	中、高	选修课	35～50 学时	作业考试	规定日期交

“作业考试”包括学生评估记录（SAR）和作业两部分内容，学生评估记录中列出了相关模块的能力标准，指导教师根据考生的实际情况作出评估；作业是指在 CCASS 指导教师的指导下，伴随培训过程，运用所学知识和技能，独立完成的一份具有与实际工作相结合的作业设计。

（五）证书及证书发放

剑桥秘书证书考试每年开考两次。获得初级资格证书能满足就业准备的需要；中级资格证能满足直接就业和继续深造的需要，使学员可以独立工作并能够处理各种变化的和非常规的任务；高级资格证书具有安排、指导工作的能力，能够履行初级管理工作，满足更高水平深造需要。参加培训并考试成绩合格者可以获得由教育部考试中心中英中心（SBC）和英国剑桥大学考试委员会（UCLES）联合签发的写实性证书，证书用中、英两种文字书写，共分五种形式：

（1）对完成全部核心模块并通过相应考试的考生，颁发“核心模块合格证书”。

（2）对完成单个选修模块并通过相应考试的考生，颁发“单科模块合格证书”。

（3）对完成三门初级核心模块和一门初级选修模块并通过相应考试的考生，颁发“初级剑桥秘书证书”。

（4）对完成三门中级核心模块和两门中级选修模块并通过相应考试的考生：颁发“中级剑桥秘书证书”。

（5）对完成三门高级核心模块和两门高级选修模块并通过相应考试的考生，颁发“高级剑桥秘书证书”。

剑桥大学考试委员会设计的职业证书考试已在世界上 160 多个国家开展，每年有 600 多万学员参加考试。由于其科学性、合理性和实用性，使其成为世界范围内认可的国际性权威证书，它不仅是持证者具有一定的理论知识和操作能力的标志，而且还是颇受用人单位赏识的就业通行证和上岗资格证。

（六）教材

剑桥秘书证书考试的所有教材和辅导资料由教育部考试中心中英教育测量学术中心（SBC）组织编写，包括《文字处理》、《沟通和项目管理》、《办公室管理》、《速记》、《信息与沟通技术》、《客户服务》和《组织会议和活动》。中国人民大学出版社出版，面向全国公开发行。每套教材均有配套学生用书，供复习参考。

三、商务秘书职业资格考试各等级标准

随着我国市场经济的迅速发展，商务秘书人员的数量以惊人的速度增长。商务秘书已成为市场经济条件下兴起的社会职业群体，他们是商务活动中重要的不可缺少的辅助力量。随着我国改革开放的深入特别是加入世贸组织之后，对商务秘书人员的素质要求越来越高，他们从官职型向职业型、复合多能型转变。卓有成效地为企业经理层服务，高标准、高效率地完成本职工作。而目前全国大多商务秘书人员没有经过专门的培训和考核，只能维持一般性文秘工作职责，很多不具备现代商务秘书应具有的素质。为了培养具有现代秘书意识和技能，能适应社会主义市场经济发展需要的秘书人才，中国商业联合会从2003年开始对全国商务秘书人员进行统一培训和考核。

（一）概述

商务秘书资格认证的培训考核主要是针对企事业单位中从事商务秘书工作的人员和有志于从事商务秘书工作的人员。培训考核旨在培养复合型、多功能、具有策划能力的商务秘书人才。未来的商务秘书是企业领导经营决策的参谋和助手，他不但要管理事务，还要参与政务，发挥辅助、协调、信息、枢纽、文档、公关等多种职能。

（二）考试层次

商务秘书认证考试分为五个层次：

（1）初级商务秘书；

（2）商务秘书；

（3）高级商务秘书；

（4）商务师；

（5）高级商务师。

（三）职业标准

目前只开展初级商务秘书、商务秘书和高级商务秘书培训和考核。各个层次的鉴定标准如下：

1. 初级商务秘书

掌握现代办公工作人员所具备的理论知识和专业技能；掌握工商管理、市场营销、国际贸易、公共关系、经济法规等方面的基本理论和知识；具有一定的写作、商务、公关和管理能力；熟悉国际贸易规则和惯例，熟悉中国对外贸易政策和法规，有一定发展潜力和较强实践能力的应用型商务文秘人才。

2. 商务秘书

具有商务秘书专业基础理论知识和基本技能；具有较强的商务沟通、商务英语交际、办公室事务和管理、商务活动组织等能力；具有一定的商务公共关系宣传及活动策划的能力；利用计算机等现代化工具实现文档管理、信息收集、整理、分析等综合业务能力的复合型人才。

3. 高级商务秘书

具备较高的文化素养和扎实的文秘专业知识与技能，较强的公关协调能力及商务分析处理能力，娴熟的人际交往能力及良好的应变表达能力；掌握商务理论及相关实务，以及现代化企业商务运作知识与技能；具备流利的商务英语听、说、读、写知识与技能以及现代化办公技能；熟悉外贸规则、了解国际惯例，适应中国加入 WTO 后从事辅助决策、实施有效管理的具有综合职业能力和全面素质的高级秘书人才和管理人才。

（四）考核内容

第一章　商务秘书概述

　第一节　商务秘书与商务秘书工作

　第二节　商务秘书的职业素养

　第三节　商务秘书与信息工作

　第四节　商务秘书与会务工作

　第五节　商务秘书与公文处理

第二章　商务文书

　第一节　工商行政管理文书

　第二节　税务文书

　第三节　金融文书

　第四节　商标专利文书

第三节 合同法律制度
第四节 工业产权法律制度
第五节 市场竞争行为法律制度

第三节 秘书应聘的技巧

一、秘书的应聘

在你寻找职业介绍所或者向某公司发出应征信之前，应明智地给自己作出两个重要的抉择：首先，确定你最喜欢干哪一类秘书工作，譬如是去大公司，还是到小公司；是去事业单位，还是到企业公司；是喜欢独自幽静的环境，还是乐于和大家一起热闹等等。其次，分析一下你的特长，了解你自身能力的不足之处，然后安排怎样集中精力来谋得那份工作。

（一）要善于获得信息

随着市场经济的发展，专门的职业介绍所越来越多。职业介绍所一般会把有待填补的职业空缺公开登在报纸上或一些专用期刊上。如果应聘者发现某项工作适宜自己去做，就应当用电话告诉介绍所自己的确切地址，且一定要准备好简历和有关材料。这个准备对应聘者很重要，因为在电话中肯定有交代不清的地方。如果可能，应对所有需用的项目写得全面、简洁明快，一开始就会给对方留下一个良好的印象。职业介绍所在用人或推荐人给用人单位之前，会对应聘者进行人事调查。应聘者应该准备等候调查，并遵循有关指令，按格式填写调查表，带上你的简历和其他材料。材料一般一式两份，一份交给职业介绍所，一份让介绍所转递给用人单位。另外，在介绍所对应聘者进行考察时，应聘者必须显示出寻找工作的诚意：要问清事务性质、工作时间、要不要值夜班、所担负的责任、是否需要有某种特殊的秘书技能、将来是否有培训的机会等。在了解工作特点后，就可以进一步与介绍所商讨雇主提供的工资和福利待遇问题。

（二）要善于推荐自己

当应聘者去求职单位与对方展开对话时，一定要注意自己的形象，下列事项在整个自我介绍中都应引起重视：

1. 给用人单位打电话

当应聘者写信求职或以电话的形式应聘时，要有信心在短时间内将自己的情况陈述清楚。况且秘书工作中一项很重要的内容就是打电话，正因为如此，聘用办公室的工作人员会从头到尾地把电话交谈作为一次颇有价值的考察。要和蔼、从容、自信。如果你根本不知道会被问到哪些内容，也要注意下面的要点：

（1）只要你关注那项工作，就别忘了说你好和再见。

（2）迅速镇定下来，陈述你打电话的用意。

（3）对所有的问题都回答得坦率、完整、简洁。

（4）有疑则问。

（5）礼貌热情而不过分。

（6）如果在交谈中你发现自己并不适合这项工作，也要保持礼貌。

（7）如果你发现交谈者很繁忙，可另约时间给他去电话，或者请对方在方便时给你回电话。

（8）一般说来，在初次电话交谈中讨论工资问题是不得体的。

有时求职者的简历寄到后，雇方就会打来电话，此时你应该：

（1）如果你在期待着有关就职的电话，不要张口就说“你好”，而是自报姓名。

（2）礼貌、完整地回答所有问题。

（3）如果对方建议你谈点个人的事，应能找到话题。比如说，你可以找一点不占时间的小事，那样不仅表现了你的个性，而且不浪费对方的宝贵时间。

（4）确定你们会面的具体时间和场所。

（5）让对方先说再见，结束会谈。

2. 如何写应征信

写应征信是求职工作的第一步。应征信的好坏，影响雇主对你的第一印象。因此，一封内容精简、言辞中肯的应征信，常可增加你应征成功的概率。

（1）精简中肯。所有的雇主都对时间看得非常宝贵，他们不可能阅读冗长的信函，只需要看与他们的业务或要求有关的事情。所以你下笔时，一定要抓住这个原则，重点加以描述，并且尽可能逐项列举，使雇主很快了解你的优点。

(2) 文字端正。文字务必端正清晰，以便给雇主留下好的印象。

(3) 求薪合理。雇主如果请应征者写上希望的待遇，你要以中庸原则要求合理的薪资，不宜太高，也不宜太低。

(4) 事事周详。寄出去的应征信，最好附上回邮信封，信纸的纸质应采用较好的，相片则用平光且头部较大的为宜。

(5) 信上还要说明采用什么样的方式联系，比如，你期待着办公室的约见，或者将在下周打电话询问等。

(6) 整个信件的基调应坦率、诚实和彬彬有礼，语法方面要细心推敲，不得出错。例如：

亲爱的史密斯先生：

贵公司刊登在1999年5月30日星期日共和报上的聘用广告深深地吸引了我。由于我深信自己能胜任您需要聘用的医务秘书工作，因此呈上一份我的个人简历。

我的速记水平为每分钟××字，打字速度为每分钟100字，并专门受过使用录音和转录机整理文件的训练，不论是盘式磁带还是盒式磁带，都能够很好地利用它。我还非常熟悉电子打印设备，能够使用计算器。

您将在简历上看到，我一直被海伦·桑顿博士聘为他的医务总管，可他六月底开始退休，离开岗位。我相信我在这一位置上的工作经验定会对您的用人部门有所帮助。

我希望您在方便的时候给我回音，如果您认为这份微不足道的申请还有用的话。贵公司确实是个美好的地方，我将乐意为它效劳。

您忠实的

卡罗尔·C. 曼宁顿

3. 简历

简历是对一个人专业积累和往日成就的全面体现。因此，它在你的应聘中起着至关重要的作用。好的简历大致都体现以下几个要素：

(1) 个人身份：全名、住址、家庭或办公室电话号码。

(2) 履历：每项从事过的工作都按从现在到过去的追逆方式列出，并对你在某一职位上所取得的特殊成就作出简短的结论。

(3) 学历：列出你所进入过或在该地毕业的学院名称、地址和学习日期。

（4）特长：一份本人特殊技能和表格可以让聘用单位觉得更有聘用价值。

（5）附录：简历的结尾一般写上这句话：附录的材料可供你查询。

下列事项不可写在简历上：

（1）与名字、地址相关的材料——这些可以另外誊出，等到约见之后再交上或在约见之后用信寄出。

（2）薪水、待遇问题也应是约见时直接讨论的事项，因此没有必要过早地涉及它。

（3）想变换一下工作，不应在文字上表露出这种念头，因为字面上的东西常常会引起误解，不如口头灵便。只有当你被询问到是否想变一下工作时，再与约见人交谈这个敏感的问题也不迟。

（4）照片可以帮忙，也可以帮倒忙，这取决于照片能否给人留下好印象。所以没有获得表现一下自我的机会之前，不必冒险把照片寄出，以免在聘用伊始就碰钉子。

（三）从容地接受面谈

1. 面谈的礼仪

由于办公室秘书是那种被来访者最先见到也是最后见到的人，在礼仪方面应做到无可挑剔，所以，秘书求职者的举止和态度是要被聘用者认真观察的。

（1）严守时间，准时赴约。如果你不知道约见地点的准确地址，应事先查询清楚。如果是在交通拥挤、停车困难的大城市，还要弄清哪条路线最佳或哪里可以停车，这样可以使你不误约见。如果你查询后还无法确定方位，不妨先来一次演习，弄清你应该怎样前往。总而言之，你应为自己准时赴约留下充足的时间。

（2）到达时的礼貌。当你走进办公室，应先向接待者或服务人员说明自己的来意。如说："史密斯先生约我四点半来谈工作。"应热情、有礼貌。如果你穿戴甚多，应找到放衣服的地方，以免把外衣、围巾、手套之类的东西抱在怀里谈话。

（3）自我介绍。当你和办公室成员见面时应面带微笑，礼貌相称，诸如"您好，赵先生"，"见到您非常高兴，史密斯先生"等。要显示出热情，却又不过分。另外应当注意，不要流露出忧郁或沮丧的神态来。

（4）姿势端正。坐下来交谈时，不可散漫。应当轻松自如地应对一切。

（5）不要吸烟。现代的会客室或私人办公室大都禁止吸烟。即使允许吸烟，还是以不吸为佳。当然，约见者主动邀请，而你又确实想吸一支，那也未尝不可。

(6）会谈结束的礼貌。让约见者结束会谈。当约见者站立起身时，你可随之而起，握手谢谢他（她）为你耽误了时间，表明你对这次会面非常满意或高兴，然后说声再见。当你离开时，不要忘了向其他在座者说声再见。

在许多办公室里，人们对仪表是相当重视的，所以，你在参加约见时一定要注意穿着整洁、大方，不修边幅与过分的打扮都会适得其反。

2. 会谈要领

面谈之前你一定要尽量多地了解用人单位的情况，以便有机会在面谈时询问得体的问题，从而表示你对该单位的兴趣。当然，更重要的是，在面谈中要对自我有清醒的认识，能意识到自己能力的大小，清楚自己的长远目标与短期打算。还要准备应付不太好回答的提问，譬如，为什么你要放弃以前的工作，为什么你的学历有过中断等。另外，面谈中还可能被问到想对该单位作怎样的贡献或怎样作贡献之类的问题。如果你是一个充分自知的人，想必应该给对方一个得体的、自信的、满意的回答。

(1）以目传神。当你说话的时候，要把目光直对着对方，不可眼睛望着别人而答话，以免走神失语。另一方面，也不能直勾勾地盯着对方，让别人觉得不自在。

(2）避免令人生厌的词语。许多人为了弥补说话中的停顿或为了有时间思考下面的话题，总爱把“嗯”、“唔”之类的声音加在一句话的开头和结尾，用“这个”、“那个”引起下文，并在整个讲话中夹杂“知道吧”、“懂吧”、“OK”等话语，这些都是语言毛病，显得格调不高。

(3）谈话走向和发问。不要试图领着话题，因为约见者无疑已经设计好了问什么和讨论什么，你应当顺着他走。适当的时候你也可以发问，尤其在谈话接近尾声、对方征询你的意见时。另外，在涉及工作条件和利益方面的问题时，发问要自然有质量。

(4）回答不了的问题。许多应聘人对约谈者所问的无法回答的问题而深感困惑。如果你遇上此事，就应当坦然地说不知道。有些约谈者本来就知道他所提的问题你不能回答，他要看的就是你诚实与否。

(5）不避短处。如果约见者提到某种必需的技艺，而你在这一点上确实有些不足，应如实说出，并说明你准备采取什么样的措施来加以改进。

(6）工资待遇。约见人会告诉你基本报酬，并会大致介绍福利待遇事宜。如果他不提这些，你就应当自然而然地提及这些问题，还要询问法定的节假日、休假和病休的安排，以及若出现偶然的个人事件时能否请假安排等。

有时约见人会说你的工资可以协商。如果你非常熟悉秘书这一行的工资范围，便可以同约见人巧妙的探讨这个问题。你可以把自己的学历、经验和特殊技能作为重要的筹码，尽可能地把工资往高处争取。但是，若因为感到工资太低而和约见人争吵起来是最不明智的。你可以问一下有关晋升的规定。如果办公室很大的话，还可以询问一下职员提升情况。

如果会谈即将结束，而约见人并没有提到工资问题，你可以说："顺便问一下，威廉先生，你认为我们双方都满意的报酬是多少？"或者说："从事这项工作的起点工资是多少？"还可以用这样的语态询问："我可以打听一下工资的事吗？"

（7）答复。约见结束时，你可能被当场录取，也可能被通知回去等上几天，待所有的应聘者谈完后再作答复。你要约定一个固定的时间同约见者电话联系。回问电话不可拖过一两天。如果约见人示意不久会给你一个满意的答复，那你就尊重这个决定，并设法表明你将在家恭候回音。

3. 面谈以后

面谈以后应马上写一封致谢信。信的内容依照情况的变化，常包括以下内容：

（1）表明你在面谈后对该工作的兴趣大大提高了。

（2）让约见者知道你已找到了其他工作。

（3）询问你的聘用问题讨论到何种程度。

对于最后一项内容，只有在约见者没有答应你继续接触的时候才可进行，而且在信中你要说明自己希望得知事态发展的理由。

也许约见的结果是，你被告知不是这个职位的合适人选，那你也同样应当感谢约见者的坦率估价，并肯定这次约见的重要意义，然后礼貌地告别。失望是毫无用处的，应该显示自己真正的价值，努力工作，克服任何明显的不足，并坚定地朝着自己确立的目标迈进。因为，每一次约见都会使你增长见识，每一次回答约见者的询问都能增强你的自信心。

二、应聘中常见问题与释义

（1）以往工作中您的职责是什么？如果描述不清，可见即使有相关工作经验，其系统性全面性也值得怀疑。

（2）请讲一下您以往的工作经历。考察应聘者的语言组织及表达能力，以及描述的条理化。

（3）您以往的工作经历中最得意最成功的一件事是什么？您的长处是什么？从应聘者的回答中，可了解他是注重个人成功还是注重团队协作。

（4）您感觉还有哪方面的知识、技能或能力需要提升？"提升"一词比较委婉，一方面考察其态度是否坦诚，另一方面也为日后的员工培训增强针对性。

(5) 对于新的工作岗位您有什么设想?如何开展工作?这涉及员工的职业生涯设计,更有关员工工作的稳定性。

(6) 您离职的原因是什么?这是必须要问的问题,涉及员工和组织的融合性。

(7) 您对薪金待遇和福利有什么要求?这个问题的重要性更是不必多言。

三、赢得职位的技巧

(1) 全身心放松。招聘面试只是一次普通会面而已。尽管你不应当掉以轻心,但你千万别忘记这个组织给你面试的机会是因为他们需要你的服务,就如同你需要他们的服务一样,他们甚至可能更急迫。

(2) 面试取得成功的关键在于能否在面试中建立融洽的氛围。绝大多数人把面试准备时间用来记忆事前准备好的对预计提问的刻板的回答上,而成功的面试者会把大部分的时间用来练习沟通技巧,以期在面试中建立融洽的氛围。

(3) 准备好一个面试时需要用的精制的文件夹,文件夹中应该备有:①有关公司的信息(年度报告、促销材料等);②你的简历和你的推荐信;③基于你对公司的研究和分析,预先准备好15个问题;④空白公文簿、钢笔以及其他你认为可能有用的物品及材料。

(4) 着装得体。预先了解目标公司的着装规范并且遵照执行。即使他们工作时穿便装、你仍然需要着职业装。适当地梳洗打扮,保持整洁。

(5) 无须赘言,鞋要擦亮。

(6) 佩带珠宝首饰要有限度。

(7) 提前一天给目标公司打电话,再次确定面试安排——这会使你与众不同。

(8) 确保你知道面试的准确地点。途中时间安排要充裕。你应当在预订面试时间10~12分钟前出现在接待人员面前。

(9) 在出现在接待人员面前之前,检查一下你的仪表。看看你的发型、着装和整体形象是否有疏漏之处,再试试你的微笑。

(10) 秘书、行政助理人员和接待人员通常都能影响招聘过程。要给他们留下深刻和良好的第一印象。

(11) 环顾办公室、寻找能反映公司个性和企业文化的艺术作品——以及谁是可能的面试考官。在你们第一次开始交谈时,这类信息常常有助于打开最初的僵局。

(12) 注意你的身体语言。满怀信心地端正坐好。当站立和行走时，行动之间要流露出你的信心。

(13) 握手要坚决有力，握手时手掌张开，五指并拢。女士应当轻松自然地伸出手，握手时要坚定而友好。有力的握手和动人的微笑是一个良好的开始。

(14) 视线接触也是交流的一种有利形式。它流露出自信、信任和力量。

(15) 在面试时，面朝考官略微前倾。这能显示出你的热情和对谈话内容真诚的关注。

(16) 面试过程中做好记录。你或许需要在稍后引用它们。如果你感到这样做可能不合适，首先请求得到允许。

(17) 对所有问题，特别是那些令你不自在的问题做好准备，在面试前就给每一个可能会带来麻烦的问题拟好一个一页长的回复，不断练习直到你感到满意为止。

(18) 与招聘人员交流你的技能、资质和资信。描绘你的市场价值以及你能提供的利益。展示你将如何为公司盈亏结算栏作出贡献。表示你将怎样提高销售量、削减成本、提高生产率或者解决组织面临的问题。

(19) 着重强调你突出的成就。你的成就决定了你得到职位的可能性大小，是它们将胜利者同失败者区分开来。

(20) 倾听的技巧是无价之宝。那些善于倾听，发现隐藏信息以及能够扼要但有效回答问题的人常常会得到工作。

(21) 让面试考官首先提出薪金问题。面试的目的在于判定双方需求是否相配合。一旦这被决定下来，接下来就应该谈到薪金了。

(22) 结束推销。如果你发现自己想得到这个职位，就提出要求。直接问“现在还存在什么问题使您不能提供这个职位给我呢?”或者“您还有什么保留意见或担心的事情吗?”(如果你感觉到这一点)。这样能够找出所有反对意见，并且给你机会将它们扭转过来。

四、真诚地展示自己

(一) 保持本色不做作

内在的气质是最宝贵的。一个真正懂得与他人相处的人，绝不会因场合或对象的变化而放弃自己的内在特质，盲目地迎合、随从别人。保持一个真实的自我并不等于要使自己与别人格格不入或标新立异，甚至明明知道自己错了或具有某种不良习惯而固执不改，而是保持自己区别于他人的独特、健康的个性。那些具有个性的人，也具备一定的魅力。

（二）不要不懂装懂

不懂装懂的人是令人厌烦的，特别是在长辈、知识渊博的人面前，更不要班门弄斧，以免贻笑大方。对自己不懂的事情或学问，哪怕是在同辈面前，也要不耻下问。

在长辈面前感到说话困难的原因是难以寻找共同的话题。与其如此，倒不如当对方说了自己不知道的事情后，就老老实实地请教。

（三）不掩饰自己的缺陷

真诚首先就体现在外在形象上，适当的掩饰是可行的，但过分的掩饰反而适得其反。如果太过计较，难免跌入自卑深渊。

身体矮小的男士，如果穿上超出常规的高跟鞋“垫一垫”，会让人觉得比身体矮小还滑稽；皮肤黑黑的女士，如果涂上一层厚厚的白粉掩饰，容易让人产生粗俗不堪的印象。

忘掉自己的缺陷，看到自己的长处，培养多方面的兴趣和爱好，把精力集中在更有意义的活动中，这便是最好的办法。

（四）不要否认自己的过错

有些人明明知道自己错了，却硬着头皮不认账，甚至还要为自己争辩，致使矛盾得不到解决，彼此的隔阂不能消除，相互之间的交往更是谈不上了。人非圣贤，孰能无过？如果你错了，就坦诚地承认，这样你获得的友谊将使你分外满足。

（五）表达真诚的技巧

（1）真诚的眼睛。坦荡如水，平静地注视，不要躲躲闪闪或目光垂下不敢直视。

（2）真诚的举止。自然、大方、从容不迫，举手投足流露出安然之态。

（3）真诚的微笑。如一缕温馨阳光，充满暖意。皮笑肉不笑，故意挤出的笑，都缺少真诚。

（4）真诚的称赞。称赞别人要发自内心，是心灵之语，否则就属于奉承的范畴了。

（5）真诚的握手。握手是否显得真诚在于握手的轻重。握得太重，可能让人觉得你另有所求或热情过分。握得太轻，会显得有些轻视对方，或者自己有严重的自卑。恰到好处的握手，是大方地把右手伸出去，手掌和手指全面地接触对方的手。

思考题

1. 如何应聘秘书工作岗位?
2. 面试中如何展现自己的真诚?
3. 面试时的礼仪有哪些?
4. 如何回答面试中常见的问题?

案例:

面试中的五大陷阱

看人看相，听话听音。一些精明的主考官在面试时喜欢故意给应聘者设下圈套，以声东击西的方式从应聘者的回答来判断他的性情、胸怀、为人处世的原则等方面的信息，最后决定录取与否。因此，对于一个应聘者来说，能否清楚地掌握主考官的“言外之意”，并用巧妙地回答拉近与主考官的距离，赢得最后的胜利便显得尤为重要。

陷阱一：我上学那会儿某功课经常不及格，我发现你这门功课好像也学得不太好，你能谈谈是什么原因吗?

分析：对于这样的问题，如果你便顺着杆儿爬，回答说：“那门功课太难了，所以……”那你可就大错特错了。因为主考官问这种问题绝对不是在和你套近乎，很大程度上他可能是在考验你面对问题时所表现出的态度：是从自身查找原因还是喜欢推卸责任?

对策：最好的处理办法是既不推卸责任，也不要一味自责，而是直面现实。你可以这样回答：“是的，我这门功课成绩不是太好，但我相信这不会成为我拥有这份工作的障碍。”

陷阱二：如果您作为财务经理，如果总经理要求您1年之内逃税100万元，您会怎么做？

分析：面对这类问题，如果你抓耳搔腮地思考逃税计谋，或者思如泉涌地立即列举出一大堆方案，你都会中他们的圈套。实际上，主考官这个时候真正考核的不是你的业务能力，而是你的商业判断能力及商业道德方面的素养，因为在几乎所有的国际化大企业中，遵纪守法都是员工行为的最基本要求。

对策：你可以这样回答："我想您的问题只能是一个如果，我确信像贵公司这样的大企业是不会干违法乱纪的事情的。当然，如果您非要求我那么做的话，我也只有一种选择：辞职。因为无论什么时候，诚信都是我做人的第一原则。"

陷阱三：你认为自己过去工作中最值得骄傲的一件事是什么？

分析：问这样的问题，主考官绝不是为了让你彰显自己过去的辉煌成绩，而是在调查你的思维模式和心理特征。如果你如数家珍地将自己过去的成绩一一罗列开来，只能给人一种骄傲自满或好大喜功的印象。

对策：你可以这样回答："在大家的帮助下，我曾经带领大家……"这样的回答既显示了自己积极主动、团结协作、勇于进取的一面，同时又表明自己尊重别人的劳动，显得客观、公正。

陷阱四：你何时能来上班？

分析：一般情况下，听到这类问题时，很多人都会沾沾自喜地认为自己已经被录用了，事实上对方很可能是在考查你的责任心。通常一个人想离职，必须要将手中的工作交接完毕后才能离开的。因为这里肯定会有许多客户关系、办公用品上缴、财务报销、同事关照、保险手续等多方面的业务交接，而所有这些都需耗时日的，你若是急不可耐地说马上或随时可以上班，则会被认为是缺乏责任感，有可能会使主考官因对你的不信任而失去机会。

对策：你可以这样回答："我会尽快做好原单位的交接工作，按时前来报到的。"或是"我原工作的交接手续已经办好了，可以随时听候您的安排。"

陷阱五：真对不起，我们不能录用你！

分析：面试过程往往是应聘者与主考官之间斗智斗勇的过程。一些主考官可能会问一些极为刁钻或是让人感到非常尴尬的问题，以检验应聘者的心理承受能力。有时他们甚至会用一个明显不友好的发问，或是用怀疑、尖锐、单刀直入的眼神，来剥取对方彬彬有礼的外表，使其心理防线完全溃退。如果这个时候你被激怒，或者完全失去了信心，那你可就中了圈套了。

对策：面对主考官的咄咄逼人，当你黔驴技穷的时候，别忘了应战绝招：微笑地面对挑战。因为一个真正的智者，无论在任何情况下，都应该永远保持智慧与谦和的微笑。

附录：中级秘书知识全真模拟试题及参考答案

一、填空题（1~20 题。每题 1 分，满分 20 分。请将正确答案填入题中划线处）

1. 公文中的下行文分为：__________下行文、多级下行文、直达基层组织和群众的下行文。

2. __________是指双方或几方对某项工作或某个问题，依据法律规定，经过充分研究协商，取得一致意见后所签定的一种契约性文书。

3. 根据协调的对象层次及内容，可以分为__________和人际关系协调两大类。

4. 速记方法有完全记录法、精详记录法、精要记录法和__________。

5. 单纯词就是由一个__________构成的词。

6. “是谁创造了人类世界？是我们劳动群众。”这句话用的修辞格是____。

7. 公文立卷的步骤是：编制立卷类目、平时归卷、__________、归档。

8. 我国档案保管期限规定为永久、长期和__________。

9. 账簿按其用途，可以分为序时账簿、分类账簿和__________。

10. 我国公文处理工作组织形式主要分为两种：集中形式、__________。

11. 资产是企业拥有或控制的，能以货币计量的__________资源。

12. 企业所得税的纳税人每一纳税年度的收入总额减去__________项目的余额为应纳税所得额。

13. “坚持下去就是胜利。”句子的主语是由__________短语充当的。

14. 案卷标题是案卷的名称，也称案卷题名，是对卷内全部文件内容的__________。

15. 宴请的方式一般有四种，即宴会、招待会、茶话会、__________。

16. 对需要调查的客观事物总体，按照一定原则抽取部分作为调查对象，用调查结果推断总体一般情况的调查方法称为__________调查法。

17. 组织形象是指社会公众对一个组织的总体__________。

18. 各种会议通常都要做会议记录，以便如实记载会议情况、________。

19. 会议纪要是反映会议概况、记载会议主要精神和议定事项的一种指导性、________公文。

20. 办公室日常事务管理工作包括生活管理、________及环境管理三方面的内容。

二、判断题（21～40 题。每题 1 分，满分 20 分。请将判断结果写在题前的括号中，正确的填“√”，错误的填“×”）

（　　）21. If he leaves early next morning, he catches the rain.

（　　）22. When he arrived in New York, it was snowing.

（　　）23. When I saw him, he has finished the letter .

（　　）24. 公文立卷的步骤是：编制立卷类目、平时归卷、年终调整定卷及归档。

（　　）25. 采用调查方式直接获取第一手材料是最常见的信息收集方法。

（　　）26. 公共关系在组织经营管理决策过程中，发挥着咨询、建议、参谋的作用。

（　　）27. 区别不同类型税种的主要标志是纳税人的不同。

（　　）28. “东风来了，春的脚步近了。”这句话用的是排比修辞格。

（　　）29. 信息传递可以任意选择各种方式。

（　　）30. 全民所有制企业都必须依法取得法人资格。

（　　）31. 所有案卷标题都必须标明时间。

（　　）32. 办公室的业务协调是指协调本系统、本单位与外系统、外单位之间的关系，创造良好的周边环境。

（　　）33. 记者招待会也称新闻发布会。

（　　）34. 根据规定，我国股份有限公司的最低注册资本额为人民币2 000万元。

（　　）35. 现金和银行存款日记账通常是由出纳人员负责登记。

（　　）36. 任何单位和个人都可以作为经济合同担保人。

（　　）37. 用词不当，属于逻辑错误。

（　　）38. 数量词可以充当主语、谓语。

（　　）39. 会后的工作就是做好会务总结工作。

（　　）40. 人事考核的内容是德、能、智、绩。

三、单项选择题（41～50 题。每题 1 分，满分 10 分。请将正确答案选出来，把相应的字母填入括号中）

41. Your desire to establish business relations with us （　　） with ours.

A. along　　B. along side　　C. coincides　　D. come

42. （　　） receipt of your specific enquiry, we will prepare the quotation for you.

A. At　　B. Upon　　C. About　　D. Within

43. （　　）是档案收集的基本要求。

A. 优化原则　　B. 效用原则　　C. 交接原则　　D. 实效原则

44. （　　）是指全部资本分成等额股份，股东以其所持股份为限对公司承担责任，公司以其全部资产对公司债务承担责任的企业法人。

A. 有限责任公司　　B. 股份有限公司

C. 两合公司　　D. 股份两合公司

45. 下列词语中，（　　）属于单纯词。

A. 科学家　　B. 崎岖　　C. 雪亮　　D. 宁静

46. 公文是机关、企事业单位和其他社会组织在公务活动中，为（　　）而制作和使用的，具有规范体式的文书。

A. 沟通信息　　B. 洽商工作　　C. 行使职权　　D. 协调关系

47. 下列经济合同，属于无效经济合同的是（　　）。

A. 超过履行期限，当事人未履行

B. 损害国家利益

C. 不可抗力致使当事人一方无法履行

D. 允许变更的合同

48. 下面四句话中只有（　　）是复句。

A. 他走进会场找了个座位。

B. 会者不难，汽车很快修好了。

C. 在返回的路上，他终于昏倒了。

D. 成熟的荔枝，呈红色或紫色。

49. 档案长期保管即档案将被保存（　　）年。

A. 50 年以上　　B. 5 年以下　　C. 5～15 年　　D. 16～50 年

50. 以下收入在征收个人所得税时，以全部所得作为应纳税所得额的是（　　）。

A. 工资薪金所得　　B. 劳务报酬所得

C. 股息红利所得　　D. 稿酬所得

四、多项选择题（51～60 题。每题 2 分，满分 20 分。每题有两个或两个以上符合题意的答案，请将正确答案选出来，把相应的字母填入括号中）

51. 会议管理文书有：会议通知、议事规则、保密制度、（　　）等。

A. 会议简报　B. 日程安排表　C. 出席证件　D. 生活管理

52. 群体调查方法是指接受调查的群体在调查中可以互相讨论和启发的调查方式，例如（　　）等。

A. 专家法　B. 问卷调查法　C. 网络法　D. 普遍调查法

53. 信息具有以下特征（　　）。

A. 有偿性　B. 可塑性　C. 可比性　D. 依附性

54. 拟写调查报告的要求是：（　　）。

A. 反映情况和问题要准确无误　B. 概括的观点和意见要鲜明

C. 材料要典型　D. 文字要简明

55. 下面的（　　）是主谓短语。

A. 春光明媚　B. 热爱祖国　C. 泰山压顶　D. 山河壮丽

56. 协调工作的功能是：（　　）。

A. 化解矛盾　B. 维护领导的威信和形象

C. 调动员工的积极性　D. 完善决策

57. 督查工作的对象是（　　）。

A. 领导交办事项的落实情况　B. 群众反映的情况问题

C. 会议决定事项　D. 工作中出现的新问题

58. 全民所有制企业在产、供、销方面的权利包括（　　）。

A. 生产经营决策权　B. 产品定价权

C. 资产处置权　D. 物资选购权

59. 我国经济合同的主体包括（　　）。

A. 法人　B. 其他经济组织

C. 个体工商户　D. 公民个人

60. 大型会议要设专人昼夜值班，负责（　　）等工作。

A. 安全　B. 沟通　C. 服务　D. 协调

五、简答题（61、62 题。每题 5 分，满分 10 分）

61. 信息具有哪些基本功能？

62. 日常办公礼仪有哪些基本要求？

六、问答题（63、64 题。每题 10 分，满分 20 分）

63. 公共关系的职能是什么？

64. 制定一般会议筹备方案的要点有哪些？

中级秘书知识全真模拟试题参考答案

一、填空题

1. 逐级 2. 协议书 3. 业务协调 4. 补充记录法 5. 语素 6. 设问 7. 年终调整定卷 8. 短期 9. 备查账簿 10. 分工形式 11. 经济 12. 允许扣除 13. 动补 14. 总结概括 15. 工作餐 16. 抽样 17. 认识与评价 18. 反映会议内容和进程 19. 纪实性 20. 财务管理

二、判断题

21. × 22. √ 23. × 24. √ 25. √ 26. √ 27. × 28. × 29. × 30. √ 31. × 32. √ 33. √ 34. × 35. √ 36. × 37. × 38. √ 39. × 40. √

三、单项选择题

41. C 42. B 43. A 44. B 45. B 46. C 47. B 48. B 49. D 50. B

四、多项选择题

51. ABD 52. AC 53. ABD 54. ABD 55. ACD 56. ACD 57. AC 58. ACD 59. ABC 60. BD

五、简答题

61. （1）开发人类智能。
（2）信息是一种生产力。
（3）信息是科学管理的前提。
（4）信息是决策的基础和依据。

62. （1）尊人与自尊。
（2）真实真诚。
（3）要讲信用。
（4）服饰得体与言行适度。
（5）善于与领导、同志相处。
（6）注意电话、文书礼仪。
（7）注意迎送、拜访礼仪。
（8）塑造组织形象与提高办事效率。

六、问答题

63. （1）塑造良好的组织形象。
（2）收集信息、监测环境。
（3）实施双向信息交流。

（4）咨询建议、决策参谋。
（5）交往沟通、协调关系。
（6）组织宣传、创造气氛。
（7）教育引导、社会服务。
（8）危机管理、处理危机。
64. （1）安排议题。
（2）确定会议名称。
（3）确定与会人员范围。
（4）确定会议时间、地点。
（5）明确会议通知内容。
（6）会议通知跟踪落实。
（7）布置会场。
（8）准备会议文件及会议资料。
（9）准备会议用品及设备。
（10）安排好会议后勤工作。

参考文献

1. 丁柏铨，张建勤，胡素华．现代文秘原理．南京：南京大学出版社，1995

2. 薛祚伟，杨荣族．改革中的秘书学与文书工作．北京：中共中央党校出版社，1995

3. 陈天恩．当代秘书学教程．北京：中国政法大学出版社，1997

4. 陆世泰，安世民．秘书技能教程．兰州：兰州大学出版社，1997

5. 劳动和社会保障部中国就业培训技术指导中心．秘书职业技能鉴定考试指南．北京：海潮出版社，1999

6. 董继超．秘书实务．北京：线装书局，2000

7. 欧阳周，陶琪．现代秘书学——理论与实务．长沙：中南大学出版社，2000

8. 陈合宜．秘书学．广州：暨南大学出版社，2001

9. 向国敏．现代秘书学与秘书实务新编．上海：华东师范大学出版社，2001

10. 丁晓昌，冒志祥．秘书学与秘书工作．苏州：苏州大学出版社，2002

11. 袁维国，方国雄．秘书学．北京：高等教育出版社，2002

12. 司徒允昌，陈家桢．秘书学教程．上海：上海人民出版社，2003

13. 杨树森．秘书学概论．合肥：安徽人民出版社，2005

14. 孙荣．秘书学概要．上海：上海社会科学院出版社，2006

15. 杨树森．秘书实务．合肥：安徽大学出版社，2006

16. 蔡超，杨锋．现代秘书实务．广州：暨南大学出版社，2006

17. 陆瑜芳．秘书实务．上海：上海社会科学院出版社，2006

18. 杨继明．秘书学．北京：中国农业出版社，2006

19. 张同钦，杨锋．秘书学概论．广州：暨南大学出版社，2006

20. 胡亚学，郝懿．秘书理论与实务．大连：东北财经大学出版社，2007

21. 孙荣．秘书工作案例．上海：复旦大学出版社，2007

22. 孙芳芳．秘书理论与实务．杭州：浙江大学出版社，2007

另：书中案例来自上海大学主办的《秘书》、中共中央办公厅秘书局主办的《秘书工作》、兰州大学主办的《秘书之友》等杂志。

后 记

秘书学课程和教材建设在经过三十年艰苦的努力探索之后，终于在2012年迎来了春天。在教育部2012年9月公布的《普通高等学校本科专业目录》中，“秘书学”（专业代码050107T）作为特设专业赫然在列，秘书学专业大发展、大跨越的历史机遇已经来到了。这对多年来默默无闻坚守秘书学研究和教学阵地的同仁们既是极大的鼓舞，又带来了前所未有的压力。

我国秘书学学科理论的建构和教材建设，虽然自20世纪80年代初开始经历了从无到有的发展，取得了长足进步，然而跟那些发展成熟的传统学科相比，还是一门年轻的学科，远未达到成熟。秘书学教材的编写正如有学者所批评的那样，不仅不同版本的教材之间内容、体例大同小异；缺乏鲜明个性和人文关照；叙述视角倾向于领导视角，缺少秘书视角的研究等，就连秘书学理论的基本概念至今也尚未有权威论断。这跟目前秘书学专业蓬勃发展的大好形势是极不相称的，因此编写一部面向21世纪的、能反映秘书学最新发展的秘书学教材，是时代赋予我们的使命。虽然与前辈学者相比，我们的工作是微不足道的，但这部教材从构思到完成，确实亦为心血之作，恳望学界有识之士批评指正。同时，对于书中所参考的前人的研究成果，我们一如既往地表示真诚的敬意和衷心的感谢。

本教材于2008年由暨南大学出版社初版，五年来已加印数次。承蒙学界同仁和业界人士厚爱，在使用本教材的同时，对本教材提出了很多建设性的意见，这让我们感到温暖以及责任；原书责任编辑、暨南大学出版社杜小陆先生多次联系我们，希望本书能够以更完善的面貌呈现于世，我们在心存感激的同时不敢懈怠；苏州大学将本教材列入2012年教材培育项目名单，促使我们加快了修订本教材的步伐。更为重要的是，由中共中央办公厅、国务院办公厅2012年4月16日发布的新的《党政机关公文处理工作条例》已经于2012年7月1日实施，旧教材的部分内容已经不适应新的国家政策，修订再版势在必行。本教材初版写作分工如下：第一、二、三、六章，吴雨平；第四章，王艳、吴雨平；第五章，周琼、吴雨平；第七章，尹利华；第八章，吴雨平、于培新；第九、十、十一、十二、十三、十四、十五、十六章，李正春；本次修订版在原教材的基础之上，绪论、第一、二、三、四、五、六、七、九章由吴雨平修改完成；第八、十、十一、十二、十三、十四、十五章，由李正春修改完成；由吴雨平完成审阅和定稿的全部任务。

完稿之际，我们再一次深切地体会到，任何学术研究说到底都是一种对人生和宇宙的体悟。相对于宇宙的永恒，所有的智慧乃至生命都是渺小而又匆忙的过客，但是，假如有灵魂和来世，那么我们今天所经历的磨砺就不会是没有意义的——与秘书学界的同行们共勉。

编　者

2013 年初夏于苏州